Just Babies
The Origins Of Good and Evil

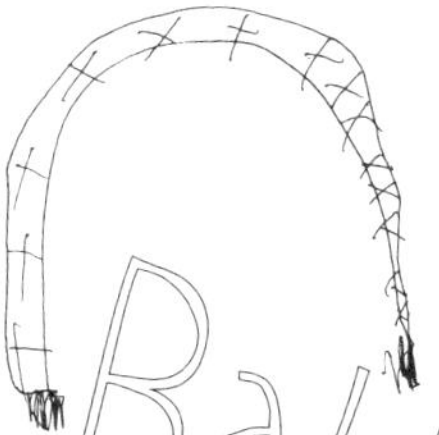

ジャスト・ベイビー

赤ちゃんが教えてくれる善悪の起源

ポール・ブルーム
Paul Bloom
竹田 円 訳

NTT出版

JUST BABIES
The Origins of Good and Evil
by Paul Bloom

Japanese translation published by arrangement with
Paul Bloom c/o Brockman, Inc.

エレイン・ライザーとマレー・ライザーに捧ぐ。
二人の愛情と支えに感謝して。

人間は社会で生きるべく定められた。よってその道徳性は、この目的を果たすために形づくられた。人に善悪の感覚があるのは、ただこのためである。善悪の感覚は、聴覚、視覚、触覚と同じくらい、人間の本性に欠かせないものである。まさしく道徳の礎であるがゆえに……道徳感、すなわち良心は、手や足と同じくらい、人間にかけがえのないものである。そして、人がみな、多かれ少なかれ仲間に支えられているように、人にはみな、多かれ少なかれ道徳感が備わっている。それは、手や足のように、訓練によって鍛えられるであろう。

——トーマス・ジェファーソン、一七八九年

目次

ジャスト・ベイビー――赤ちゃんが教えてくれる善悪の起源

はじめに

二〇〇五年、ダラス在住の作家ヴァージニア・ポストレルは、知人が腎臓を患っているという話を耳にした［＊1］。腎臓移植をしなければ、サリー・サテルはただちに透析を開始して、週三回、血液を浄化する機械につながれることになるという。ポストレルは少々情報を仕入れ、夫に相談してから、ワシントンDCへ飛び、自分の右の腎臓をサリーに移植した。通常、腎臓移植は家族間で行なわれるが、ヴァージニアとサリーは親しい友人どうしというわけでもなかった。それでもヴァージニアは、サリーの状況に胸が締めつけられ、目に見える形で力になれるというアイデアを気に入ったのだという。それ以上を行なう人もいる［＊2］。「マッチングドナーズ・ドットコム」［患者が臓器のドナーを探すインターネットサイト］などのサイトにアクセスして、自分の腎臓やその他の臓器を見ず知らずの他人に提供できるように手配するのだ。

この種の利他的行為を、神によって植えつけられた道徳律の証拠と考える人もいる。その中には、国立衛生研究所所長のフランシス・コリンズのような、著名な科学者たちもいる[*3]。彼らは、こうした無私の行為は、私たちの道徳的判断や道徳的行為が、生物学的進化の力だけでは説明できないことを示すものであると主張する。

しかし、こうした桁外れのやさしさとは裏腹に、人間にはぞっとする残酷な一面もある。私は今朝の新聞で、恋人にふられた男が、相手の女性をつけ回した挙句、顔に酸をかけたという記事を読んだ。子供の頃、はじめてホロコーストについて聞いたが、ガス室、残忍な医師、石鹸やランプシェードにつくり変えられた子供たちの話はいまも記憶に焼きついている。私たちのすばらしいやさしさが神の存在の証拠なら、巨悪を為し得る能力は悪魔の証なのか？

それから、もっと日常的なやさしさや残酷さもある。私自身まっさきに思い出すのは、過去に自分が犯した過ちだ。かつての選択の中には、いまも思い出すと、罪悪感で背中がむずむずしてしまうものもある（こういった話がピンとこないなら、あなたは私よりはるかにましか——よほどでたらめな人間だ）。その中には、当時はよかれと思って犯した、純然たる過ちもある。しかし、何が正しいのかわかっていながら、違う選択をした場合もある。ヨーダならば「暗黒面の力は強い」と言うだろう。それでも、左右どちらの腎臓も提供してはいないけれど、私は他者を助けるために犠牲を払ってきたし、自分が正しいと思う大義のためにリスクを引き受けてきた。こうしたすべてにおいて、私はごく一般的な人間と言えるだろう。

道徳は人を惹きつける。なんと言っても私たちに楽しみを与えてくれるのは、（小説やテレビドラマ、映画の中の）虚構であれ、（報道や歴史的記述の）現実であれ、善と悪の物語だ。私たちは善人が報われるように願い――悪人が苦しむのを見たい、と心の底では思っている。

私たちの罰への欲求が行き過ぎる場合もある。数年前イギリスで、行方がわからなくなっていたネコが、何時間も経ってからゴミ集積所のゴミ箱の中で見つかった。ネコの飼い主は、通りを監視する防犯カメラの映像をチェックして何が起きたかを知った。中年の女性がネコをつかまえ、周囲を見回してからゴミ箱の蓋を開けてネコを放り込んだのだ。女はゴミ箱の蓋を閉めて立ち去った。飼い主はこの映像をフェイスブックに投稿し、この女性（メアリー・ベール）はすぐに特定された。さて、ベールの行動にネコの飼い主が（ついでに言えば、ネコも）腹を立てるのは無理もない。しかし、当事者以外の何万人もがこの映像にひどく憤慨して、ベールを血祭りにあげろと言った。フェイスブックに「メアリー・ベールに死刑を」というページをつくった者まで現われたため、ベールは警察の保護を受けなければならなくなった[*4]。現に、不道徳な行為を犯したとみなされて暴徒に殺される人もいる。不道徳と言われる行ないの中には、非婚者間のセックスのように、別の社会では道徳的に許容されている行為もある。

どうすれば、私たちの道徳的本性を根本から理解できるだろうか？　これは神学上の問題だというコリンズに同意する人も多いだろう。その一方、道徳を理解するには、小説家、詩人、劇作家の洞察に頼るのがいいと考える人もいる。哲学的視座から道徳性に迫ろうとする人もいる。こうした人たちは、人間が現実に何を考え、どうふるまうかではなく、規範倫理学（大雑把に言うと人間はどう行動すべきかを考える学問）や、メタ倫理学（大雑把に言うと善悪の本質を考える学問）の問題に目を向ける。

さらに科学が存在する。言語、知覚、記憶といった、人間の異なる精神活動の研究に利用されている方法を使って、道徳性を探ることもできよう。複数の社会にまたがる道徳的推論に目を向けても、もしくは、アメリカのリベラルと保守のような一つの社会の意見の対立を掘り下げてもいいだろう。冷酷なサイコパスのような特殊なケースを検証するのもいい。チンパンジーなどの動物にも、道徳性と呼べるものがあるのかどうかを考えたり、道徳感の進化の足取りを調べるために進化生物学に目を向けたりすることもできる。社会心理学者であれば、環境の特色がやさしさや残酷さをどう促すかを調査できる。神経科学者であれば、道徳的推論に関与する脳の部位に注目できる。

本書では、いま挙げたことをひととおり見ていく予定だが、私は発達心理学者なので、何といっても赤ちゃんや幼い子供たちの道徳性の萌芽に目を向け、そこから道徳の本質に迫りたいと思っている。現代の発達心理学の研究は、人間の道徳生活に関する驚くべき事実をあきらかにしてくれる。たとえば、アメリカ第三代大統領トーマス・ジェファーソンが、友人のピーター・カーに宛てた手紙に書いたことは正しかったのだ。すなわち、「道徳感、すなわち良心は、手や足と同じくらい、人間にかけがえのないものである。そして、人がみな、多かれ少なかれ仲間に支えられているように、人にはみな、多かれ少なかれ道徳感が、備わっている」[＊5]

ジェファーソンと同時代の啓蒙主義哲学者たちの中にも、道徳観は人間に生得的なものだという意見に与する者たちがいた。その一人がアダム・スミスだ［*6］。この本を書き上げる前年の夏、エジンバラ滞在中に、私は『道徳感情論』に魅了されてしまった。アダム・スミスは、もっと有名な『国富論』で知られるが、本人は先に書いた『道徳感情論』のほうがすぐれた作品だと考えていた。『道徳感情論』は、細やかな筆で紡がれた、思慮と思いやりあふれる名作で、想像力と共感の関係、思いやりの限界、他者の悪事を罰しようとする人間の衝動などに関する鋭い洞察が散りばめられている。アダム・スミスの目を通して、現代の科学的知見を見るのは、じつにエキサイティングだ。だから私は、一冊の本を読み終えたばかりの大学生のように、これから気恥ずかしくなるくらい何度もアダム・スミスの言葉を引用していこうと思う。

本書の大部分は、進化生物学と文化人類学に支えられた発達心理学が、道徳のいくつかの側面は人間の天性であるというジェファーソンとスミスの見解をどう支持するかの説明にあてられる。私たちの天性の資質には以下のようなものがある。

- 道徳感──親切な行為と残酷な行為を識別する能力
- 共感と思いやり──周囲の人の苦しみに胸を痛め、その苦しみを消し去りたいと願う気持ち
- 初歩の公平感──資源の平等な分配を好む性向
- 初歩の正義感──よい行動が報われ、悪い行動が罰されるのを見たいという欲望

とはいえ、人間の生来の善性には限界がある。ときには悲惨なまでに。一六五一年、トマス・ホッブズは、「自然の状態の」人間は、よこしまで自己中心的だと主張した。そこで、ホッブズがどういった点で正しかったかについても掘り下げていこう。人間は生まれつきよそ者に無関心だ。敵対的でさえある。偏狭で不寛容になりがちである。人間の本能的な情動反応のいくつか、とくに嫌悪は、私たちを大量虐殺などの非道な行為へ駆り立てる。

本書の全体を通じて私は、赤ちゃんの道徳性の理解が、大人の道徳心理へのあらたな展望の足掛かりになることをあきらかにする。世界を、家族 対 友人 対 他人に分断する、人間生来の性向をいまこそ真剣に考えるべきだ。そして、私たちがどうやって、生得的な道徳を乗り越えるか、すなわち、想像力、思いやり、そしてわけても知性から、道徳的洞察と道徳的進歩がどのように生まれ、私たちがジャスト・ベイビー（ただの赤ちゃん）以上の存在になれるのかを探求して本書を締めくくる。

第一章　赤ちゃんの道徳生活

一歳児は決意した。この手で正義を果たそう、と[*1]。たったいま人形劇が終わった。劇には三体の人形が登場した。中央の人形が右側の人形にボールを転がす。すると、右側の人形はすぐさまボールを返す。次に左側の人形にボールを転がす。すると左側の人形はボールをもったまま走って逃げた。劇が終わり、「親切な」人形と「いたずらな」人形が舞台から降ろされ、男の子の前に並べられた。それぞれの人形の前に、お菓子が一個ずつ置かれ、一歳児は「どちらかのお菓子を一個取っていいよ」と言われる。予想通り、そしてこの調査に参加したほとんどの幼児と同じように、この子も「いたずらな」人形――ボールをもって走って逃げたほう――からお菓子を取り上げた。しかし、これだけではまだ足りない。男の子はぐっと身を乗り出して、いたずらな人形の頭をピシャッとはたいた。

本書を通じて、こうした実験が、道徳のある部分は人間に生得的で、他の部分はそうでないことを教えてくれるのだと、伝えていこうと思う。人間には道徳感情がある。道徳感情があるから、他人を評価して、思いやったり非難したりできる。人は生まれつき他人に親切だ。少なくとももときどきは、親切になれる。しかし、人間には醜い本能も備わっていて、それが悪に転移する場合もある。一九世紀、トーマス・マーティン師は、子供の「生得的堕落」について記し、「私たちは、邪悪な性質がたっぷり詰まった状態で、この世に生まれる」と結論したが、それは、あながち間違ってはいなかった[*2]。

赤ちゃんも道徳的な生きものである、と言ったら、何を馬鹿な、と思われる方もいるだろう。そこで、これから何の話をしようとしているのかをはっきりさせておきたい。

私の言う「赤ちゃん」は、まさしくシェイクスピアの言う、「乳母の腕の中で泣き、吐きもどす」赤ちゃんだ。さて、一口に赤ちゃんといっても、色んな赤ちゃんがいる。本書では、生後三カ月未満の赤ちゃんは取り上げない。実験データがないというのが最大の理由だ。これほど幼い赤ちゃんの心を既存の方法で調査するのは難しい。そして、データがない以上、赤ちゃんはこんなに小さくても道徳を理解しているのです、と主張するのははばかられる。結局、道徳の中に、人間に生得的に備わっているものがあるとしても、そばかすや親知らず、腋毛のように、すぐに表面に出てこない自然の形質はたくさんある。脳も、体の他の部分と同じように、成長するのに時間がかかる。だから私は、人間には誕生の瞬間から道徳が備わっている、と主張するつもりはない。ある種の道徳的基盤は、学習によって獲得されるのではない、すなわち、母親の膝の上で、もしくは学校や教会で教わるのではなく、生物学的進化の産物であると言いたいのだ。

「道徳性」とは何か？　道徳哲学者たちの間でさえ、実際のところ道徳とは何なのかについて、意見は一致していない［*3］。そして、哲学とふだん縁のない人たちの多くは、道徳という言葉を嫌う。この本の主旨を説明しようとして、「私は道徳を信じていません」という返事が返って来たことは一度や二度ではない。一度など、道徳とは、誰とならば寝てもよくて誰とならいけないかの規則に過ぎないでしょ、と言われた（ひょっとしてその人は冗談を言っていたのだろうか）。

言葉をめぐる議論は退屈だ。結局、どんな言葉を使おうと、それは、その人の勝手なのだから。しかし、私が「道徳」という言葉で言わんとしているもの——人がどう呼ぼうと、私が探究しようとしているもの——には性的行動の制約以外にもたくさんのものが含まれている。それでは単純な例を考えてみよう。

十代の若者が大勢乗った車が、バスの停留所に立っている初老の女性のそばをゆっくり通り過ぎる。若者の一人が、車の窓から身を乗り出し、女性をひっぱたいて転倒させる。車はけたたまし笑い声を残して走り去る。

サイコパスでなければ、あなたは、この若者たちは何か悪いことをしたと感じるだろう。これはある種の不正である［*4］。シャツを裏返しに着て人前に出るといったマナー違反、太陽が地球の周りを回っているといった事実誤認ではない。チェスで、ポーンを三マス進めるといった、任意のルールの違反でもない。『マトリックス』の続編も、一作目に負けず劣らず傑作だと勘違いするような、趣味の問題でもない。

これは道徳違反だ。そのため、特定の情動や欲望と結びつく。あなたは、女性に同情し、若者たちに憤るだろう。彼らが罰されるのを見たいと思うかもしれない。若者たちは自分たちの行ないを悔いるべきだ、最低でも女性に詫びるべきである、そう思うだろう。ふいに、自分も昔はこんな若者だったという記憶がよみがえって、良心の呵責や羞恥心に苛まれるかもしれない。

人を殴る行為は、道徳違反の基本中の基本である。なるほど、哲学者で法学者でもあるジョン・ミハイルによると、相手の許可を得ず、故意に人を殴る行為（法律用語で「暴行」という）には、万人が反応する、特別の、問答無用の悪があるのだそうだ［＊5］。これぞ、時と場所を超越した、道徳律の候補である。「誰かの顔を殴るなら、きちんとした理由があるほうがいい」

これほど直接的な形ではなくても、さまざまな道徳違反が考えられる。若者たちが、女性に煉瓦を投げつけるとか、女性の車にわざと接触して、傷をつけるとか（たとえ本人がその場で見ていなくても、害を与えることになる）。女性のイヌを殺すとか、酔って大騒ぎをして、女性をうっかり車ではねるとか（悪意がなくても、若者たちは飲酒運転がいけないことくらい承知しているはずだから、非はある）。

指一本触れなくても、悪事を働くことは可能だ。人種差別的な暴言を浴びせたり、殺すぞと脅迫状をメールで送ったり、悪意ある噂を触れ回ったり、脅迫したり、インターネットに相手の卑猥な画像を投稿したり。深夜一人、コンピューターに向かってこの文章を書きながら、私は感心してしまった。机から一歩も離れずに、これほどたくさんの、おそろしい違法行為が可能とは。いまや誰もが、コンピューターのキーをほんの数回叩くだけで重犯罪人になりうるのだ。

何もしないことによって、不道徳になる場合もある。親が、子供に故意に食事を与えない選択をするのは、間違いなく非道な行為である。イヌやネコを飢え死にさせる人に対しても、ほとんどの人が同じ感情を抱くだろう。

この点に関して、法律が常識と乖離している場合もある。次に紹介するのは、ジェレミー・ストロマイヤーとデヴィッド・キャッシュ・ジュニアのケースだ［＊6］。一九九七年、二人はネバダ州のカジノに行き、ストロマイヤーは七歳の少女をつけて女子トイレに入り、少女を暴行し、殺害した。ストロマイヤーの行為の悪は、道徳的にも法律的にも明白だ。しかし、キャッシュはどうだろう？　彼はストロマイヤーと一緒にトイレにいて、おざなりに止めただけで、すぐにあきらめて出て行った。後日語ったところによると、「他人のしでかしたことのせいで、寝不足になる」のはごめんだったのだとか。

ストロマイヤーは懲役に処されたが、キャッシュは無罪だった。ネバダ州では、犯罪を未然に防がないことを罰する法律がなかったからだ。とはいえ、多くの人が、キャッシュは間違ったことをしたと感じた。キャッシュが在学していた大学では抗議活動が起き、放校処分にせよという声も出た（現に、この事件を受けて、ネバダ州の法律は、もっと世情に沿ったものになるように改正された）。

キャッシュはいまだにネット上でストーキングされている。人々は、キャッシュがどこにいたかを報告しあう。就職したり、友人を見つけたりする可能性を打ち砕き、人生を台無しにしてやろうというのだ。その人たちは、キャッシュの怠慢によって個人的に何の被害も受けていないのだが。人間にとって道徳違反がどれだけ重大事かが、この一件からわかる。キャッシュが悪人だと言うだけではない。懲らしめてやりたい、そう思う人もいるのだ。

道徳的悪のその他のタイプについて、危害の問題はこれほどわかりやすくない[＊7]。次の例を考えてみよう。

- 獣姦（ただし動物にはまったく苦痛を与えない）
- 故人との約束を反故にする
- 国旗を汚す
- 眠っている子供と性的関係をもつ（ただし子供はまったく傷つかず、何が起きたかも知らない）
- 成人したきょうだい間での、合意に基づく近親相姦
- 合意に基づく人肉食（Aが、自分が死んだら食べてくれとBに頼み、Bがその願いを聞き届ける）

さて、こうした行為の中には、実際に有害なものもあるだろう。たとえば近親相姦だ。たとえ合意した成人どうしによるものであれ、あとあと心に傷が残るかもしれない。しかし、その他の

ケースの多くは、誰にも、はっきりと目に見える形で、危害が及ぶわけでないのは明白だ。それでも、多くの人にとって、こうした行為は、身体的暴行によって引き起こされるのと同じ反応――加害者に対する怒り、彼らは罰されるべきだという欲望など――を生じさせる。

このリストに挙げた例は特殊だ、もしくは作為的だと思われるだろうか。しかし、誰が傷つくわけでもないのに、現実に同じ類の義憤を引き起こす行為は簡単に思いつける。世界の一部地域では、合意に基づく同性愛者間のセックスは悪とみなされており、国によっては死刑に処せられる（なるほどたしかに、道徳が、誰となら寝ていいかの規則の場合もある）。一部の社会では、婚前のセックスは、女性の家の名誉を汚すと考えられている。極端な場合、父親が、家名を挽回しなくてはと、おそらくは義務感から娘を殺してしまう場合もある。欧米には、売春、麻薬の使用、安楽死、成人したきょうだいどうしの結婚、臓器の販売を禁止する法律がある。こうした規制は、有害であるという根拠でときに正当化されるが、たいていは、これらの行為が、ただたんに間違っているという直感に根差している。人間の尊厳を冒瀆する、というのだろう。道徳心理学の学説はいかなるものであれ、こうした直感がどう働くのか、どこから生じるのかを説明できなくてはならない。

道徳は、不正に関するものばかりではない。道徳は正しさの問題も包含している。それを鮮やかに示してみせたのが、心理学者のフェリックス・ワーネケンとマイケル・トマセロが考案した、幼児の自発的お手伝いの研究だ［＊8］。調査のある条件では、幼児が、母親と一緒にいる部屋に、一人の大人が入ってくる。両手にいっぱい荷物を抱えていて、クローゼットの扉を開けようとする。幼児は誰にも見られていない、促されもせず、助けを求められもしない。しかし、約半数の子が力を貸す。自発的に立ち上がり、よちよち歩いて、その大人のために扉を開ける。

これは、小さな子供による、ささやかな例だ。しかし人が他人を救うために、ときには見ず知らずの他人を救うために、時間やお金、血液さえも差し出すとき、私たちが目にするのは、このやさしさの拡大バージョンなのだ。こうした行為も道徳的と呼べるだろう。こちらの道徳は、誇りや感謝といった情動を喚起し、私たちはこれを「正しい」とか「倫理的」と呼ぶ。

このように道徳の範囲は広い。厳しく批判的な要素と、アダム・スミスの言う「寛大さ、人間性、やさしさ、思いやり、相互の友情と敬意、あらゆる社会的で慈悲深い感情」などのやさしく利他的な要素の両方を含んでいる[*9]。

道徳的習慣や道徳的信念の中には、文化によって異なるため、学習されることがあきらかなものもある。旅行の経験があれば、もしくは幅広い分野の本を読んでいるだけでも、道徳に違いがあることに気づくだろう。ヘロドトスは二五〇〇年前に、『歴史』の一節でこの点を指摘した[*10]。「すべての人は例外なく、自分が生まれた土地の習慣や宗教を格段にすぐれていると信じている」と述べてから、ペルシア王ダレイオスのエピソードを紹介する。

ダレイオスは、宮廷にいたギリシア人たちを呼び集め、何を与えられたら、死んだ父親の肉を食う気になるか？　と尋ねた。ギリシア人たちは、どれほど金を積まれても絶対にそんな真似はしないと答えた。すると、ギリシア人のいるところで、通訳を介して話の内容が理解できるようにした上で、カッラティアイ人という、両親の亡骸を食べる習慣があるインドの部族に尋ねた。何を与えられたら、両親の亡骸を火にくべるか？　すると、彼らは恐怖の叫びをあげ、そんなおそろしいことを口にするのは慎んでもらいたいと言った。習慣が何をなしうるかがこの話からわかる。

道徳的信念は、自分たちが生きている文化や時代に固有のものだ。それは簡単にわかる。たとえば、本書の読者はほぼ全員、肌の色だけで人を憎むのは間違っていると信じているだろう。しかし、これは近代以降の見識だ。人類史の大半を通じて、誰も人種差別が間違いだと思っていなかった。文化人類学者のリチャード・シュウェーダーが作成した、現代の道徳的差異の一覧がある（じつによくできている）。さまざまな社会で、称賛すべき、嫌悪すべき、もしくはそのどちらでもないとされているものが列挙されている［＊11］。

自慰、同性愛、性的禁欲、一夫多妻制、中絶、割礼、体罰、死刑、イスラム教、キリスト教、ユダヤ教、資本主義、民主主義、国旗を焼くこと、ミニスカート、長髪、坊主頭、飲酒、肉食、予防接種、無神論、偶像崇拝、離婚、寡婦の結婚、見合い結婚、恋愛結婚、両親と子供が同じベッドで寝ること、両親と子供が同じベッドで寝ないこと、女性の就労、女性の就労の禁止。

ヘロドトスの逸話やシュウェーダーのリストは人間の多様性をあきらかにする。一方、人間の普遍的特性をほのめかしてもいる。民族誌的な報告は、えてして人類に共通するものを無視する。人類学者に、よその国の人たちがいかに変わっているかを誇張するきらいがあるのも一つの原因だろう（人類学者のモーリス・ブロックはこれを「専門職の過誤」と呼ぶ）［＊12］。また、人類学の立場からすれば、人間の普遍的特性を取り上げても面白くない、というのもある。たしかにそんなものは、これから訪れる国の人の顔には鼻がついている、その人たちは水を飲む、年をとる、と書かれたガイドブックのようなものである。あたりまえすぎて、取り上げる価値がない。同じように、私たちは、世界中の人が、嘘、約束違反、殺人といった行為を無条件に非難するのを当然と考える。ヘロドトスは、亡骸の扱いに無頓着な人たちの話をしているのではない。シュウェーダーのリストに近親相姦に無関心な人は出てこない。そんな人間は存在しない。

「適者生存」、「弱肉強食」という観点だけで進化を考えるなら、こうした普遍的特性が、人間の本性の一部であるはずがない。とはいえ、ダーウィンからこのかた、進化はマルサス流の生存をめぐる闘争より、ずっと複雑であることがわかってきた。いまでは、道徳とは無縁の自然選択の力が、道徳的思考や道徳的行動の基盤の一部を、私たちの中にどう植えつけたかもわかっている。実際、道徳の中の、近縁へのやさしさという側面は、進化の観点からすれば、昔からじつに簡単な話だった[＊13]。もっとも端的な例が親子だ。複雑な進化論モデルなど持ち出すまでもなく、わが子を気遣う親は、子供を捨てたり食べたりする親より多くの子を残せるので、その遺伝子が広がる確率も高いとわかる。

ただし、血縁には、親子の絆以外に、きょうだいやいとこどうしの絆もある。こちらは親子の絆ほど強くないかもしれないが、それは程度の差であって本質的な違いはない。進化生物学者J・B・S・ホールデンは、あるとき、溺れている兄弟を助けるためなら命を捨てますかと聞かれて、そんな真似はしないが、二人の兄弟を救うため、ないし八人のいとこを救うためなら喜んで犠牲になると答えた。なぜなら、平均すると、兄弟の一人とは遺伝子の半分、いとこの一人とは遺伝子の八分の一を共有しているので、遺伝子の観点からすればそれが正しい戦略なのだから。ホールデンは、答えるときにこうした計算に言及している点で、頭がいい。自分の遺伝子を保存する明確な欲望に意識的に動機づけられる人は、まずいない。しかしこの手の計算によって、正常な人が感じる動機や欲望の説明がつく。遺伝子にすれば、個人とその血縁の間に明確な違いはない。こうして、利己的な遺伝子から、わが身を愛するように他者を愛する利他的な動物がつくられる。

私たちは、血縁関係にない人に対しても、やさしく、寛大にふるまえる。その進化上の起源はあきらかであろう。人間は、狩りや採集、子供の養育などの場面で協力する。そして、私たちの社会感情が、こうした協調を可能にする。アダム・スミスは、ダーウィンにかなり先駆けてこの点を指摘している［＊14］。「人間社会のすべての成員は、互いの助けを必要としている。同様に、互いの不当な扱いを受ける危険にさらされてもいる。必要な助けが、愛情、感謝、友情、そして敬意から互恵的に与えられる社会は繁栄するし、幸福である」こうして、周囲の人への気遣いが、すべての人の利益につながる。

しかし、ここには落とし穴が一つある。社会がこのような形で繁栄するには、各人が、他人につけ込むことを慎まなくてはならない。善意の人々の共同体に巣食う有害因子は、進化生物学者のリチャード・ドーキンスが「内部からの破壊者」と呼ぶ、エデンの園の蛇だ［＊15］。蛇は、自分では代償を払わずに協力の恩恵に浴し、いちばんうまい汁を吸う。この悪魔の遺伝子が増殖すれば、世界が全体として衰退するのは必定だ。しかし、これは問題であって、解ではない――自然選択は、「世界が全体として」どうなろうと知ったことではないのだから。それでは何が、悪魔の遺伝子が集団を乗っ取り、この世をサイコパスの王国にするのを阻んでいるのか。

ダーウィンの説によれば［＊16］、仲間どうしが仲良く協力する社会が、成員があまり協力的でない社会を打ち負かす確率が高ければ、協力的形質が優勢になる――つまりこの場合、自然選択は個人ではなく集団のレベルで働いている。ダーウィンは、架空の二つの部族の戦いを引き合いに出して説明する。「つねに進んで互いに危険を警告しあい、互いを助け、守り、勇気と思いやりがあり、誠実な成員のいる……部族は、間違いなく、もっとも成功をおさめ、他の部族を征服する」。もう一つ、善人が悪人を罰する、個人レベルの自然選択のほうがしっくりくる説もある[*17]。それは、こうした集団どうしの争いがなくても、個人が、親切な人に報いたい、親切な人と関係したい、そして嘘つきや泥棒、人殺しやフリーライダー（ただ乗りする者）を罰したい、少なくとも絶交したいと願うのなら利他性は進化する、という説だ。

その他の、道徳に関係する普遍的特性を、進化の観点から説明するのはもっと厄介だ。たとえば、私たちはなぜ、性の道徳にこれほどこだわるのか？　肌の色のような、表面的な体の特性を根拠に、瞬時に道徳的差別を行なうのか？　そして、万人の平等な権利といった道徳的観念はどこから生まれたのか？　こうした問題については次章以降で考えていこう。

というわけで、人間に生得的、かつ普遍的な道徳が備わっているという考えを真摯に受け止めるべきである。ただし、それが本当かどうかをたしかめるには、赤ちゃんの心を研究するしかない。

こうした調査は骨が折れる。ご存じの通り、赤ちゃんの頭の中で何が起きているのかを知るのは難しいからだ。息子たちが赤ちゃんだったとき、私はよく彼らを見つめて考えた。私を見つめ返しているものは、いったい何なのだろう、と。息子たちは、家で飼っていたイヌに似ていた。ただし、もっと魅力的だった（いまでは息子たちも十代の少年で、すばらしい面もたくさんあるが、かつてほど職業的な興味をそそらない——正常に成長している、ということだろう）。発達心理学者のジョン・フラベルは、あるとき、二歳児の頭の中に五分間入れるのなら、地位も名誉もすべて返上すると言った［＊18］。私は、その五分間となら人生の一カ月を引き換えにしよう——五分間二歳児になれるのなら、半年と交換してもいいけれど。

思い出せない、ということも、研究が困難な原因の一つだ。コメディアンのルイスCKは、赤ちゃんの脳を、一日の終わりに、振ると真っ白になるお絵描きボードになぞらえた。記憶が固定されないのだ。幼い子供でさえ、自分が赤ちゃんだったときのことを覚えていない。心理学者のチャールズ・ファニーハフは三歳の娘に、赤ちゃんってどんな感じがするものかい、と尋ねた。父親の役に立ちたいと思った娘は、「そうねえ……私が小さな赤ちゃんだったとき、お空がよく晴れていたわ」と答えたという［＊19］。

赤ちゃんの研究は、ラットやハト以上に難しい。ラットやハトは少なくとも迷路を走ったり、レバーをつついたりする。私の同僚で共同研究者でもあるカレン・ウィンは、赤ちゃんの研究について講演するとき、赤ちゃんのたとえとしてナメクジの絵を表示する。

心理学者が赤ちゃんの脳をスキャンする、そんな場面を想像なさった方もいるだろう。たしかに、研究者の中には前途有望な一歩を踏み出した者もいる。しかし、脳イメージングはあくまで大人向けに開発された方法で、一般に赤ちゃん向きではない。危険が大きすぎるし、被験者は、目を覚ましたまま、長時間じっとしていなければならない。近赤外線分光法のような特殊な技術ならば、赤ちゃんにももっと気軽に使えるので、いずれ重大な発見につながる可能性もある。しかし現時点では、こうした実験から得られるデータ——脳のあちこちの部位における血中酸素の変化——では、精神活動の詳細はほとんどわからない。ある認知処理が、赤ちゃんの脳のどこで行なわれているのかを知りたいなら、こうした方法が最適だ。しかし、赤ちゃんがどう考え、何を知っているのかというもっと具体的な疑問に答えるには、概して、あまりに感度が低い。

さいわい、もっといい方法がある。一九八〇年代から、心理学者たちは、幼い赤ちゃんにもコントロールできる数少ない行為の一つを利用している。赤ちゃんの目の動きだ。目は、まさしく赤ちゃんの心の窓である。赤ちゃんが、ある物や人物をどのくらい長く見つめているか、その「見つめる時間」が、赤ちゃんの理解について多くを教えてくれる。

「見つめる時間」方式の応用が、慣れだ。赤ちゃんも、大人のように、同じ物をくり返し見ていると、飽きて、よそ見するようになる。退屈——すなわち「慣れ」——は、単調さへの反応だ。そこで、慣れに注目すれば、赤ちゃんにとって何が同じで、何が違うかがわかる。たとえば、赤ちゃんはイヌとネコを区別できるだろうか。それを調べるには、まずネコの写真を赤ちゃんに見せる。赤ちゃんがネコに飽きるまで、何度も、しつこく。次にイヌの写真を見せる。赤ちゃんが目を輝かせたら、赤ちゃんには違いがわかっている。やはり退屈していたら、わかっていないことになる。「ネコ、ネコ、イヌ」と「ネコ、ネコ、ネコ」が同じなのだから。

「見つめる時間」方式は、赤ちゃんにかぎらず、人が何をあたらしいと思うか、興味深いと思うか、意外と思うかを評価する上で役立つ。だが、なんといっても、赤ちゃんにぴったりだ。心理学者のアリソン・ゴプニックが指摘するように[*20]、大人も、外部の出来事に注意を引きつけられる場合がある（たとえば、名前を呼ばれれば、とっさに振り返るだろう）。しかしふだんは、何に注意を向けるかをコントロールしている。たしかに大人は、左足について考えようとか、朝食に何を食べたか思い出そうとか、意志の力で選択できる。しかし、赤ちゃんは、ほとんど環境の言いなりだ。抑制や制御をつかさどる脳の前頭前皮質という部位は、発達するのにいちばん時間がかかるからだ。ゴプニックは、赤ちゃんの意識を、外国の街中に放り出され、完全に圧倒されて、見慣れない風物をきょろきょろ見回し、意味を理解しようとじたばたする大人の心理になぞらえる。実際、赤ちゃんにとって状況はさらに悪い。大人は、最高にストレスを感じていても、考えを紛らわすことができる。ホテルに戻る時間を心待ちにするとか、この旅を友人にどう報告しようと想像するとか、空想、夢想、祈りに逃避できる。赤ちゃんは、いま、ここに、とらわれているしかない。赤ちゃんがしょっちゅうむずかるのも無理はない。そして研究者にとってありがたいことに、内的制御ができないので、私たちの方法に敏感に反応してくれる。

「見つめる時間」研究を設計するのは難しい。まず、赤ちゃんがお目当てのものにきちんと反応しているか、慎重にならなくてはいけない。たとえば、多数の研究が、赤ちゃんは二つと三つを区別できることを発見している。赤ちゃんに、二匹のイヌ、二脚の椅子、二足の靴――とにかく二つのものが描かれた絵を退屈するまで何枚も見せた後で、三つのものが描かれた絵を見せる。

赤ちゃんがそちらをより長く見つめたら、赤ちゃんは二つと三つの違いがわかる、というわけだ。しかし、疑り深い人はこう言うかもしれない。二つのものが紙に占める割合は、三つが占める割合より小さい。赤ちゃんは絵の中の物でなく、紙の余白に反応しているのではないか。つまり、赤ちゃんにわかるのは、余白が大きいか小さいか、ではないか？　この疑問については、物体の大きさを調節して、すなわち、二つの大きな物体と、三つの小さな物体が紙を占める面積を同じにすれば解決できる。しかし、疑り深い人はさらにこう言うかもしれない。赤ちゃんは物体の数ではなく、大きな物体と小さな物体に反応しているのではないか？　要するに、たんなる関係変数を排除した研究を組み立てるのは非常に厄介なのだ。しかし、やってやれないことはない。

「見つめる時間」方式の開発は、赤ちゃんの心についての常識を一変させる契機となった。この方式を使った初期の研究が注目したのは、物理的対象に関する早期の知識——すなわち、赤ちゃんの「初歩の物理学」だった[*21]。心理学者たちは赤ちゃんに手品を見せた。たとえば、支えを外しても宙に浮かんでいるブロックとか、ある場所から消えたと思ったら、別の場所に現われる物体とか、カーテンの後ろに箱を置いて、カーテンをさっと引くと箱が消えているといった、宇宙の法則に逆らうと思われる現象を。赤ちゃんが、世界は物理の法則にしたがって動くと予想しているなら、こうした結果に驚くはずだ。そして、見つめている時間の結果、わかった。赤ちゃんは驚く。赤ちゃんは、物理の法則に逆らう現象を、その他の条件がまったく変わらない現象より長く見つめる。いまや膨大な数の研究が、これまで数十年間、大学で心理学部の学生が教わってきたことと正反対の事実をあきらかにしている。赤ちゃんは、大人とほぼ同じように物体を考える。つまり、物体はまとまって動く、物体は固体で重力の法則にしたがう、物体は時間と空間を切れ目なく移動する、と考えている。

カレン・ウィンは、よく知られる研究で、赤ちゃんが初歩的な計算もできることをあきらかにした[*22]。実験はシンプルだ。まず、赤ちゃんに空っぽの舞台を見せる。舞台のまん中にスクリーンを立てる。そして、ミッキーマウスの人形をスクリーンの後ろに置く。続けてもう一つ、ミッキーマウスの人形をスクリーンの後ろに置く。そしてスクリーンを下ろす。大人ならば、ミッキーの人形が二つそこにあると思うだろう。生後五カ月の赤ちゃんもそうだ。スクリーンがどかされたとき、人形が一つしかなかったり、三つあったりすると、赤ちゃんは、人形が二つだったときよりも長く見つめている。

研究者はこの方法を使って、赤ちゃんの人間に関する予測、すなわち「初歩の物理学」ならぬ「初歩の心理学」を調査している。昔から、赤ちゃんが人間に特別な反応を示すことは知られていた。赤ちゃんは人に惹きつけられる。人間の声、とくに身近な人の声を聞くのを好む[*23]。人間の顔を見るのも好きだ。そして、相手とのやり取りが、予想通りに進まないと動揺する。赤ちゃんを怖がらせる方法を一つご紹介しよう[*24]。赤ちゃんと向かい合って座り、しばらく相手をしてあげてからとつぜん体の動きを止める。何秒か死体のようにぴくりとも動かないでいると、赤ちゃんはむずかり出す。ある研究では、生後二カ月の赤ちゃんに、母親が映っているテレビを見せた。リアルタイムで行なわれるテレビ会議のシステムを使って母親が相手をしているとき、赤ちゃんはご機嫌だったが、数秒の時差を生じさせると泣き出した［＊25］。

心理学者のアマンダ・ウッドワードは、「見つめる時間」を使って、赤ちゃんが、人間には目的があると認識していることを実証した［＊26］。最初に、赤ちゃんの前に二つの物体を置く。一本の手が伸びて、片方の物をつかむ。次に物の位置を反対にする。ふたたび手が伸びると、赤ちゃんは、先ほどと同じ場所でなく、同じ物に向かうはずだと予測した。赤ちゃんがそう予測したのは人間の手の場合だけで、金属製の鍵爪で物を取る様子を見せた場合、同様の結果は得られなかった。

さらに、心理学者のクリスティン・オーニシとルネ・ベイラージョンは、一歳三カ月の赤ちゃんが、人間の行動を、間違った思い込みも踏まえて予測できることを証明した［＊27］。彼らは赤ちゃんに次のような場面を見せた。大人が、箱の中にある物体が入っているのを見る。その後、その人は目隠しをされ、その間に物体が別の箱に移される。すると赤ちゃんは、大人は、実際に物体が入っている箱ではなく、最初の箱に手を入れると予測した。これは、高度な心の推論だ。かつてはほとんどの心理学者が、四、五歳にならなければ不可能と考えていたほどの、他者の心の深い理解である。

したがって、私たちは、生後間もない段階から、他者の心を深く理解できる社会的動物だと言える。

私が赤ちゃんの道徳感を調査するきっかけとなった研究は、そもそも道徳を調べるために設計されたものではなかった。研究の目的は、赤ちゃんの社会的理解の発達度を調べることで、私たちが興味を抱いていたのは、自分に親切だった人、もしくは自分に意地悪だった人に、人がどう反応するかを、赤ちゃんが正しく予測できるかどうかだった。人間には、自分を助けてくれた人に接近し、自分に危害を加えた人を避けようとする傾向がある。赤ちゃんは、それを理解しているのか？　それが焦点だった。

ここでお断りしておこう。私が関わっている赤ちゃんの研究はすべて、同僚の（そして妻でもある）カレン・ウィンが運営するイエール大学乳幼児研究所で行なわれている。これらの調査はすべて、カレンと、その門下の学部生、大学院生、博士研究員らのチームと連携して実施されている。

私たちの研究成果を紹介する前に、研究室で行なわれる調査の概要を説明しよう。典型的な調査に要する時間はおよそ一五分。まず、赤ちゃんを小さな実験室まで親に連れて来てもらう。通常、実験中は、親に椅子に腰かけて、赤ちゃんを膝の上で抱っこしていてもらう。赤ちゃんをベルトでベビーチェアに固定して、後ろに立っていてもらう場合もある。その時点で眠ってしまったり、泣き出して止まらなくなったりする赤ちゃんもいる。そんなわけで、平均すると約四分の一の赤ちゃんにはお引き取りいただいている。実験心理学の多くが、ビール代目当てのアメリカ人大学生の研究だと批判されるように、発達心理学の多くも、好奇心旺盛で目ざとい赤ちゃんの研究だと言われても仕方のないところはある。

最初の実験は、当時博士研究員だったヴァレリー・カールマイヤーが考案したものだった。赤ちゃんには、感じのいいやり取りと、不快なやり取りを示す必要があった。不快なやり取りの端的な例は、他人を殴る、というものだ。しかし、一部の親が（おそらくイエール被験者委員会も）、赤ちゃんに暴力的なやり取りを見せることを問題視すると思われた。そこで私たちは、心理学者のデヴィッド・プレマックとアン・プレマックの先行研究（ある物体が、狭い溝を通ろうとする別の物体を助けたり邪魔したりするアニメーションを赤ちゃんに見せた）を踏襲することにした［＊28］。二人の発見は、赤ちゃんが、助ける行為を肯定的に、邪魔する行為を否定的にとらえることを示唆していた。

この研究を基にして、私たちがつくったのは、互いに助けたり、邪魔したりする図形が登場するアニメーションだった［＊29］。ある場面では、赤い丸が丘を登ろうとしている。すると、黄色い四角が背後からやって来て、やさしく丘の上へ押し上げる（助ける）。別の場面では、緑の三角が前方からやって来て、丸を下へ押し戻す（邪魔をする）。次に、赤ちゃんたちに、丸が四角か三角のどちらかに接近する映像を見せる。こうすれば、丸が、四角と三角の前でどうふるまうかについての、赤ちゃんの予測を調べることができた。

九カ月児も一歳児も、丸が、助けてくれた図形ではなく、邪魔をした図形に接近したときのほうが、見つめる時間は長かった。この傾向は、図形に目をつけて、より人間らしくすると顕著になった。これは、赤ちゃんがまぎれもない社会的判断を行なっている、という見方を裏づける（図形に目がないと、見つめる時間のパターンは、一歳児では逆転し、九カ月児では違いがなくなった。つまり、どちらのシナリオでも見つめる時間は同じになった）。人間は、親切だった相手に接近し、意地悪な相手を避けようとする。赤ちゃんは、生後半年から九カ月のどこかの時点でこれを理解できるようになるらしい。というのも、顔のある、三次元の人形を使ったその後の実験で、一〇カ月児のあらたな被験者群では同様の結果が確認されたが、生後半年の赤ちゃんでは確認できなかった。

これらの研究が調べているのは、丸が、助ける者と邪魔する者に対して、どうふるまうかに関する、赤ちゃんの予測だ。しかしそもそも、赤ちゃんは、助ける者と邪魔する者をどう思っているのだろう？　赤ちゃんは、どっちが好きなのだろう？　大人の目線では、助ける者は立派な人で、邪魔する者はろくでなし、だ。そこで、当時大学院生だったカイリー・ハムリンは、赤ちゃんも大人と同じ印象をもっているのかどうかを調べる一連の研究を行なった。

最初の調査では、アニメーションの代わりに、三次元の幾何学図形を人形のように操作する劇を見せた（なぜ、本当の人ではなく、物を使うのかと思われるかもしれないが、一般に、赤ちゃんや乳幼児は見ず知らずの大人のそばに行くのを嫌がる）[＊30]。今回は、赤ちゃんの予想を調べるのに理想的な見つめる時間の長さではなく、赤ちゃん自身が、どっちが好きかを調べるのに適した手を伸ばす方向に着目した。シナリオは前回の実験と同じで、丘を登る丸が、助けてもらったり、押し戻されたりするというものだった。赤ちゃんが劇を見終えてから、研究者たちは、トレーの上に助けた者と、邪魔した者を並べた。さて、赤ちゃんはどっちに手を伸ばすだろう。

（実験について少し補足しよう。赤ちゃんが、人形の色や形だけでなく、シナリオそのものに反応していることを確実にするために、私たちは、助ける人形と邪魔をする人形を規則的に入れ替えた。たとえば、半数の赤ちゃんには赤い四角が助ける者になるシナリオを、残りの半数には赤い四角が邪魔する者になるシナリオを見せた。もう一つ懸念されたのが、無意識のヒントだった。周囲の大人が、どちらがよい者でどちらが悪者か知っていると、その情報がどうにかして赤ちゃんに伝わってしまうおそれがある。それを避けるために、人形を差し出す役にあたる研究者には、「正しい」答えがわからないように人形劇を見せなかった。また、赤ちゃんが人形を選ぶときは、母親に目を閉じていてもらった）

予想通り、生後半年でも一〇カ月でも、赤ちゃんは圧倒的に、邪魔する者より助ける者を好んだ。これは、統計学的に微妙な傾向ではなかった。赤ちゃんは、ほぼ全員、親切なほうに手を伸ばした。

というわけで三通りの解釈が導かれる。その一、赤ちゃんは、助けてくれる者に惹かれる。その二、邪魔する者に反感をもつ。その三、その両方。これを検証するために、今度は、助けも邪魔もしない、中立的な人形を登場させた。あらたな選択肢が加わると、赤ちゃんの好みは次のようになった。赤ちゃんは、邪魔する人形より中立的な人形を、そして中立的な人形より親切な人形を好んだ。つまり、赤ちゃんは、親切な者に惹きつけられ、かつ、意地悪なものに反感をもつ。ここでも、結果は微妙ではなかった。赤ちゃんは、ほぼ例外なく、この反応パターンを示した。

さらに私たちは、この二つの研究を追試した。次の対象は、生後三カ月の赤ちゃんだった［＊31］。さて、この月齢の赤ちゃんは、正直なところ、まったくナメクジも同然だ。通常の方法で調査できるほど、手を伸ばす動きをコントロールできない。しかし、私たちは、もっと年嵩の赤ちゃんについて、あることに気づいていて、それが研究を前進させる上での手がかりとなった。私たちは、前回の実験映像を分析していて、赤ちゃんたちが助けてくれる人形のほうに手を伸ばすだけでなく、見つめてもいることに気づいた。となれば、もっと幼い赤ちゃんの場合、手伸ばしの代わりに視線の方向を利用すればいい。赤ちゃんに、助ける者と邪魔する者を同時に見せた場合の結果は、明白だった。三カ月の赤ちゃんたちは、はっきりと、よい者を見るのを好んだ。

次に、中立的な人形を登場させた。その結果、成功と失敗は半々だったが、いずれにせよ興味深いパターンが確認できた。生後三カ月の赤ちゃんも、生後半年と一〇カ月の赤ちゃんと同じように、邪魔する人形より中立的な人形を長く見つめた。しかし、中立的な人形より助ける人形を好みはしなかった。これは、「ネガティビティ・バイアス」というもので、成人や子供にもよく見られる［＊32］。そこで、悪（ここでは、邪魔する者）に対する感度は、善（助ける者）に対する感度より強力で、より早く芽生えるとわかる。

いちばんはじめに行なった、「助ける者／邪魔する者」研究は、『ネイチャー』誌に掲載され、多くの議論を巻き起こした。熱烈に支持する意見もあれば、懐疑的な意見もあった。比較的批判的な立場の同僚からは、赤ちゃんは、本当は、親切な行ないや意地悪な行ないではなく、劇の中の、社会性とは無関係な何かに反応していたのではないか、と言われた。その点は私たちも懸念していたので、その可能性を排除することが期待される工夫を取り入れた。たとえば、丘を「登る者」を、自分の意志で動くわけではない、無機的なブロックに代えた。すると、助ける者と邪魔する者の動きは、物理的にはまったく同じだが、実際に助けたり邪魔したりするわけではなくなった。このような変更を行なうと、赤ちゃんの選好が消えた。したがって、赤ちゃんが本当に、動きだけでなく、社会的なやり取りに反応していたとわかる。

また、当時、カレンの研究室の学部生だったヤマグチマリコが、ヴァレリー・カールマイヤーが行なった最初の調査の被験者たち（助けてもらったり、邪魔されたりした丸のふるまいを予測した赤ちゃんたち）を再調査した［*33］。すると、最初の「助ける者／邪魔する者」研究の回答と、四歳になった時点での社会的推論能力の間に相関性が見られた。この結果からも、「助ける者／邪魔する者」研究が、赤ちゃんの社会的理解を実際にあきらかにしていると言えるだろう。

最初の「助ける者／邪魔する者」のシナリオを変えても、同じ結果は得られるだろうか？　その点も重要だった。そこで、カイリーとカレンは、赤ちゃんに見せる道徳劇を何通りか考えた［*34］。たとえば、ある人形が箱の蓋を開けようと苦労していると、蓋を全部開けてくれる人形と、箱に飛び乗って蓋を閉めてしまう人形が登場する劇とか、ある人形の遊んでいるボールが転がっていってしまうと、（先ほど紹介した劇のように）ボールを転がして戻してくれる人形と、ボールをもったまま逃げてしまう人形が登場する劇とか。いずれの場合も、生後五カ月の赤ちゃんは、よい者――箱を開けてくれた人形や、ボールを戻してくれた人形――を、悪者より好んだ。

先に紹介した調査から、赤ちゃんは、よい行ないと悪い行ないをだいたい理解していると言えるだろう。赤ちゃんが目にしたやり取りにはさまざまな種類があった。中には赤ちゃんがはじめて目にするものもあっただろう。現時点では、赤ちゃんの選択を導く社会的理解が本当に道徳とみなせるのか、確実に証明できてはいない。しかし、赤ちゃんの反応には、大人の道徳的判断と同じ、ある重大な特性がある。赤ちゃんは、自分自身に影響しない行為について、公平な判断を下すことができる。それは、大人が、よいとか悪いと評するであろう行為に対する判断だ。実際、まったく同じ劇を幼児に見せて、「親切な子は誰？　よい子は誰？」、「意地悪な子は誰？　悪い子は誰？」と尋ねると、大人が考えるように、助ける者を親切な子、邪魔する者を意地悪な子と答える［＊35］。

私たちがいま赤ちゃんの中に見出しつつあるのは、スコットランド啓蒙思想の哲学者たちが道徳感と評したものである。それは、善を行ない、悪を行なうことを避ける衝動と同じではない。むしろ、ある種の判断を下す能力、すなわち善と悪、やさしさと残酷さを区別する能力だ。アダム・スミスは、彼自身はその存在に懐疑的であったが、道徳感を「外部感覚と似た何か」と説明する。「私たちの周囲にある物体が、一定の方法で外部感覚に作用することによって、音、味、匂い、色といったさまざまな属性をもつように思われるように、人間の心のさまざまな傾向も、ある特定の方法でいま論じている能力に触れることにより、好ましいものとか不快だとか、美徳とか悪徳とか、善とか悪とか、さまざまな属性をもつように思える」［＊36］

人は、生まれながらにして道徳感を備えている。私は本書で何度もこの点に立ち返るつもりだ。しかし道徳には、ある種の区別を行なう能力以上のものが含まれる。困っている人を助けたいという欲求、苦しんでいる人への同情、残酷な人への怒り、自分自身の恥ずべき行為や親切な行為に対する罪悪感や誇り、こういった感情や動機を伴う。ここまで頭について考えてきた。心はどうだろうか？

第二章　共感と思いやり

善と悪を見分ける能力がなければ、人間は、道徳的になれない。しかし、道徳的な行動はどこから生まれるのか？　すなわち、私たちはなぜときおり、残酷で利己的にではなく、親切で利他的にふるまうのか？　これを説明するには、道徳感では足りない。

話をわかりやすくするために、一人の完璧なサイコパス——骨の髄まで腐ったサイコパスを想像してみよう。そいつは、高い知性に恵まれ、巧みな社交術を駆使し、正常な人と同じ動機をいくつか（空腹感や性欲、好奇心など）備えている。しかし、正常な人のように、他者の苦しみに反応することはなく、感謝や羞恥心といった感情もない。遺伝子、養育、特異な個人的体験の不幸な組み合わせの結果、道徳感情がない［＊1］。

サイコパスが、道徳的理解の点で、正常な人に劣るとはかぎらない。第一章で取り上げた、単純な能力ならば備えている可能性がある。赤ちゃんサイコパスも、丘を登るのを助ける者を、押し戻す者より好むかもしれない。そして成長するにつれて、自分が属する社会の決まりと慣習を身につけていく。迷子の子を助けてあげるのは「正しく」、意識のない女性を性的に暴行するのは「間違い」と知っている。しかし、その知識に付随する道徳的情動をまったく感じない。サイコパスの善悪の理解は、生まれつき目の見えない人でも、草は「緑」で空は「青」と言えるのに似ている。事実として正しい知識はあるが、その知識に伴う普通の経験がない。

さあ、このサイコパスを、他人には親切にしなくてはいけないと説得してみよう。人のために、利己的な衝動は抑えなくてはならないと諭すだろうか、それとも、哲学に訴えて「人間は、人類の幸福の総和を増すために行動すべきである」という功利主義者の命題を、イマヌエル・カントの定言命法を、ジョン・ロールズの無知のヴェールを、アダム・スミスの公平な観察者を持ち出すのはどうだろう。親が子供によくやるように、あなたが人によくやることを、相手からされたらどんな気持ちになる？　と問いかけたりするだろうか［＊2］。

サイコパスは、こうした説明に対して、人類の幸福の総和を増やすなんて、まったくどうでもいい、定言命法だとか何だにはいっさい興味がない、と言うかもしれない。自分が他人を傷つけることと、他人が自分を傷つけることの重みは、理屈の上では同じと理解している——要するに、サイコパスは馬鹿じゃない。しかしそれでも、人に親切にしようとは思わない。

現実のサイコパスの回答も似たり寄ったりだ。ニューヨークタイムズに掲載された、一三歳の強盗犯のインタビュー記事を、心理学者のウィリアム・デーモンが詳しく解説している［＊3］。

この少年は、凶悪にも高齢者たち（その中には目の不自由な女性もいた）を襲ったが、自分の行動を悔いる様子は微塵もなかった。目の不自由な人を標的にしたのは、後で特定されないためだそうだ。記者によると、被害者が受けた苦痛について尋ねられると、「少年は面喰らった様子で、『なぜ俺が気にする？　俺はその人じゃないんだぜ』と答えた」。連続強姦殺人犯のテッド・バンディは、自分の犯罪に世間が大騒ぎするのに当惑して、「世間には大勢人がいるだろうに［一人くらいいなくなったってどうってことない］」と言った［＊4］。やはり連続殺人犯のゲイリー・ギルモアは、道徳感情がない人間の心理を次のようにまとめた。「俺はいつだって人を殺せるのさ……他人の感情を完全に締め出して、無情になれるんだ。自分が、何かとてつもなく間違ったことをしているのは知ってるよ。それでも、やっちまえるんだ」［＊5］

次に挙げるのは、十代のときに、三人の子供をレイプして殺害したピーター・ウッドコックのインタビューだ［＊6］。ウッドコックは、精神病施設で何十年かを過ごした後、施設の敷地を監視なしで三時間散歩する許可をもらい、親しくしていた別の患者を誘って森で合流し、斧で殺した。

インタビュアー　そのとき、どんな心境だったのですか？　あなたはその人が、大好きだったのでしょう？

ウッドコック　好奇心に駆られたっていうのはあるね。それと、頭にきてた。やつが俺の誘いを全部断わったから。

インタビュアー　好奇心のために、なぜ人を殺す必要があったのですか？

ウッドコック　人を殺したらどんな気分になるか、知りたかっただけだよ。

インタビュアー　でも、あなたはすでに三人の人を殺していたではないですか。

ウッドコック　ああ。でもそれは何年も、何年も、何年も、何年も昔の話だからな。

こうした不穏な人物像と、正常な幼児期に芽生える道徳感情を比べてみよう。格好の例を紹介してくれるのが、チャールズ・ダーウィンだ[＊7]。これは、一八七七年、著名な哲学雑誌『マインド』に、「幼児の伝記的記述」という題で発表されたものである。ダーウィンは、この雑誌に掲載された、子供の発達に関する論文を読み、三七年前に息子ウィリアム（ダーウィンが「美と知性の驚異」と誇らしげに呼んだ少年）の発達を観察しながら書き溜めた覚書に目を通してみようと思い立った。

日記に最初に記録されているのは、身体的な反応だ（「くしゃみ、しゃっくり、あくび、伸びをする、そしてもちろんたっぷりと乳を飲み、泣く」）が、その後すぐに、ダーウィンが「道徳的情動」と呼ぶものが記録されている。生後半年で、ウィリアムは、他者の苦しみと認められるものに反応した[＊8]。「同情に類する感情について。これは、生後六カ月と一一日目にして、乳母が泣きまねをすると、口をぐっとへの字に歪めた悲しげな顔つきによってはっきりと示された」それからだいぶ後で、ウィリアムが、自分の親切な行動に満足する様子も記録されている［＊9］。「二歳三カ月のとき、ウィリアムは、自分のジンジャーブレッドの最後の一かけらを妹に譲ると、『ああ、なんてドディー［ウィリアムの愛称］はやさしいの』と、大声で自画自賛した」その四カ月後には、罪悪感と羞恥心の萌芽を思わせる出来事が起きる［＊10］。「食堂から出てくるウィリアムと鉢合わせした。その目は不自然に輝き、妙にぎこちなく、取り繕った様子をしていたため、誰がいるのだろうと食堂に入ってみると、禁じられていたにもかかわらず、粉砂糖をなめていたことがわかった。ウィリアムは、どんな形であれ罰を受けたことがなかったので、あの妙なそぶりが、おそれから出たのでないのはたしかだった。良心との葛藤で、気分が高揚していたのだろう」

その二週間後。「私は、例の部屋から出てくるウィリアムに出くわした。エプロンをきっちりとたくしあげ、そちらをじっと見つめている。ウィリアムは、何にもなかったと言い、『あっちに行って』とくり返し私に命じたが、またもや、とても妙なそぶりをしているので、エプロンの中に何があるのか察しがついた。エプロンにはピクルス液の染みがついていた。ということは、周到に練った嘘をついたのだ」［＊11］

幼いウィリアムの中に、日常生活を象徴する善と悪の葛藤が見て取れる。正常な人は、自分の行動を釈明できないと思うと、態度がぎこちなくなることがよくあるし、粉砂糖やピクルスなどの誘惑に直面したとき、誰でもときおりは自制心を働かせることもできる。しかし同じくらいはっきりしているのはこうした衝動に抗うのを助けてくれる良心は、ごく幼い時期に芽生えるということだ。実際、多くの場面で、私たちは、罰という脅しがなくてもいい人間でいられる。なぜなら、利己的な行為や残酷な行為が、そもそも不快な場合もあるからだ。たとえば、一九三〇年代にこんな実験が行なわれた。質問「いくらもらったら、ネコを素手で締め殺せますか?」[*12]回答の平均金額は一万ドル。いまの一五万五〇〇〇ドル（およそ一七三〇万円）に相当する。同じ被験者たちは、その半額もらえるなら前歯を一本引っこ抜かれてもいいと回答した。

しかし、サイコパスなら、ずっと少ない報酬でネコを締め殺すだろう。そうしたいと思ったら、報酬抜きで殺すかもしれない。ただし、誰にも見られていない場合にかぎる。おそらくサイコパスは、その行為は人を動揺させ、その結果、自分は爪はじきにされたり罰せられたりするかもしれない。となれば、望んでいた目標が達成できなくなるかもしれない、と認識できる程度には頭がいいからだ。ただし、ネコを締め殺す行為に対して、正常な人が抱く嫌悪感は、サイコパスにはない。

サイコパスが、いくつかの点で正常な人間よりすぐれているかのように描写する小説、映画、テレビ番組が巷にはあふれている。手ごわくて、魅力的な、成功者。その代表格が、人食いの精神科医ハンニバル・レクター［『羊たちの沈黙』など作家トマス・ハリスの複数の作品の登場人物］や、愛すべき連続殺人鬼デクスター・モーガン［アメリカのテレビドラマの主人公。優秀な警察官にしてシリアルキラー］だ。心理学者や社会学者の中には、サイコパシー［反社会的病質の一種］が、ビジネスや政治の世界では役に立つ、そのため、サイコパスじみた気質が、成功者の間でよく見られるなどと信じている人もいる[*13]。

その言葉が正しいなら、謎だろう。人間の道徳感情は、自然選択を通じて進化した。であるなら、道徳感情をもたない人が成功するはずがない。そして、現実には、成功者となるサイコパスは例外だろう。サイコパスには特有の欠陥がある。その中にはすぐにわからないものもある。心理学者のアビゲイル・マーシュらは、サイコパスが、恐怖の表情にきわめて鈍感であることを発見した。正常な人は、相手の恐怖を認識すると、苦痛のサインとして処理する。しかしサイコパスは、恐怖を読み取るのが苦手なので、適切に反応できない。マーシュはこんなエピソードを紹介している。あるサイコパスは、写真を何枚見せられても、恐怖の表情を読み取ることができなかったが、ついに理解してこう言った。「私がグサッとやる前に、みんなこんな顔をするわね」[*14]

その他の欠陥はもっと根が深い。道徳感情がすっぽり抜け落ちている――とりわけ、他者に対する配慮が欠けている。これが、サイコパスが破滅する原因かもしれない。サイコパスでない人間は、つねに互いを評価している。思いやりや羞恥心といったものを探し求め、その情報を使って、誰を信頼し、誰と手を結ぶかを決める。サイコパスも、私たちの一人であるかのようにふるまわなくてはいけないが、それは難しい。人からどう行動すべきと思われているか、と頭で理解するだけで、道徳律にしたがうよう自らに強いるのは大変だ。ネコを締め殺したい、といった衝動を、そんなことをしたら眉をひそめられるという知識だけで封じ込むのは骨が折れる。サイコパスには正常な羞恥心や罪悪感がないので、よこしまな衝動に屈して、悪意や強欲、たんに退屈だという理由で悪事を働く。そして、遅かれ早かれ捕えられる。サイコパスは、一時的には成功するかもしれないが、長い間には、破滅し、多くの者が刑務所にぶち込まれるか、さらに悲惨な末路をたどる。

サイコパスと正常な人を隔てているものは何か、もう少し考えてみよう。サイコパスには多くの特徴がある。常習的に嘘をつくとか、自責の念や罪悪感がないとか。しかし、決定的な欠陥は他者の苦痛に対する無関心だ。サイコパスには思いやりがない。

サイコパスでない人たちにとって、思いやりはどう働いているのだろう? それを理解するには、思いやりと共感を区別することが重要だ。最近の研究者たちの中には、この二つの言葉を同じ意味で使う人もいるが、他者を気遣う行為（思いやり、もしくは同情 compassion）と、他者の身になる行為（共感 empathy）の間には大きな違いがある。

アダム・スミスは、共感という言葉を使っていない（「empathy（共感）」は、一九〇九年に「感情移入」という意味のドイツ語「Einfühlung」を元につくられた言葉だ）。しかし、スミスは共感を次のように巧みに説明している[＊15]。「私たちは、［他者の］体の中に入り込み、ある程度その人と同じ人物になる」共感は強力な、しばしば抗いがたい、衝動だ。舞台の上で、コメディアンが照れくさそうにしているのを見たら、こちらまでもじもじしてしまう。隣に興奮している人がいると、そわそわする。笑いは伝染する。涙もだ。映画『カジノ・ロワイヤル』で、ジェームズ・ボンドが睾丸を蹴られるシーンを観れば、彼の痛みに反射的に身をすくめる（睾丸のついてる人にとって、とくに観るのがつらいシーンであることは請け合いだ）。小説家のジョン・アップダイクは、幼少期の回想録で、「祖母が台所のテーブルで窒息の発作を起こすたびに、同情を覚えて、のどがぐっと詰まる感じがした」と語っている［*16］。

共感に導かれて、私たちは他者の喜びをわがことのように味わう。ただし、他人の喜びに対する私たちの反応は複雑で、嫉妬に歪むときがある。「なんであの子のほうが、さんざんいい思いするのかしら？」なんて具合に。それでも、喜びは間違いなく伝染する。ユーチューブで、「ハハハ」という動画を検索してみよう。男性が、カメラに映っていないところで「ぴよーん！」とか「ぼよーん！」とか変な音を立てるたびに、ベビーチェアに座った赤ちゃんがゲラゲラ笑う。「紙をビリビリ破くのに爆笑する赤ちゃん」という動画もある。こちらは、五八〇〇万回以上も再生された。くしゃみをするパンダやおならをするネコをしのぐ人気だ。こうした動画が人気なのは、赤ちゃんが喜んでいるからだ。喜びは、まるで魔法のように、赤ちゃんの脳から私たちの脳に飛び込んでくる。

アダム・スミスは別の例を紹介している［*17］。「本や詩をくり返し読むと、一人で読んでいても何の楽しみも見出せなくなってくるが、仲間に読んで聞かせれば、また喜びを味わうことができる。彼にとってそれは、まったくあたらしいという長所をもっているため、私たちは、彼の中に沸きあがる驚きや感嘆の中に入っていく……私たちは、彼にどのように思われたかという観点で、その考えを判断する……そして、彼の喜びに共感することで楽しむ」。スミスはまさに、インターネットの最大の楽しみの一つ、ジョーク、愛らしい動物の画像、ブログ記事、動画などの転送について解説しているのだ。彼の分析は、親になる喜びの一つにもあてはまる。親になると、動物園へ行ったり、アイスクリームを食べたりという楽しい体験を、完全に初心にかえって味わうことができる。

共感の仕組みを説明する、人気の脳神経の学説がある——ミラーニューロンだ［＊18］。ミラーニューロンは、最初にアカゲザルの脳で発見された神経細胞で、サルが別のサルの行動を見ているときも、そのサルが同じ行動をとるときと同じように活性化する。ミラーニューロンは自分と他人の違いに盲目なのだ。アカゲザル以外の霊長類の脳にもある。きっとおそらく、人間の脳にもあるだろう。

ミラーニューロンの発見は、一大センセーションを巻き起こした。DNAの発見になぞらえた著名な神経科学者もいる［＊19］。科学者たちは、言語獲得、自閉症、社会的行動に関する学説にミラーニューロンを組み込み、この細胞は、数年前の神経回路のように、世間の注目を集めた。興味深い精神活動を議論するとき、最後に誰かが、そんなことは全部ミラーニューロンで片がつくと言い出すのがお決まりになった。

ミラーニューロンを使えば、同情を説明するのも簡単だ。Xが苦しんでいるYを見る。Xは、ミラーニューロンの力によって痛みを感じる。XはYの痛みが消えるようにと願う。そうなれば、

Xの痛みも消えるから。ミラーニューロンによって発動した共感は、人と人の間の境界を掻き消す。他者の痛みはあなたの痛みとなり、利己心は同情に変わる。こうした理論は、最良の意味での還元主義と言えるかもしれない。他者への思いやり、という不可解で重要な現象が、共感というより根源的な心の機構、ひいては脳のある特定のメカニズムによって説明できるのだから。

このようにすっきりと洗練された理論にはいい面もたくさんあると言われる。しかしその一方、アインシュタインの言うように、「ものごとはできるかぎりシンプルであるべきだが、シンプル過ぎてもいけない」のである。

まず、現在では、ミラーニューロンに関する当初の主張が、かなり誇張されていたことがわかっている[*20]。ミラーニューロンだけでは、言語や、複雑な社会的推論といった能力は生まれない。サルにはミラーニューロンがある。しかしサルは言葉を話せないし、社会的推論も行なえない。サルは、他のサルの真似をしない。だから、他者の行為の模倣にさえ十分でないとわかる。ミラーニューロンは、脳の、共感に関与する領域とは別の場所にある。そのため、多くの心理学者や神経科学者が、ミラーニューロンには社会的機能はまったくない、むしろ筋肉の運動の学習に特化されている可能性が高いと考えている。ただし、これについても異論がある。

いずれにせよ、ミラーニューロンは、私たちの話の中でいちばんどうでもいい部分だ。私たちには共感する能力がある。それは、どういう具合か——ミラーニューロンでなければ、何か別のメカニズムを通じて――脳から生まれるのに違いない。興味深いのは、神経解剖学や神経生理学に関する問題ではない。もっと包括的な、道徳心理学の理論において、共感がどんな役割を果たしているのかという問題だ。

私は、適応主義に深く傾倒している。だから、共感ほど貴重な能力が、特異な生物学的ハプニングとして存在するのだとは思えない。共感には、きっと役割があるのだ。共感の役割としてもっとも説得力があるのが、互いを気遣うよう動機づけるというものだ。私たちは、空腹に駆られて食べ物を探す。性欲に誘われてセックスする。何らかの脅威に直面すれば、怒りをばねに攻撃に出る――そして共感は、同情と利他性を促すために存在する[*21]。

とはいえ、(他者の感情をなぞるという意味での)共感と、(他者に対してやさしい感情を抱き、親切にふるまうという意味での)同情の関係は、多くの人が考えているよりも、ずっと複雑だ[*22]。

まず、共感は、泣いている人があなたの気分に影響するように、自動で無意識に働く場合もある(たとえあなたが誰かが泣いていることに気づいていなくて、そのほうがいいとしても)が、私たちはたいてい、他者に共感するかどうかを自分で選択している。政治犯が受けた拷問の話を聞けば、意志の力で、その人の気持ちを(もちろん、うんと控えめに)想像できる。舞台の上で表彰される人を見れば、その人の緊張感や晴れがましさを味わおうとする。そんなときの共感は、道徳的選択の原因ではなく、道徳的選択の結果かもしれない。

共感は、相手にどんな感情を抱いているかにも左右される[*23]。ある研究では、男性被験者に、赤の他人とお金のやり取りをしてもらった。一方のグループは相手から報酬を受け取った。もう一方のグループは相手にお金をだまし取られた。次に、交渉相手が、弱い電気ショックを受ける様子を見せた。すると相手がお金をくれた人だったグループでは、被験者たちは共感に相当する神経反応を示した。相手が電気ショックを受けるのを見たとき、自分がショックを受けたときと同じ脳の部位が輝いた。しかし、自分をだました相手が電気ショックを受けたグループでは、共感反応は起きなかった。代わりに、報酬と快感に関係する脳の部位が輝いた（一方、女性被験者ではあまり差がなかった。いや、女性のほうが単純にやさしいということだ――女性は、相手にどんな目に遭わされたかに関係なく、共感反応を示した）。

また、共感は同情を促すとはかぎらない。哲学者ピーター・シンガーが考えた、あきらかによい行ないの例を考えてみよう［＊24］。湖の近くを歩いていると、小さな子供が水の中でもがいているのが見えた。湖の水深はひざの高さほどもないが、子供は溺れかけている。両親の姿は見えない。あなたがごく一般的な人なら、自分の靴が台無しになろうとも、湖をじゃぶじゃぶ歩いて子供を救い出すだろう（哲学者は、溺れている子供のたとえがお気に入りらしい。約二〇〇〇年前には、中国の哲学者孟子も「人皆な人に忍びざるの心有りと謂ふ所以の者は、今人《こんじん》乍《たちまち》孺子《じゅし》の将に井《せい》に入らんとするを見れば、皆な怵惕《じゅってき》たる惻隠の心有り〔人にはみな人に忍びないと思う心がある。いま人であるものが、幼な子の井戸に落ちようとしているのを見たならば、憐憫の情をもつに違いあるまい〕」と言っている）［＊25］。

共感から同情が導かれ、行動へと発展する場合もあるかもしれない。子供がおびえ、苦しそうに口をパクパクしている様子を見たら、同じように息が苦しくなり、溺れかけているという自分自身の感覚を消し去りたいがために、子供を救おうと動機づけられるのだ。しかし、普通はこうではない。あなたはまず間違いなく、溺れる恐怖をわがこととしていっさい感じたりせず、水の中に入っていくだろう。心理学者のスティーブン・ピンカーが指摘するように、「子供が吠える犬におびえて泣いていたら、思いやりある反応とは、一緒におびえて泣くことではない。子供をなぐさめ、保護することだ」[*26]。

さらに、共感しなくても相手を思いやることができるように、思いやりをいっさい感じなくても共感はできる。人の苦しみを感じたら、そう感じるのを止めたいと思うだろう。しかし、当事者の苦しみを軽くするのではなく、相手から遠ざかるのも一つの解決策だ。あなたは湖から立ち去るかもしれない。哲学者のジョナサン・グローバーは、実際にあった話として、ある女性の反応を紹介している[*27]。その女性は、ナチスドイツの死の収容所近くに住んでいたために、囚人たちが撃たれてから死ぬまで、何時間も苦しむ様子を目にしなければならなかった。女性は激しく心をかき乱されてこんな手紙を書いた。「こうした非道な行ないを、不本意ながら、何度も目にしなくてなりません。ただでさえ病気がちなのに、こうした光景はあまりに神経にこたえるので、いずれまいってしまうでしょう。こうした非人間的な行ないは止めにするか、さもなくば、人目に触れないところでやって頂くようお願いいたします」

この女性は、囚人たちが殺される様子を目の当たりにして、苦痛を感じる程度には人に共感することができた。そして、こうした行為を「非道」で「非人間的な行ない」と呼んでいるのだから、行為の残虐さにまったく鈍感なわけでもない。だがそれでも、こうした殺人が目に見えないところで行なわれているのであれば、かまわないのだろう。これは極端なケースだが、私たちにも身に覚えのない話ではない。ふだんは善良な人も、遠い国に住む人の痛みや苦しみについて説明されたり、街でホームレスのすぐ隣を歩いたりするとき、目を背けることがある。

他者の痛みを感じて、共感がむくむくと湧き上がるが、それが同情でない場合もある。英語には一語で表現する言葉はないが、ドイツ語にぴったりの言葉がある。——シャーデンフロイデ schadenfreude［他人の不幸を喜ぶ気持ち］だ。あなたは他者の苦しみを楽しみ、その苦しみが長引けばいいとか、もっとひどくなればいいと願う。サディズムは極端な例だが、シャーデンフロイデの中には正常なものもある。私も、ライバルに天罰が下った場面を想像するのは楽しい。やつはいまどんな気持ちだろうかと想像して、甘美な気持ちに浸る、かもしれない。

ここまでは、共感と同情がどう違うかという話だった。同情が道徳と同じでないことも同様にあきらかだ。犯罪者が、警官に出所させてくれと懇願したとしよう。警官は同情するかもしれないが、情にほだされるべきではない。順守すべき道徳原理は他にある。もっとありふれた例としては、落第した学生が私のところに来て、及第させてくれと泣きつくかもしれない。学生には同情すると思うが、彼の言う通りにしたら、他の学生たちに対して公平でない。

心理学の調査でも、ときおり同情と道徳性の衝突が見られる。心理学者のダニエル・バトソンらによると、被験者に、誰かの視点に立ってくれと頼むと、その人を別の人よりひいきするようになるそうだ［*28］。たとえば、苦しんでいる少女を、救命手続きの順番待ちリストの先頭に移そうとする。思いやりある行為ではあるが、道徳的ではない。こうした類の決定は、誰がもっとも激しい情動反応をかきたてるかではなく、客観的で公平な手続きに即して行なわれるべきなのだから。したがって、よい人になるには、やみくもに同情するばかりでなく、同情を克服することが必要な場合もある。

同情は道徳ではない。そして道徳と衝突する場合もある。しかし、同情なしには何もはじまらない。他者への気遣いがなかったら、道徳も存在しなかっただろう。

この世に生を享けた瞬間から、私たちは他人とつながっている。島のように孤立した赤ちゃんはいない。新生児でさえ、他人の表情に反応する［*29］。研究者が赤ちゃんに向かって舌を突き出すと、多くの赤ちゃんもお返ししようとする。赤ちゃんは鏡を見たことがない。だから、大人の舌が、自分の口の中にあって、まだ一度も見たことのないものと同じだと本能で察するのに違いない。この模倣は、赤ちゃんと周囲の大人の絆を育み、それによって互いの感情をしっかとつなぎとめるために存在するのかもしれない。実際、親と赤ちゃんは互いの表情を頻繁に、それも多くの場合は無意識に模倣する［*30］。

赤ちゃんは、他者の苦しみにも反応する。幼いウィリアム・ダーウィンが、生後半年で、乳母が泣き真似をすると「悲しげな顔」をして「同情」を示したことを思い出そう。誕生してわずか数日でも、赤ちゃんは泣き声を不快に感じる。そのため、泣き声に反応して、自分も泣き出す傾向がある[＊31]。騒音にむやみに反応しているわけではない。赤ちゃんは、自分の泣き声より他の赤ちゃんの泣き声に反応して泣く[＊32]。同じ音量のコンピューターの雑音や、チンパンジーの赤ちゃんの泣き声ではそれほど泣かない。人間以外の動物も、自分と同じ種の仲間が苦しむのを不快に感じる。腹をすかせたアカゲザルは、レバーを引けば食べ物が手に入るとわかっていても、別のサルが電気ショックを受けて苦しむのであれば、レバーを引かない[＊33]。ラットも、宙づりにされたり、水槽に落とされたりした仲間を救うためとあれば、バーを押す[＊34]。そして、サルと同じように、バーを押せば食べ物が出てくると知っていても、別のラットに苦痛を与えるのならば、バーを押さない。

こうした行為は、同情の反映かもしれない。しかし、もっとシニカルな見方をするなら、サルもラットも――そしておそらく人間も――苦しんでいる個体を純粋に思いやるために進化したわけではない。他者の苦しみを不快だ、と感じるように進化したのだ。サルやラットが経験しているのはおそらく、共感だ。同情ではない。

それでも、赤ちゃんや幼い子供たちのふるまいを見ていると、それだけではない何かがあるように思える。子供たちは、苦しんでいる人から顔を背けるだけではない。他者がもっといい気持ちになれるように、努力する。発達心理学者は以前から、一歳児が、つらい思いをしている他者がいたら、なでたりさすったりしようとする様子を観察してきた[＊35]。心理学者のキャロリン・

ザーン＝ウェクスラーらは、近くに痛がっている（ふりをしている）人（たとえば、母親が何かに膝をぶつけるとか、実験者がクリップボードで指をはさむとか）を見かけると、幼い子の多くがなぐさめようとすることを発見した［＊36］。なぐさめる傾向は、男の子より、女の子のほうが高い［＊37］。この知見は、女性のほうが、平均的に、共感や同情心が強いことを示す膨大な数の研究と一致する［＊38］。人間以外の霊長類にも同様の行動が見られる。霊長類学者フランス・ドゥ・ヴァールによると、チンパンジー（サルではない）は、攻撃されて傷ついた仲間の体に手を回し、さすったりグルーミングしたりするという［＊39］。

とはいえ、赤ちゃんや幼児のなぐさめの試みは、完璧からはほど遠いし、それほど頻繁でもない。幼児より年嵩の子供のほうが、そして子供より大人のほうが、他者をなぐさめようとする。さらに幼児は、他者の苦痛に対して、泣き出してしまったり、苦しんでいる相手ではなく自分をなぐさめたりする場合がある。共感に導かれた苦痛は不快であり、ときにその不快さは圧倒的になる。これはラットにもあてはまる。ある研究では、バーを押せば、他のラットに加えられている、痛みのある電気ショックを止められたにもかかわらず、多くのラットはバーを押すことをせず、「苦しんでキーキー鳴いたり、飛び跳ねたりしているラットからできるだけ遠ざかろうと、箱の隅に引込んで、うずくまり、身をすくめていた」［＊40］

幼児も、他者の苦痛に対して自己中心的に反応する場合がある［＊41］。すなわち、自分だったらこうして欲しいという行動を取る。心理学者マーティン・ホフマンの例によれば、一歳二カ月の子供は、泣いている友達を、その子の母親ではなく自分の母親のところに引っ張っていったそうだ。ホフマンは、こうした混乱が生じるのは、他者の視点に立つのに必要な認知能力が十分に発達していないためだと言う。しかし実際は、年齢に関係なく、相手の苦痛に自己中心的に反応してしまうことはある。先日、レストランで妻と食事をしているとき、のどが渇いたというので、ビールを丁重に差し出すと、妻が私をじっと見つめた。しまった！　妻はビールが大嫌い。ビールが好きなのは私だった。

幼児の思いやりをよく表わしているものがもう一つある。お手伝いだ。ここ数十年間、多くの個人的なエピソードや研究が、幼児の自発的なお手伝いを紹介している［＊42］。一九四二年、ある研究者の息子に関する記録。「近頃はたいへん思いやり深い。私が今朝起きてくると、『パパ、スリッパ履くでしょう?』と言って、走って取りにいった」［＊43］。一九六六年、ある心理学者が、一歳半の幼児について、「庭で私と作業する。熊手で上手に土をならす、移植ごての使い方もじつにみごと……家の中では、掃除機やモップをかけるのを手伝う……［さらに］父親が着替えたり、暖炉で火をおこそうとしたりするときに何を必要としているかを察知する」［＊44］。また、一九八〇年代初頭に研究を行なった別の心理学者は、実験室を散らかった家に仕立てた実験の詳細を紹介している［＊45］。実験室には、散らかったテーブル、寝起きのままのベッド、床に散らばった本やカード、畳まれていない洗濯物などが用意された。実験室に連れて来られた子供たち（一歳半から二歳半の幼児）の大多数は、「まかせて、僕がその小さな電球を支えているよ」といった類のことを言いながら、実験者が掃除するのを熱心に手伝った。

さらに近年、第一章で紹介したように、手が届かないところにあるものを拾おうとしたり、手がふさがった状態で扉を開けようとしたりして苦労している大人を、幼児が助けることが心理学者によってあきらかにされた［＊46］。幼児たちは、大人にまったく促されなくても、視線さえ合わせなくても、手を貸した。この行為は感動的だ［＊47］。なぜなら、なぐさめなど、人を助ける行為は、いくつかの試練を課すからだ。幼児は、何かがまずいと察し、事態を改善するには何をすべきかを認識し、現実にお手伝いしようという気にならなくてはいけない。

さて、懐疑的な人はこう指摘するだろう。こうしたお手伝いがなぜ行なわれるのかはわかっていない、と。何だかんだ言って、大人は、同情に動機づけられるわけでもなく、しょっちゅう人助けをしている。両手にいっぱい本を抱えて、閉まっている扉のほうへよろよろ歩いている人がいたら、何も言われなくてもさっと立ち上がって扉を開けるだろう。これは、親切心というより、誰かがくしゃみをしたら反射的に「お大事に」と言うような、習慣に動機づけられたものかもしれない。いや、幼児は助けられる相手を気遣うのではなく、助けるという行為を楽しんでいるだけなのかも。大人が、手の届かないところにある何かを取ろうとしていて、子供がそれを手渡すとしたら、その動機は、問題が解決されるのがたんに快感だからかもしれない。いや、幼児のお手伝いは、大人の幸福のためではなく、大人の是認を得るのが目的なのかも［＊48］。お手伝いをしようとする子供の姿は愛らしい。ひょっとすると、これが正解だろうか。子供たちのお手伝いは、大きな目や丸い頬のような身体的な魅力と同じ、保護者に愛されるために設計された適応行動かもしれない。

しかし、研究者たちが得た証拠によれば、お手伝いは（少なくとも年嵩の子供たちによる場合）、実際に、他者に対する純粋な気遣いに動機づけられている。私の同僚のアリア・マーティンとクリスティーナ・オルソンは、大人に、三歳児と遊んでから、ある用途に必要なものを取って来て、と頼むように指示した［*49］。たとえば、大人の近くに水が入った水差しが置かれている。大人は、子供に、「水が注げるようにカップを取ってくれる？」と頼む。頼まれたものが用途に適していれば――たとえばカップが壊れていなければ――子供はたいていそれを手渡した。しかし、頼まれたものが、カップにひびが入っているといった具合に、用途に適さない場合もあった。マーティンとオルソンは、多くの場合、子供は取って来てと頼まれたものには触れず、部屋の別の場所にある、ひびの入っていないカップのような、用途に適ったものを取ってくることを発見した。つまり、子供たちは大人にただ盲目的にしたがうのではなかった。大人が用を足すのを実際に助けたいと思っていた。

また、子供たちが、第三者のために本当に役に立ちたいと考えているのなら、誰を助けるか、えり好みをするはずだ。心理学者のアムリシャ・ヴァイシュらは、三歳児は、他人に親切だった人を進んで助けようとし、他人に意地悪だった人を、あまり助けようとしないことを発見した［*

50]。心理学者のクリスティン・ダンフィールドとヴァレリー・カールマイヤーも、一歳九カ月児を対象にした実験で同様の結果を確認した[＊51]。幼児たちは、二人の実験者と向かい合って座る。二人の実験者は、おもちゃを手渡そうとするかのように差し出す。ただし、幼児はどちらからもおもちゃを受け取れない。片方の実験者は、からかって、おもちゃを放そうとしない。もう一人は、おもちゃを渡そうとするが、落としてしまう。その後、幼児たちに、二人のどちらかにおもちゃを渡して、と言うと、幼児たちは、自分たちをからかった大人ではなく、渡そうと努力した大人におもちゃを渡そうとした。

分かちあいも、思いやりと利他性の現われである。赤ちゃんは、生後半年を過ぎると、自発的に分けあうようになる。分かちあいは、その後一年間でどんどん活発に行なわれるようになる[＊52]。ただし、分かち合いの相手は家族や友達で、見ず知らずの他人とはほとんど分けあわない。科学者や親たちの中には、子供たちが存分に分かちあわないことを懸念し、子供たちの道徳的未熟さの現われではないかと心配する者もいる。しかし、それは不公平だろう。二歳児が、心理学者の研究室で会ったばかりの子に、自分のおもちゃを手渡すことに抵抗を感じるのは、大人が自分の車の鍵を見ず知らずの相手に貸したくないと思うのと何が違うのか？

というわけで、幼い子供の分かちあいを見つけようとする実験の成果がぱっとしないのも不思議ではない。心理学者のセリア・ブラウネルらは、チンパンジーの利他性を調べるために設計された実験方法を改良して、実験を行なった［＊53］。研究者は、子供を二つのレバーの間に座らせて、どちらかを引くように指示を与えた。一方のレバーを引くと、子供も、正面に座っている実験者もお菓子がもらえる。もう一方のレバーを引くと、子供だけお菓子をもらえるが、実験者はもらえない。

向かい側にいる実験者が何も言わないと、一歳半児も二歳一カ月児も、大人にお菓子を与えようとはせず、無作為にレバーを引いた。実験者が「私、クラッカーが好きなの。クラッカーが欲しいな」と言うと、二歳一カ月児は協力したが、一歳半児は無作為に引き続けた。

ブラウネルらは、論文であかるい面に目を向けた。二歳児は「行為に対する代償を払わなくて済むなら、血縁関係にない個人と貴重な資源を自発的に分かちあう」と。たしかにその点は印象的だが、私は、一歳半の子も二歳の子も、自分が何も失うものがない状況でも、相手に促されなければ分かちあおうとしなかった点に興味を惹かれた。おそらく、やり取りしていた相手が、テーブルの反対側にいる見ず知らずの大人だったからだろう。もし相手が、両親や祖父母だったなら、子供たちはずっと親切だっただろう。

最後の点は強調しておく価値がある。そして本書ではこれから何度もこの点に触れる予定だ。四歳くらいになるまで、子供たちが、見ず知らずの大人に、自発的に思いやりを発揮することはまずない。さて、ここで取り上げた研究の中には、友達でも家族でもない大人に対するお手伝いなどの親切な行為を確認したものもある。ただし、こうした研究の大人は、じつはそれほど見ず知らずではないことを覚えておこう。発達心理学の調査では、通常、被験者の子供は（父親か母親に付き添ってもらった上で）、調査の前に「準備」セッションの一環として、大人の実験者と触れ合い、ボールの転がしっこなどの親密で互恵的な活動を行なう。これが違いを生むのだ。心理学者のロドルフォ・コルテス・バラガンとキャロル・ドゥウェックによると、こうした互恵的なやり取りが行なわれない場合――大人から親しげに挨拶されたり、「実験に参加してくれてありがとう」とお礼を言われたりするだけだと――その後の子供たちによるお手伝いの回数は約半分にまで減るという［＊54］。実験をはじめる前に、親密な触れ合いがまったくなければ、大人が助けを求める時点でまったくの赤の他人だったら、子供の側からの自発的な思いやりはほとんど、もしくはまったく見られないだろう。

ここまで私たちは、人間の他者に対する反応、そして行動を探ってきた。しかし、道徳的な生きものは自分自身も評価する。私たちは、自分のよい行ないを誇らしく思い、悪い行ないに罪悪感を抱く。そしてこうした道徳感情が、この先何をすべきで、何をすべきでないかを決定する手がかりを与えてくれる。心理学者は、少なくとも成人の場合、他者に対する評価と、自分自身の評価の間に密接な関係があると気づいている［＊55］。第三者に共感しがちな人は、相手を傷つけることに罪悪感を抱く傾向も高い。すなわち、共感能力の高い人は、罪悪感に苛まれやすい人であるらしい。

赤ちゃんが自分をどう評価しているのかを研究するのは難しい。そして、赤ちゃんの自己評価がどう発達するのかもほとんど何もわかっていない。赤ちゃんに、いい者と悪者を見せて、それぞれにどう反応するかを調査する状況を設計するのはまだ簡単だ。もっと難しいのは（おそらく不可能ではないが）、赤ちゃんにさまざまな行動を取らせて、自分のよいところと、悪いところにどう反応するかを調べる状況の設計だ。

とはいえ、幼児期の自己評価のサインを観察することならできる。妹にジンジャーブレッドをあげたときの、ウィリアムの喜びを紹介したエピソードのように、赤ちゃんや幼い子供たちは、しばしば誇らしげな様子をする。罪悪感だってある。生後一年に満たない赤ちゃんでも、他者を傷つけると、心を痛める様子を見せる[＊56]。成長するにつれて、その頻度は増えていく。

一九三五年、心理学者のシャルロッテ・ビューラーは、子供の罪悪感を引き出す、うまく考えられた調査を行なった[＊57]。一人の大人と一人の子供が一緒に同じ部屋にいる。大人は子供に、おもちゃに触ってはいけないと命じる（おもちゃは子供の手の届くところにある）。次に大人は、部屋をしばらく留守にする。研究者たちは、一歳児も二歳児も全員例外なく「大人との接触が断たれた瞬間、禁止は取り消されたと解釈して、おもちゃで遊ぶ」ことを発見した。しかし、大人がとつぜん戻ってくると、一歳四カ月児の六〇パーセント、一歳半児の一〇〇パーセントが、「きわめてばつの悪い様子で、顔を赤らめ、ぎくりとした顔で大人のほうを見た」。ある一歳九カ月児は、「おもちゃをすばやく元の場所に戻して、何事もなかったかのように取り繕おうとした」子供たちが示したおそれに、道徳的内容はなかったかもしれない。しかし、ばつの悪い様子で、顔を赤らめた、とは！　それ以外にも何かが起きていたということだ。年齢が上がると、子供たちは罪悪感を反射的に示す代わりに、言葉で自分を正当化するようになる。この調査では、二歳児は「たとえば、おもちゃは自分のものだと主張することによって、言いつけにしたがわなかったことを正当化」しようとした。

先に見てきたように、赤ちゃんは、自分でよい行ないや悪い行ないができるようになるずっと前から、他者のよい行ないや悪い行ないに敏感だ。そこで、「道徳感」は、まず他者に向かって伸びていき、その後、成長のどこかの段階で、内側に向かうと言えそうだ。このとき、子供たちは自分を道徳的行為者としてとらえるようになる。そしてこうした認識が、罪悪感、羞恥心、誇りという形で現われる。

子供たちの共感や思いやりにはある程度限界がある。とはいえ、こんな幼い生きものにも、こうした道徳的な行為や感情を見出せることが感動的であることに変わりはないはずだ。サミュエル・ジョンソン［一八世紀のイギリス文学者］は、（まったく違う文脈の中で）じつにうまく、こんなことを言っている。「それは、犬が後ろ脚で歩くのに似ている。うまくはない。しかし歩いていること自体が驚きなのだ」

しかし、私たちの天性の思いやりは、ダーウィンや、それ以前の時代の科学者、哲学者、神学者の多くには意外ではなかったのだろう。それは、本書に登場する偉人の一人が雄弁に語った結論だった。アダム・スミスは、繁栄は、利己的な行為者のやり取りによってもたらされると主張する、一七七六年の著作『国富論』でよく知られる。しかしスミス自身は、人間が徹頭徹尾利己的な生きものであるとはつゆほども信じておらず、思いやりという心の牽引力に非常に敏感だった。スミスの著書『道徳感情論』は、この点を雄弁に、力強く主張する次の文章で幕を開ける［*58］。

人間は、どれほど利己的であるように見えようと、あきらかに、その本性の中にいくつかの原理をもちあわせている。それによって、人は、他者の運命に興味を抱き、他者の幸福を自分にとってかけがえのないものとする。たとえ、それを眺めるという喜びのほかに何も得るものがないとしても。憐れみや同情もこの種のものであり、私たちは他者の不幸を見たり、じつに生き生きと思い描いたりするときに、その情動を感じる。私たちがしばしば他者の悲しみから悲しみを引き出すという事実は、明白すぎて証明するまでもない。この感情は、人間本性のほかの根源的な情念と同様に、徳の高い人や情け深い人にもっとも鋭敏に感じられるとしても、けっして、こうした人たちにかぎられるものではない。

第三章　公平、地位、罰

コメディアンのルイスＣＫには、自分の娘が公平をどう理解しているかをネタにしたレパートリーがある。「この間、五つになる娘がおもちゃを一個壊しちゃったんだよね。そしたら、娘のやつ、妹のおもちゃも壊してくれって言うんだ。そのほうが公平だからって」。娘の言う通りにすれば、姉妹は平等になる。しかし正しいと感じられないところが、この話のツボだ。「だからその通りにしてやった。泣けたね。それで、娘のほうを見たら、にたにた笑っていやがった」

その他の、公正に関する直観はもっと単純だ。二つのおもちゃがあって、二人の子供がいるとしよう。おもちゃを二つとも一人の子供に与えるとする。すると、もう一人の子は、しゃべれるくらい大きければ抗議するだろう。「そんなの不公平だ！」と言うかもしれない。その通り。平等な分配は、子供たち全体の幸福を最大化する。一人に一個ずつおもちゃを与えれば、二人とも幸せ。不平等な分け方をすれば、何ももらえない子供は、みじめ。その悲しみは、おもちゃを二つもらった子の余計分の喜びを上回る。だが、単刀直入に言おう。必要もないところに不平等をつくり出すのは単純に間違っている。

話はあっという間に、ずっと複雑になる。平等と公平をめぐる問題は、現代社会が抱えるもっとも焦眉の道徳問題の一つだ。たとえば、ほとんどの人が、正しい社会は市民間の平等を促進するという考えに賛同する。しかし、どういった種類の平等が道徳的に好ましいのか？　機会の平等か、結果の平等か？　これらの問題をめぐる対立は深刻だ。スタート地点で平等な機会を与えられていたのなら、もっとも生産的な人が、他の人より多くを所有するのは公平か？　政府が、裕福な人からお金を取り上げて貧しい人に与えるのは公平か？　そして、こうした再分配の目的が、現実に貧しい人々を助けるためでなく、ルイスCKのネタにあった「妹のおもちゃを壊してくれ」的な、たんに不平等を減らすための措置に過ぎないなら、答えは変わるのだろうか？

一九七〇年代に心理学者のウィリアム・デーモンが行なった、影響力の大きい一連の研究は、子供たちに面接を行ない、彼らの公平に対する考えをあきらかにした[*1]。子供たちは結果の平等を重視し、その他の留意事項は気に留めなかった。具体例として、デーモンの研究の一部を少しだけ取り上げてみよう（子供たちは、ペニーの不公平な分け方について質問されている）。

実験者　誰かが、他の人より多くもらうほうがいいと思う？

アニータ（七歳四カ月）　ううん。だって、それは公平じゃないわ。誰かが三五ペニーもらって、誰かが一ペニーしかもらわない。それじゃ公平じゃない。

実験者　クララは、自分は他の人より、たくさん物をつくったから、他の人よりお金をもらえるはずだと言ったよ。

アニータ　だめよ。それはおかしいわ。クララが人より多く、たとえば一ドルとかお金をもらって、他の人が一セントしかもらえないのは公平じゃないもの。

実験者　クララが、他の人より少しだけ多くもらうっていうのはどう？

アニータ　だめ。みんな同じお金をもらうべき。公平じゃないもの。

同様の平等へのバイアスは、もっと幼い子供にも見られる［＊2］。心理学者のクリスティーナ・オルソンとエリザベス・スペルキの調査では、三歳児に、ある人形が、他の二体の人形に資源（ステッカーやチョコレートバーなど）を配るのを手伝ってもらった。主人公の人形と二体の人形の関係にはいくつかのパターンがあった。たとえば、あるときは主人公の人形のきょうだいと友達だった。またあるときはきょうだいと他人だったり、友達と他人だったりした。オルソンとスペルキは、資源が偶数個だった場合、主人公と二体の人形の関係にかかわらず、三歳児はほぼ例外なく、主人公の人形に、同じ個数ずつ資源を分配させようとすることを発見した。

平等バイアスは強い［＊3］。オルソンとアレックス・ショーは、六歳から八歳の子供たちに、「マーク」と「ダン」の話をした。二人は自分たちの部屋を掃除して、ご褒美に消しゴムをもらった。「消しゴムを何個ずつあげたらいいかしら。手伝ってくれる？　ありがとう。それじゃ、マークとダンにいくつ消しゴムをあげるか決めてね。ここに消しゴムが五つあります。一つはマーク、一つはダンに、一つはマーク、一つはダンに。あれ！　一個余っちゃったぞ」

研究者たちが「［余った消しゴムを］ダンにあげたらいい？　捨てちゃったほうがいい？」と尋ねると、子供たちは、ほぼかならず、捨てたほうがいいと言った。研究者たちが、マークもダンも消しゴムが余計にあることは知らないのだ、だから、どちらかに一個余計にあげても、一人がほくそえんだり、うらやんだりすることはないと強調しても、結果は変わらなかった。この実験でも、子供たちは平等を強く欲し、平等の実現のためには何かを犠牲にすることもいとわなかった。

大人も同じだろうか？　一〇〇ドル札が五枚あるとして、それを二つの封筒に入れて、それぞれ違う人に送るとしよう。平等に分ける手立てはない。しかしだからといって、五枚目のお札を現実にシュレッダーにかけるだろうか？　ショーとオルソンの研究に登場する子供たちは、少々平等を気にしすぎていないか？　これほど平等に一途なのは、調査が家庭以外の場所で行なわれているせいではないだろうか？　たしかに。なにしろ、アメリカの心理学者が被験者のほとんどを獲得する幼稚園や託児所は、常日頃から平等の規範を子供たちの頭に叩き込む施設、すなわち、どの子も一等賞で、全員が平均以上のコミュニティなのだから。

おそらくこういった経験は、何らかの影響を与えてはいるだろう。しかし、近年の一連の研究で、平等バイアスは、学校や託児所が、子供たちの選好を形づくるずっと前に芽生えていることがわかっている。

心理学者のアレッサンドラ・ゲラーチとルカ・スーリアンは、生後一〇カ月児と一歳四カ月児に、ライオンとクマが、ロバとウシに二枚のカラフルなディスクを配る人形劇を見せた。ライオン（調査の別の回ではクマ）は、ロバとウシにディスクを一枚ずつ配る。クマ（別の回ではライオン）は、ディスクを二枚とも一匹の動物に与え、もう一匹には何も与えない。その後で、子供たちにライオンとクマの人形を示し「どっちがいい子かな？　いい子を教えて」と尋ねたところ、一〇カ月児の回答はバラバラだったが、一歳四カ月児は公平な分配者を好んだ［＊4］。

心理学者のマルコ・シュミットとジェシカ・ソマーヴィルは、同様の実験を、一歳三カ月児を対象に行なった。今回は動物の人形ではなく生身の人間に、公平な分配と不公平な分配を行なわせた。すると、一歳三カ月児は不公平な分配を長く見ていた［＊5］。つまり、赤ちゃんたちは、不公平な分配を意外に思ったのだ（対照研究によって、幼児が非対称的な行為を長く見ているだけという可能性を排除した）。

他の研究によると、子供たちは、ときおり平等バイアスを乗り越えられる［＊6］。心理学者のステファニー・スローン、ルネ・ベイラージョン、デヴィッド・プレマックは、一歳七カ月児に、おもちゃで遊んでいた二人が、第三者にお片付けをしなさいと言われる場面を見せた。二人がそろって片付けをした場合、幼児たちは、実験者が後で二人に平等に報酬を与えると予想した。実験者がそうしなかったときのほうが見つめる時間が長かったからだ。しかし、一人が全部片付けをして、もう一人がずるをして遊び続けていた場合は、実験者が二人に報酬を与えたときのほうが、見つめる時間が長かった。不平等な働きに対する平等な報酬を予測していなかったのだろう。

分配する資源が奇数個のとき、余った資源をどうするか？　この点についても子供は賢明だ[＊7]。前述したように、六歳から八歳までの子供たちは、部屋を掃除した二人の間で不平等が生じるくらいなら、五個目の消しゴムを捨ててしまうほうがましと考える。しかし、「ダンはマークよりたくさん働いた」という文を一つ加えるだけで、ほぼ全員が答えを変える。余分な消しゴムを捨てるより、ダンにあげたほうがいいと考える。子供たちに、人形を通して資源を配分させ、資源が偶数個だったときは平等に分配させた実験を思い出そう。その実験では、資源が奇数個で、余った一個を捨てるという選択肢がないとき、三歳児が、人形が資源を配る相手に選んだのは、他人ではなく、きょうだいや友達の人形、もしくは、以前何もくれなかった人形ではなく何かをくれた人形、第三者に寛大でなかった人形ではなく寛大な人形だった。

幼い子がすべてを心得ているわけではない。私が、心理学者のコリーン・マクリンクとローリー・サントスと共同で行なったいくつかの実験でわかったことだが、年嵩の子供と大人は、分け前について、気前のよさを相対的に判断できる[＊8]。たとえば、三つあるうち二つをくれる人は、一〇個あるうち三つをくれる人よりも「親切」とみなされる。一方、幼い子供は絶対的な数にしか注目しない。その他の研究からも、運、努力、スキルといった不平等を正当化しうる要因の理解は、思春期の間も発達することがわかっている[＊9]。

とはいえ、年齢とは関係なく、人間には全般的に平等へのバイアスがある。子供は、平等を期待し、資源を平等に分配する人を好む。子供本人も資源を平等に分配することに強く固執する。これは、人間には生まれながらにしてある種の公平本能が備わっている、私たちは天性の平等主義者なのだという、人間性のあるイメージとぴったり重なる[*10]。霊長類学者のフランス・ドゥ・ヴァールの言葉を借りるなら、「ロビン・フッドは正しかった。人間のもっとも根源的な望みは、富をばらまくことである」といったところか。

たしかに、他人の富であれば、ばらまくにやぶさかでないかもしれない。しかし、自分が当事者の場合、ロビン・フッド説は正しいだろうか？　いやむしろ、私たちが求めているのは、相対的な優位性だ。私たちを動機づけているのは、平等への欲望ではなく、自分自身の富や地位に対する利己的関心なのだ。それは、小規模社会の生活様式、西欧の成人を対象とした実験室の研究、そして何より、自分が何らかの代償を払わなくてはならないときの、幼い子供たちの選択によってたしかめられる。

まず、社会に目を向けてみよう。歴史のほとんどの期間、人類は深刻な不平等社会を生きてきた。アレクサンドル・ソルジェニーツィンは、二〇世紀ロシアの、まぎれもない不平等な社会の実態を伝える、不穏なエピソードを紹介している[*11]。

モスクワ州で、地区の党代表者会議が開かれた。議長をつとめたのは、先ごろ逮捕された書記に代わって任命された、あらたな書記官だった。会議の終わりに、同志スターリンに宛てた忠誠のメッセージが採択された。もちろん、全員が起立した（会議の途中でも、スターリンの名前が出るたびに全員が立ち上がった）。小さな会議室に「嵐のような」大喝采が巻き起こる。三分、四分、五分。「嵐のような喝采」は続いた。しかし、手の平はヒリヒリするし、挙げた腕は痛くなってきた。年輩の人たちは息を切らしている。心からスターリンを崇拝している人にとってさえ、耐えられないほど馬鹿らしくなってきた……

やがて、一一分後に、製紙工場の工場長が、さりげない風を装って、椅子に腰を下ろした。すると、おお、奇跡が起こった！　部屋中に充満した、抑えがたい、筆舌に尽くしがたい熱狂はどこへ消えてしまったのか？　みな一斉に拍手を止めて、腰を下ろした。救われた！　一匹のリスが、車から飛び出すことに気づいたのだ。

だがしかし、そんな具合で、誰が自律的な人間かがわかってしまうのだった。そんな具合で、そうした人たちは取り除かれてしまうのだった。その日の晩、工場長は逮捕された。まったく別件で一〇年の刑が申し渡された。しかし、彼が最終調書二〇六号に署名した後で、取調官がこんな注意をした。

「けっして最初に拍手を止めてはならない！」

最近では北朝鮮の例がある。二〇一一年、金正日の葬儀の後、本当に嘆いていたのかと周囲から疑念の目を向けられた市民たちが投獄された。

スターリンの同類たちに率いられた社会について残された膨大な歴史資料が、人間心理の本性について何かを教えてくれるかもしれない。おそらくホモ・サピエンスは、自分たちが研究している何種類かの大型類人猿と同様に、序列を重んじる種なのだ。私たちの脳は、支配と服従向けに配線されている——すなわち、強力な指導者（「アルファオス［集団の中で序列が一番上のオス］」や「ビッグマン［部族社会の中の野心的リーダー］」）と、彼に服従するその他全員によって構成される集団で生きるように、進化によってお膳立てされたのだ。もしそうなら、現代に残る小規模社会の中に、こうした社会構造を見出せるであろう。なぜなら、これらの社会は、農耕や動物の家畜化がはじまり、現代の科学技術が誕生する前、すなわちおよそ一万年前の人類と、いくつかの重要な点で変わらない生活を営んでいるからだ。

一九九九年、人類学者クリストファー・ボームは、数十に及ぶ小規模集団の生活様式を概観した著書『森の中の階層制』でこの問題に取り組んだ。［＊12］意外に思われるかもしれないが、ボームは、これらの社会が平等主義であることを発見した。物質的な不平等は最小限に抑えられ、財は全員に分配される。高齢者や病人は面倒をみてもらえる。指導者はいるが、その権力はつねに牽制されている。そして社会構造は流動的で、非序列型だ。スターリン政権下のロシアより、「ウォール街を占拠せよ」に近い。

私は、狩猟採集型の生活様式を美化したいわけではない。小説も抗生物質もない世界で暮らすのはまっぴらだ。それに、いずれにせよ、こうした社会の成員は互いにそれほど親切ではない。成人男性どうしの関係では平等が重んじられるが、それ以外は序列主義だ。親は子を支配し、夫は妻を管理する。それに平等主義者は、平和主義者ではない。狩猟採集社会には暴力が蔓延している［＊13］。女性に対する暴力、配偶者をめぐる男どうしの暴力、敵対集団に対する暴力。なので、本書のほとんどの読者の方は、現代の狩猟採集部族の平均構成員よりずっと恵まれている。とはいえ、現代社会の最底辺層にいる人たち——マンハッタンの通りで暮らす高齢のホームレスや、サンパウロの十代の売春婦——は、こうした部族の一員であるほうがましかもしれない。少なくとも、そこでは、共同体が機能し、食べるものがあり、敬意を払ってもらえる。

ここまでは、人間には生まれつき公平性への根深い選好が備わっていて、それが「自然な」社会構造の中で平等に発展するというロビン・フッド説を、人類学的証拠が裏づけているかのようだ。しかし、じつは、ボームは反対のことを主張している。ボームによると、狩猟採集者たちの平等主義的な生活様式は、社会の構成員が、地位をとても気にしているからこそ成立する。これらの社会の成員が最終的にそこそこ平等なのは、誰かに権力が集中しすぎることが絶対ないように、全員で努力しているからなのだ。これは、見えざる手の平等主義だ。三人の子供がパイをもらったとしよう。パイを平等に分ける方法は二つある。一つ、子供たちみんなが平等を重視し、同じ取り分を得ることで同意する。二つ——こちらのほうがより人間らしい方法だと思う——どの子も、自分の取り分が他の子より絶対に小さくならないように目を光らせる。

この方法は、パイでも、現実の世界でも、うまくいくだろう。ただし、個人が自分の権利を擁護し、地位を守ることができる場合にかぎる。ボームが紹介する社会では、部族の成員たちは、誰かが増長しすぎだと思ったら、その人物をこきおろし、あざ笑って、引きずり下ろす。ナタリー・アンジーの言葉を引用しよう。「アフリカのカラハリ砂漠に住むクン族では、手柄を鼻にかけそうな狩人が獲物をしとめると、『肉を馬鹿にする』という儀式化された遊びを通じて同胞たちに牽制される[*14]。俺たちに、あのけちな死骸を運んでくるのを手伝わせようっていうのか？　なんだそりゃ、ウサギの仲間か？　といった具合に」

陰で噂したり、公然と嘲笑したりする場合もある。ボームは、ある学者の次のような言葉を引用する。「ハッツァ族の間では……「首長」になろうとした男が、自分のために一肌脱いでくれと他のハッツァたちを説得しようとした。すると、人々は、彼の努力がいかに滑稽であるかを、公衆の前であきらかにした」[*15]（私も、駆け出しの准教授だったとき、大学生たちから同じ目に遭わされた）。もっと重い罰もある[*16]。スターリンを気取った者が、集団から見捨てられる場合もある。死刑宣告も同然だ。容赦なく打たれる場合もある。バルヤ族の男は、隣人の家畜を盗み、その妻たちとセックスしようとすれば殺される。首長が「非常に気短になり、魔術の力が強くなる」と、部族の成員たちは、首長を別の部族の「復讐部隊」に引き渡して落とし前をつける。

このように、狩猟採集民族の平等主義的な生活様式は、人々が、有利な地位を得ようと画策し、自分と、自分が愛する人たちを気遣い、誰かに支配されることのないように進んで協力し合うことによって成立する。ボームが言うように、「別の社会でならば、従属させられていたであろう個人は、大規模な、団結した政治的連合を形成できる程度には賢いのである……団結した従属者たちは、自分たちの中の、比較的強引なアルファタイプの成員を絶えずこきおろす。であるから、平等主義は、実際には、奇怪な政治的階層制の一種である[*17]。弱者が力を合わせて、強者を積極的に支配するのだから」

残念ながら、ボームが紹介する類の平等主義は、地球上からほとんど姿を消してしまった。人口が増えて、農耕が開始され、動物が家畜化され、あらたな科学技術が発明された。それによって、弱者にも可能な制裁の功果は弱まり、その一方、権力者による報復措置は脅威を増している。集会を開いて、不幸な成員が相当数いれば、笑いものにして無視すればいい。小規模な狩猟採集社会で首長が横暴なふるまいをすれば、首長をめった打ちにして、殺すこともできる。しかし、こうした手段はいずれも、直接のやりとりが希薄で、個人や少数のエリートが物質的資源や社会的資源をほぼ独占できる社会では機能しない。野心的な狩猟採集者が味方につけられるのは、石と槍で武装した友人たちくらいのものだろう。しかしスターリンには、軍隊、秘密警察、強制収容所、銃、そして古式ゆかしい拷問道具までそろっていた。現代社会では、権力欲に突き動かされた、野心的で残酷な指導者は、数ではるかにまさる市民を支配する集団を組織できる。弱者が強者を支配するために徒党を組むのはもはやそう簡単ではない（インターネットは、拡散されていて、匿名性もある程度確保されるので、形勢逆転の武器になりうると主張する人もいるが）。

次に、西欧社会の大人に目を向けよう。ここ数十年間、行動経済学者たちは、人間が、実際どのくらい親切で、公平で、平等主義かを調べるために、よく練られた、しかもシンプルなゲームを設計した。

まずは「最後通牒ゲーム」だ［＊18］。ゲームの趣旨は単純だ。被験者は、実験室でまず「提案者」と「受取人」に無作為に割り振られる。提案者に選ばれた人は、お金をいくらか渡され（たとえば一〇ドル）、そのお金の何分の一かを受取人に分けるように言われる。受取人の選択肢は二つだけ――提案を受け入れるか、拒絶する。このゲームのポイントは次の二点である。一つ、提案が拒絶されれば、二人ともまったくお金を受け取れない。二つ、提案者は、このルールを承知した上で提案を行なう。実験は、通常匿名で、一回かぎりのものとして行なわれる。つまり、提案者と受取人は違う部屋にいて、相手が誰なのかを知らず、今後顔を合わせる予定もない。

被験者が二人とも金の亡者で、完全に合理的な行為者だとすれば、提案者はできるだけ少ない額を申し出て、受取人はこの提案を受け入れるはずだ。一ドルでもないよりはましだし、断ったとしても、ゲームは一回かぎりなので、次回もっとましな額の提案をしてもらえるわけではない。しかし、そういうケースは珍しい。通常、提案者はもっているお金の半分か、半分を少々下回る額を申し出る。

これは、提案者側のロビン・フッド的衝動の反映かもしれない。すなわち、提案者は、平等に分けるのが正しいと信じているのかもしれない。しかし、もう一つあきらかと思われるのは、提案者が、利己心から行動している可能性だ。しみったれた提案は拒否されるだろう、そう考えるのだ。そして提案者の予想は正しい。実験室では、受取人は、少ない額を提案されると、ケチな提案者が何も受け取れないように、自分の取り分をあきらめて提案を拒否する。

少ない提案を却下するのは、ある意味では間違っている（受取人は空手で帰るわけだから）が、最後通牒ゲームは、不合理な行為、少なくとも第三者の目には不合理に思われる行為が報われる、矛盾した状況の一例である。私が利己的な人間で、一回かぎりの最後通牒ゲームに参加したとしよう。相手が感情のないロボットだとわかっていれば、提案者である私は最低額を申し出る。提案が受け入れられると知っているからだ。しかし、相手が普通の人間なら、少ない額の提案をしたら、腹いせに拒絶されるのではないか、そう思ってもっと多い額を与えるだろう。（行動経済学者のダン・アリエリーによれば、経済学部の学生を、提案者の立場に割り当てると、最低金額の提案をする場合が多い。そして、彼らにとって望ましい結果となる。相手も経済学部の学生で、であれば最低金額を受け入れるからだ。こうした合理的な提案者は、経済学の心得のない人と組むと、不愉快な結果に愕然とする）［＊19］

受取人はなぜ、少ない額の提案を拒絶するのか？　それは、私たちの心が、一回かぎりの、匿名のやり取りに適応していなかったからだ［＊20］。人間は、比較的少数の他者と、くり返しやり取りする世界で進化した。そのため、少ない額の提案に対して、あたかも、何度もくり返される交渉の一回目であるかのように、頭ではそうでないとわかっていても、反応してしまうように配線されている。つまり拒絶は、同じ相手と何度も交渉するのであれば完璧に筋の通る、「ふざけんな！」式の是正措置である。この拒絶の原動力となる心理状態は、こんな提案をした相手に対する激しい憤りだ。それは受取人の表情に現われる［*21］。軽蔑や嫌悪に歪んだ顔。脳の中では、怒りに関連する領域が活動を増大させている［*22］。受取人が、少ない額を申し出た提案者に匿名でメッセージを送ることが許された研究の典型的なメッセージを紹介しよう。「強欲になるべからず。ま、あんたには何もやんないけど」、「おいおい、これが強欲ってやつか」「ろくでなし」「サイテー」［*23］

はっきり言って、少ない額の提案の、何がそれほど癪に障るのか？［*24］ 哲学者のショーン・ニコルズはその論理を次のように噛み砕いて説明する。「ジムが、ビルと財産を分けるように言われたとしよう。ジムが、（平等に分けるという規範）を無視することにして、ビルに財産の一〇分の一しか与えないとしたら、その行動をどう釈明できるだろう？　財産は棚ぼたで手に入ったものなので、ジムが、自分はたくさんもらっていいんだと主張することは不可能だ。平等に分けるという規範がある以上、ジムはビルを格下扱いしたと考えるのが自然だろう」さて、こう頭を働かせたジムは、共感の力で――もし自分がビルで、こんな風に侮辱されたらどう感じるかと考えて、すくみあがり――少額の提案を思いとどまる。こんなわけで、ジムは公平な分配を申し出ようと思うのかもしれない。しかし、もっと利己的な理由があるのかもしれない。たとえば、腹を立てたビルが、自分に仕返しして、何ももらえなくなることをおそれているのかもしれない。

というわけで、最後通牒ゲームにおける被験者のふるまいは、ロビン・フッド説の裏づけにならない。さて、お次は「独裁者ゲーム」だ［*25］。これは、心理学者のダニエル・カーネマンらが発案したものだ。最後通牒ゲームとそっくりだが、受取人が選択を行なう段階が省かれている。参加者は、お金をいくらか渡され、匿名の赤の他人にいくらでも好きな金額を与えることができる。それでゲームは終わり――自分が決めた金額が手元に残る。

当然ながら、利己的なエージェント（行為者）はびた一文与えようとしないだろう［*26］。ところが、人はそのようには行動しない。独裁者ゲームを取り上げた論文の数は一〇〇を下らない。そしてあきらかになったのは、ほとんどの人がお金を与える、平均額は二〇パーセントから三〇パーセントの間である、ということだ。中には、多くの人が半分、もしくは半分をわずかに下回る額を与えるという、さらなる気前のよさを報告する研究もある。

最後通牒ゲームの場合と違って、この気前の良さは報復へのおそれでは説明できない。こうした知見の一つの解釈が、ロビン・フッド式の分析だ。独裁者は、公正感からお金を与える。すなわち、選択する人が、自分の特権的な立場を度外視して、完全に第三者としての立場から最善の解決策を考えるというわけだ。独裁者が他の人より多くもらういわれはない。だから、偶然手に入れたお金を均等に分けたいと思う（ただし、人間は弱い生きものなので、手元にちょっぴり余計に残すかもしれない）というわけだ。

さて、この解釈には妙なところがある。そう指摘するのは私がはじめてではない。たしかに最良の世界は、資源が均等に分配される場所、という平等主義の原理を信奉する人はいる。しかし、一般に、人間は、隣に立っている人に自分のお金を半分あげようなんて気になったりはしない。気前がよくなることもままあるけれど、誰彼かまわず、というわけではない［*27］。棚ぼた式にお金を手に入れた場合でも、それは変わらない。道端に落ちている二〇ドルを拾ったら、そばを通りかかった人に、あなたでなく私が見つけたのはただの偶然ですから、と言ってさっと半分譲るだろうか？　そんなはずはあるまい。

では、実験室の調査に参加してくれた被験者は、なぜこんなに親切なのだろう？　もう一つ考えられるのが、社会的圧力だ。被験者は、自分が、思いやりと公平性を調べる研究に参加しているのだと知っている。一般に、調査は、気前の良さが何段階かで発揮できるように設計されている。そしてその中で最悪なのがまったく与えないという行為だ。ほとんどの人がいくらかを与えるという知見は、最低なやつと思われたい人間はいないという事実によって、ほぼ説明がつくだろう。

観客効果を知りたいのなら、たとえば、ある研究者の提案で、独裁者ゲームを国営テレビで放映して、家族や友人みんなが見つめる中で行なうところを想像すれば十分だろう。そんなことになれば、あなたはさらに気前よくならないだろうか？　実験室の調査で、選択が人目に触れやすくなるほど、人がより多くを与えるようになることがあきらかにされた［*28］。これは意外でも何でもない。壁やコンピューターの待ち受け画面に目の絵を貼るだけで、人は普段より親切になる[*29]。おそらく、目の絵が、見られているという意識を呼び覚ますからだろう。その意識を巧みに表現しているのが、トム・レーラーがつくったボーイスカウトの風刺ソングだ。「つつしみましょう／よいことは／誰にも見られていないなら」[*30]

標準的な独裁者ゲームは匿名で行なわれるはずだが、被験者は、匿名性を保証するという実験者の言葉を信じていないのかもしれない。疑いを抱くのもごもっとも。心理学の実験ではだまされている場合もあるのだから。さらに、他人にいい印象を与えたいという動機が、誰も見ていないと頭でわかっていても、働くのかもしれない。

こんなことは全部どうでもいいのかもしれない。人が気前よく与えるというのなら、その気前の良さが、他人からどう見られるかという懸念に動機づけられていようが、それが何だ？　ただし、純粋な平等主義の衝動と、よく見られたいという欲望は、まったく違うものだ。よく考えられた二つの実験がこれをあきらかにしている。

心理学者のジェイソン・ダナらは、標準的な独裁者ゲームにひとひねり加えた実験を行なった[*31]。提案者に一〇ドルを渡す基本のゲームを設定したが、今回、一部の被験者は、通常のゲームに参加するか、九ドル受取ってゲームに参加しないかを選ぶことができた。そして後者を選択した場合、受取人には、あなたがゲームに参加していたことはわからないようにすると言われた。

お金目的でゲームに参加しただけの利己的な人ならば、ゲームへの参加に同意して、最大の利益を得るために一〇ドルまるまる手元に残すだろう。一方、気前のいい人なら、ゲームへの参加に同意し、一〇ドルの何割かを譲るだろう。九ドルを取ってゲームを降りたりはしない。そんな選択をすれば、一〇ドルより取り分が減る（利己的な人から見れば筋が通らない）し、相手に何もあげられない（気前のよい人から見れば筋が通らない）からだ。

それでも、三分の一以上の被験者が九ドルを受け取る選択をした。おそらく、お金は欲しかったが、それなりの額を相手にあげなくてはならないというプレッシャーを感じる立場が嫌だったのだろう。これと似ているのが、物乞いが待ち構えている通りを歩く状況だ。あなたが冷血漢なら、さっさと通り過ぎるだろう。気前のよい人なら、そばを通るときにいくばくかお金を渡すだろう。しかし、お金を与えなければと感じる立場に置かれるのが嫌だったら、第三の選択をするだろう。物乞いを避けて反対側の歩道に渡る。

次に経済学者のジョン・リストが行なった実験を取り上げてみよう［＊32］。この実験では、最初に独裁者に一〇ドル、受取人に五ドルが渡される。通常の実験のように、独裁者は、自分のお金から希望する金額を相手に譲ることができる。この単純な条件では、譲った金額の平均は一ドル三三セントだった。まずまず気前がいいと言える。

実験の二番目のグループの被験者には、自分の希望する額を譲ることができるが、相手から一ドル奪うこともできると伝える。この場合、譲った金額の平均は三三セントに減った。第三のグループには、希望する額を譲れるが、相手からも希望するだけの金額を、つまり最大で五ドルまるまる奪えると伝えた。すると、独裁者たちは平均二ドル四八セント奪った。そしてお金を譲る者はほとんどいなくなった。

何という奇妙な現象だろう。独裁者ゲームの与えるという行為を、富を分かち合いたいという衝動の反映だとする従来の説明が正しいなら、奪うという選択肢が加わっても影響はないはずだ。しかし、与える行為が、よく思われたいという欲望に（少なくともある程度は）動機づけられているとしよう。その場合、奪うという選択肢を加えると変化が生じる。なぜなら、可能性として最悪の選択は、何も与えないから、他人のお金を全部奪うになるからだ。被験者はこう考えているのかもしれない。「本当の人でなしは、相手にびた一文残さない人間のことだ。人でなしと思われるのはごめんだから、ちょっぴり頂戴するだけにしよう」。この二つの研究を総合すると、独裁者ゲームでのふるまいは、利他的で平等主義的な動機とはほとんど関係なく、むしろ利他的で平等主義的に見えることと大いに関係する要因に影響されているとわかる。

子供は経済ゲームでどうふるまうだろうか、これにいちはやく取り組んだのが経済学者のエルンスト・フェールらだった［＊33］。彼らが対象にしたのは、三歳から八歳のスイス人の子供たちで、お金ではなく飴を使った。次に紹介する実験では、子供たちにあらかじめ、あなたたちの決定が、同じ保育園（または幼稚園、学校）の子（ただし誰かはわからない）に影響しますと伝えておいた。

ゲームの一つは、独裁者ゲームを変形したものだった。どの子にも飴を二つ与える。そして、一つは取っておいてもう一つを誰かにあげるか、両方とも取っておくか、どっちにする？　と尋ねた。この条件では、七歳児と八歳児は気前がよく、およそ半数の子が飴を分けた。しかし、もっと幼い子たちは欲張りで、飴を分けたのは五、六歳児では約二〇パーセント、三、四歳児ではわずか一〇パーセントに留まった。幼児に見られる利己性は、近年、アメリカ、ヨーロッパ、中国、ペルー、ブラジル、フィジーなどの国々でも行なわれた独裁者ゲームの調査と一致する［＊34］。これらの調査でも、幼い子供たちは、もっと年嵩の子供や大人に比べて、自分のもち分を、赤の他人に分けることにはるかに消極的だった。

幼い子供は、自分の利害が関わると、平等などどうでもよくなる、そう結論する人もいるだろう。しかし、それは公平ではないだろう。おそらくごく幼い子供たちにも、年嵩の子供たちと同じ、平等・親切・公平の衝動はある。しかし、自制心があまり強くないため、年嵩の子供と違って利己心を克服できず、食欲が利他心を圧倒してしまう。

この説を検証するために、フェールらは、利他性と自制心の葛藤を回避する「向社会性ゲーム」という別のゲームを考えた。このゲームでは、子供たちは無条件に飴をもらえる。選択はやはり、他の子にも飴をあげるかどうか、だ。この場合、子供たちは代償を払わず、利他的に（そして公平に、平等主義者に）なれる。

七歳児と八歳児の行動は、予想通りだった。約八〇パーセントが飴をあげた。ところが、それより幼い子供たちでは、飴をあげたのは約半数に留まった。つまり、比較的幼い年齢の子供たちのうち、約半数は、失うものが何もなくても、見ず知らずの相手には飴をあげないという選択をした。

その子本人に利害が及ぶ、公平な分配と不公平な分配への子供の情動反応を調査した研究もある。心理学者のヴァネッサ・ロブらは、保育園に通う三〜五歳児を調査した。今回の実験では、親密な関係にある子供たちを対象にした［＊35］。すなわち、これまでの研究と違って、子供たちに見ず知らずの誰かとやり取りしてもらうのではなく、同じクラスの子供たちを二人一組にした。子供たちは、静かな部屋で五分間積み木遊びをした後で、積み木を片付ける。そこに実験者が入って来て、部屋を片付けるのを手伝ってくれたご褒美にステッカーをあげようと言う。実験者は、二人の子供（仮にメアリーとサリーとしよう）にすっかり見えるようにして、ステッカーを一枚ずつ、合計しながら手渡していく。「メアリー一枚、サリー一枚。メアリー二枚、サリー二枚。メアリー三枚。メアリー四枚」というわけで、サリーのステッカーの合計は二枚、メアリーのステッカーは四枚となる。ここで実験者は七秒間、間を置く。何もせず、アイコンタクトも避ける。その間の子供たちの自発的な反応がビデオで撮影される。その後で子供たちに分配が公平だったかどうかを尋ねる。

サリーの立場に置かれた子供たちは、たいてい、公平ではなかったと答えた。浮かない顔つきをして、多くの子がもっとちょうだいとせがんだ。一方、メアリーの立場の子供たちは、質問されれば、ほとんどの子が分配は不公平だったと認めたが、この不公平さにサリーのようには反応しなかった。彼らは心を痛めていなかった。たくさんもらえた子供たちが取った中で最良の行動は、もらえなかった子の不満を聞いた後で、ステッカーを一枚手渡すというものだった。ただし、そんな子供は一〇人中一人にも満たなかった。思い出してほしい。この子たちは、見ず知らずの誰かとやり取りしたのではない。同級生、多くは友達とペアを組んでいたのだ。

つまり、子供たちは不公平に敏感だが、心をかき乱されるのは、自分の取り分が他の子より少ない場合だけらしい。子供たちはこの点で、サルやチンパンジー、犬に似ている[*36]。こうした動物はみな、自分のご褒美が他の個体より少ないと気を悪くした様子を示す。たとえば、二匹のイヌをペアにした研究で、イヌたちに芸当をさせ、片方に好物を、もう片方にはそれほど好きでないものを与える。すると、ぱっとしないご褒美をもらったイヌは、腹を立て、褒美に口をつけないことがある。

子供たちはときに意地悪な選択をすることもある[*37]。心理学者のピーター・ブレイクとキャサリン・マコーリフは、四歳から八歳の子供を対象に、ある調査を行なった。研究者は、初対面の子供たちにペアを組ませ、飴の載った二枚のトレーが出てくる特殊な装置の前に座らせた。一人の子がレバーを操作して、二枚のトレーの中身を自分たちのほうに空ける（子供たちはそれぞれ、自分に近い側のトレーに載った飴をもらえる）か、トレーの中身を両方とも捨てる（二人とも飴をもらえない）を選択する。

どちらのトレーにも同じ数の飴が載っているとき、子供たちは、まず中身を捨てたりはしない。分配が自分に有利なときも同様である（たとえば、自分のトレーに飴が四個、相手の子のトレーに飴が一個のような場合。ただし、八歳児の中には、こうした選択を選ばない子もいた）。しかし、分配が逆になって、相手の子に有利だと、どの年齢の子も、かなりの確率でトレーの中身を両方とも捨てる選択をした。子供は、見ず知らずの子が、自分より多くを手に入れるくらいなら、何ももらわないほうがましと考えるのだ。

子供たちの意地悪な本性を裏づける証拠は、私が、カレン・ウィン、イエール大学大学院生のマーク・シェスキンと共同で行なったばかりの一連の調査からも得られている［*38］。私たちは、五歳から一〇歳の子供たちに、今後知り合う予定のない子と、後でおもちゃと交換できるトークンをどう分け合うかについて、さまざまな選択肢を提示した。たとえば、どちらの子も一枚ずつトークンをもらう場合と、どちらの子も二枚ずつトークンをもらう場合ではどちらを選択するか。しごくもっともなことに、先のような選択を提示された場合、多くの子が後者を選んだ。自分も、相手の子も、より多くのトークンをもらえる選択である。

しかし、私たちは社会的比較が重要であることも発見した。自分と相手が、どちらも一枚ずつトークンをもらえる場合と、自分が二枚で相手が三枚もらえる場合では、子供たちの選択はどうなっただろう？　自分も相手もより多くのトークンをもらえる、つまり、より欲張りで、なおかつより気前のよい選択なのだから、後者のほうがよい選択肢に思えるではないか。しかし、一対一ではなく二対三を選べば、自分がもらうトークンは、相手より相対的に少なくなる。子供たちにとって、これは面白くなかったので、多くの子が、自分が相対的に損しないように、一枚余計にトークンをもらうのをやめて、一対一を選んだ。

また、二人とも二枚もらえる場合と、自分が一枚で相手が何ももらえない場合では、どちらを選んだだろう？　二対二は、どちらにとっても絶対的によりよい選択肢だが、一対ゼロの利点は、選択する子が、相手の子より相対的に多くもらえる点にある。年嵩の子は、二対二を好んだが、五歳児と六歳児は一対ゼロの選択肢を好んだ。代償を払っても、相対的に得するほうを選ぶ。子供たちの反応を見ていて、ユダヤ人の間に伝わる中世の民話を思い出した。ねたみ深い男のもとに天使が現われて、望みのものを何でも授けよう――ただし、男の隣人にはその二倍を授ける、と言った。男はちょっと考えてから、こう頼んだ。目玉を片方引っこ抜いてください[＊39]。

公平性は、プラスの何かを分配する最善策を決定するだけではない。私たちは、マイナスをどう分配するかも決めなくてはならない。それでは、罰と復讐という、道徳の暗い側面に目を向けるとしよう。

人間がつねに互いに親切であったなら、罰の問題が生じるはずがない。しかし、人類学者のロバート・アードレイの言葉を借りるなら、「われわれは堕ちた天使ではなく、進化したサルである」[＊40]。人間の中には、出来心で嘘をついたり、人を殺したり、利己的な衝動に負けてしまったりする人がいる。彼らに混じって残りの人間が生き延びるには、これらの悪行に高い代償を課す必要がある。実際、哲学者のジェシー・プリンツら一部の学者の中には、道徳にとって、激しい憤りは、第二章で取り上げた共感や思いやりのような甘っちょろい感情より重要だと言う人もいる［＊41］。

それでは復讐から考えていこう［＊42］。復讐は、自分に個人的に不当な仕打ちをしたか、自分の家族や友人に危害を加えた人物に直接向けられる、個人的な形の罰だ。復讐には、いくつか際立った特徴がある。アダム・スミスは、愛する人を殺した人間に対し、私たちが抱く感情を次のように説明する。「憤りは私たちを駆り立てる。彼が罰されるべきであるというだけでなく、私たちの方法で、それも、彼が私たちに対して為した特定の危害のために罰せられるべきであるという望みへと。そして、犯罪者が因果がめぐって悲しむだけでなく、私たちが苦しみを受けた、その悪のために悲嘆に暮れるのでなくては、恨みが完全に晴らされることはない」［＊43］

ファンタジー小説『プリンセス・ブライド』の登場人物で、父親の仇を討とうとしているイニーゴ・モントーヤは、この感情を体現している。モントーヤは黒装束の男に自分の計画の話をする。父親の仇に会ったら、「わが名はイニーゴ・モントーヤ。父の仇め、覚悟しろ！」と言ってやるのだ、と［＊44］。父親の仇は、自分がなぜ、そして誰に罰されるのかをはっきり知らなくてはいけない。そこではじめて、モントーヤは父親の仇を討つことができる（そして、復讐を成し遂げる瞬間、心の底から満足する）。

この、復讐の必要条件を理解するには、復讐と地位のつながりを認識する必要がある。哲学者のパメラ・ヒエロニミの言葉を引用しよう。「あなたを蹂躙した過去の悪事。それは、詫び、償い、報復、罰、賠償、非難、もしくはそれが間違いであることを認める他の何かがないかぎり、あなたの歴史に立ちふさがって訴える。あなたはこんな風に扱われてかまわない、こんな扱いが許される存在なのだ、と」[*45]。被害者の立場の回復。これが、詫びの目的の一つだ。あなたが私を張り倒して何も言わなければ、私の尊厳を踏みにじっている。単純な「ごめんなさい」が奇跡を呼ぶ。あなたは、私を一人の人間とみなして敬意を示しているのだから。あなたは私に、そしておそらく第三者に対して、理由もなく私に危害を加えることは許されないと認めている。何も言わなければ、正反対のメッセージを送ることになる。詫びがなければ、私は、復讐によって地位を回復しようと思うだろう。あなたが私を張り倒したお返しに、私があなたを張り倒せば、私は侮れない相手であり、これからはなるべく危害を加えないようにしよう、あなたはそう思うはずだ。しかし目的が達成されるのは、相手が、自分が誰に、なぜ張り倒されたのかを知っているときだけだ（相手に、誰か別の人に張り倒された、もしくは私がうっかり突き飛ばしたと思われては、目的は果たされない）。

現代の西欧社会では、当事者による復讐は、いわゆる「名誉の文化」の世界——ベドウィン、マフィアなどの犯罪組織、アメリカ西部のカウボーイたち——の中でほど大きな役割を果たしてはいない[*46]。名誉の文化に生きる人々は、外部の権威に賞罰の執行を委ねることができないので、自分自身や大切な人を各自の責任で守らなくてはならない。こういった社会では、荒くれ者という評判がものを言う。あなたを攻撃しよう、つけ入ろうとする輩を牽制できるからだ。名誉の文化では、無礼な行為を非難し、復讐を許容する傾向が強いという心理学の知見は、この説を裏づける。

心理学者のスティーブン・ピンカーは、歴史を通じて暴力が減少傾向にある原因の一つに、こうした文化の衰退を挙げている［＊47］。世界の多くの地域で、個人的な報復に対する欲望を抑制できるようになった。当事者の報復は、第三者の罰にほぼ取って代わられ、政府によって執行される。私も、数カ月前、自分の車の窓ガラスが割られ、持ち物を盗まれたときは、頭にカッと血が上ったが、実際には、警察の調書と有能な保険会社にまかせて正解だった。イニーゴ・モントーヤが現代に現われたなら、父親の仇を討つために城を急襲する必要はない。警察が代わりに対処してくれるし、そのほうが犠牲者も少なくて済む。

それでも、ほとんどの人の心の中に復讐への欲望はいくらか残っている。悪意に満ちたゴシップや怒りのメールといった、法の手の及ばない、さまざまな形のやり取りがある。そして私たちは、報復を求める性向、自分に無礼を働いた相手を相応に懲らしめてやりたいという衝動から恩恵を得てもいる。手荒な復讐を実行する度胸はなくても、想像の世界で体験して喜びに浸る。復讐のテーマは、『ハムレット』、『イーリアス』といった古典から、『目には目を〔邦題『香港コネクション』〕』や『死の願望〔邦題『キング・オブ・リベンジ』〕』といったB級映画、『リベンジ』という、まさにそのままのタイトルがついたテレビドラマシリーズまで、フィクションにくり返し登場する［＊48］。

個人的に被害を受けたわけではない第三者の罰は、復讐と同じではないし、復讐ほど説明は簡単でない。人間に、第三者の罰に対する欲望があるのはたしかだ。その一例が中国で近年はじまった「人肉捜索引擎」である[*49]。インターネット上の情報を利用して、姦通者、非愛国民、アマチュアポルノの出演者など、悪事を働く人物を特定する活動だ。自称復讐者たちは、ターゲットに対して物理的・社会的な攻撃を扇動し、しばしば街や職場からの追放に成功する。先に取り上げた、ネコをゴミ箱に放り込んだメアリー・ベールや、少女を見殺しにしたデヴィッド・キャッシュ・ジュニアに世間はどう反応しただろうか。二人とも、義憤に駆られた見ず知らずの他人につけ回され、脅迫された。

この、罰への衝動を、行動経済学者が考えたもう一つのゲームで調べることができる。それが「公共財ゲーム」だ[*50]。このゲームでは、「より大きな善」のために人がどのくらい犠牲を払うかを調べられる。「公共財ゲーム」にはいくつかバリエーションがあるが、ここではその一つを取り上げよう。ゲームに参加するのは四人。互いの情報は何もない(通常、参加者は、離れた場所にあるコンピューター端末でゲームを行なう)。最初に参加者はそれぞれ二〇ドルを受け取る。ゲームは何回か連続して行なわれる。各回のはじめに、参加者はお金を中央に置く。このお金は二倍に増やされ、参加者に均等に分配される。各回ごとに、参加者は自分の所持金が現在いくらで、他の参加者が何をしたかを報告される。

このゲームでは、次のような、何通りかの展開が予想される。

1　**誰も中央にお金を置かない。**全員が所持金の二〇ドルを取っておく。

2　**全員が所持金を全額出す。**掛け金の八〇ドルは二倍に増やされ、四等分される。よって、全員が四〇ドルを手に入れる。

3　**あなたはお金を出さないが、他の三人はお金を出す。**三人の対戦相手がそれぞれ二〇ドルを出すので、拠出金は六〇ドルとなる。二倍に増額されると一二〇ドル。今回も四等分され、あなたを含め全員が三〇ドルを得る。あなたはお金を出さなかったので、所持金は五〇ドルになる。

4　**あなたはお金を出すが、他の人は出さない。**あなたの二〇ドルは、二倍に増額されて四〇ドルになり、それが四等分されて全員が一〇ドルを得る。他の人はお金を出していないので、もともとの二〇ドルに一〇ドルが上乗せされ、所持金は総額三〇ドルになる。あなたには一〇ドルしか残らない。

全体として最善の策は、全員がお金を出すというものだ。各自がお金を出せば、全員が毎回お金を二倍に増やせる。とはいえ、お金を出さなければ、その人はもっと利益が得られる。たとえば、他の三人がお金を出すなら、お金を出さない人の所持金は四〇ドルではなく五〇ドルになるわけだから、そのほうがもうかる。また、他の三人がお金を出さない場合も、お金を出していなければ、所持金は一〇ドルではなく二〇ドルなのだから、そちらのほうがいい。

この計算は、そっくりそのまま日常の状況にあてはめられる。つまり、不愉快で、時間のかかる活動に携われば、全員の利益につながるが、利己的な人間は、ふんぞりかえって、自分は代償を払わずにうまい汁を吸う。たとえば、私は、国民が税金をおさめて、それによって、自分が、道路や消防署、警察などの恩恵に預かれる社会を望む。しかし、利己的に考えれば、もっとも好ましいのは、自分以外の全員が税金をおさめる社会だろう。同じ理屈が、リサイクル、選挙の投票、町内会のパーティの企画、兵役などにもあてはまる。大学時代の私のルームメートが置かれた状況もこれと同じだった。私たちは家の掃除について、次のような選択を迫られていた。

1 誰も何もしない。アパートは汚れるが、誰も何もしなくていい。私たちは全員ちょっぴり不幸である。

2 みんなが掃除をする。アパートは清潔だ。私たち全員が少しずつ分担して作業する。全体としてみれば、これが最良の状況だ。

3 私は何もしない。他の全員が掃除する。私にとって最良の解決策だ。私は、清潔なアパートに住んで、何もしない。

4 私が掃除をする。他の人は何もしない。清潔なアパートには住めるが、他の人たちよりずっとたくさん働かなくてはならないので、私はみじめである。

実験室で行なわれる公共財ゲームでは、被験者たちは、最初は礼儀正しくふるまうが、そのうち誘惑に負けて、余計にもうけようとお金を出さなくなる者がかならず現われる［＊51］。そうと知ると、他の人たちもお金を出すのを止める。離脱する者が増えると、お金を出し続けるのが馬鹿らしく思えてくる。頑なにお金を出し続ける人もいるだろう。しかし、次第にっちもさっちもいかなくなる。これが、私のルームメートの身に起きたことだった。ついに、私たちは、ホッブズ流の万人の万人に対する闘争状態に陥り、むさくるしいアパートで、みじめに日々を過ごした。

ぞっとする話ではないか。しかし、人類は、歴史の過程で、離脱とただ乗りの誘惑をどうにか乗り越えることができた。そうでなければ、戦争、大型動物の狩り、子供の養育の分担などを実践できたはずがない。

それでは、もう一度罰について考えるとしよう。政府が、脱税者を罰するのを止めれば、いま以上に多くの人が税金をごまかすようになる。兵役拒否が違法でなくなれば、兵役を逃れる人が増える。罰金や懲役という脅しが、ただ乗りの防止に役立っている。しかし、進化学的観点からすれば、国の制裁に訴えてもはじまらない。人類は、政府や警察が誕生するはるか昔から協力的な集団を形成していたのだから。しかし、フリーライダー問題の解決の糸口にはなる。互いを罰することに意欲的なのは個人だ。そして罰と、罰に対するおそれが、よりより行動を促す。

エルンスト・フェールとシモン・ゲヒターは、修正した公共財ゲームを使って、この考えを追究した[＊52]。通常のバージョンと同じく、参加者は、他の全員が何をしたかを知ることができた（先にも触れたように、あくまで数字の連続としてであり、他の参加者が誰かはまったく知らなかった）。しかし今回、参加者は、自分のお金を使って、他の参加者からお金を奪うことができた。具体的に言うと、前回誰かがお金を出さなかったことに気づいた人は、次の回でお金を払えば、ずるをした者の所持金を減らすことができた。これは、一種の第三者による罰である。

肝心なのは、この罰が利他的である点だ。罰を与えることを選んだ参加者は、よい結果をもたらすために（フリーライダーの行ないを改めさせるため、もしくは、たんに正義を果たすため）、何かをあきらめなくてはならないと承知している。というのも、罰される参加者から取り上げられたお金はただ消えてしまったからだ。お金はどの参加者のものにもならなかった。さらに、処罰者は、罰された人とそれ以降ゲームを続けないので、罰された人が行ないを改めたとしても、処罰者が個人的に得るものは何もなかった。

それでも、八〇パーセントの参加者が、少なくとも一度は罰を与えた。そして、多くの場合、平均を下回る額しか出さなかった人たちに向けられたこの罰は、離脱問題を解決した。ほぼ全員がただちにお金を出すようになったのだ。このような罰が協力を実現させる。

しかし、利他的罰への欲求は、本当に、本能が進化したものだろうか？　この疑問には一つ問題がある。こうした行動が自然選択を通じてどう進化したかを説明するのはきわめて困難なのだ

[＊53]。フリーライダーが罰のおかげで協力するようになり、社会の歯車がうまく回るようになるとしても、誰かが罰を与えなくてはならない。そして、実験のゲームの場合と同様、代償を伴うのであれば、フリーライダー問題は無限にくり返されることになる。悪事を目撃したとき、陰に隠れて、他者の利他的罰の恩恵にあずかるのを思いとどまる、はたしてそんなことができるだろうか？――つまり、フリーライダーを罰するとき、フリーライダーにならずにいられるだろうか？　仮にフリーライダーを罰することを逃れる人を罰することに意欲的だとしても、フリーライダーを罰することを逃れる人を罰することを逃れる人を罰することにも意欲的だろうか？

利他的罰は、ある種の群選択（こうした処罰者がいる集団のほうが、いない集団より繁栄する）を通して進化したのかもしれない［*54］、もしくは処罰者は、第三者から好意をもたれ、関わろうとされるために、繁栄するのかもしれない［*55］。しかし、利他的罰を好む進化的性向などといったものは、そもそも最初から存在しないのでは？

この考えを裏づけるのが、近年行なわれた社会学や文化人類学の文献の見直しだ。哲学者のフランチェスコ・グアラは、利他的罰が、現実の小規模社会ではほとんど行なわれていないか、まったく行なわれていないことに気づいた［*56］。さて、先に見てきたように、フリーライダーをはじめ悪事を働く者を懲らしめる方法は、直接的であれ間接的であれ、いくらでもある。しかし、こうした現実の罰は、多くの場合、ゴシップのように顔をつき合わせなくて済むものだったり、集団が一丸となって行なうものだったりと、処罰者の負担にならない方法で行なわれる傾向があり、そのため、誰かひとりが損をすることはない。

さらに、世界中の人がフリーライダーを罰するが、罰を受ける側の反応は、その人がどの社会の成員かによって異なることがわかっている。スイス、アメリカ、オーストラリアなどの国のフリーライダーは、罰されると、態度を改め、きちんとお金を出すようになる。しかし、ギリシアやサウジアラビアといった特定の国々では、ただ乗りを罰された人々は恥じるどころか、腹を立て、仕返しをしようとする。いかにも罰を実行しそうな人物を捜し出して、報復する。いわゆる「反社会的罰」だ[*57]。予想される通り、この反応は事態をいっそう救いのないものにする。ゲームは完全に収拾がつかなくなる（反社会的罰が、比較文化研究者の言う「市民の協力に関する規範が弱い」国で発生する率が高いのは意外ではない）。よって、第三者による罰は、ただ乗り問題への解決策として進化したのではないと考えられる。

私は、第三者による罰の心理は、相手の罪状をあきらかにした上で復讐を果たす心理と本質的な違いはない、と考える。私たちは、自分や、自分が愛する人に危害を加える者に復讐する傾向を進化させた。それは、将来的にこうした行為を牽制できるからだ。その感情を、自分に直接関係のないケースにあてはめるとき、私たちは共感を働かせている。被害者の身にわが身を置き換え、あたかも自分が傷つけられたかのように反応する。よって、第三者による罰とは、復讐心に共感をプラスしたものである。

アダム・スミスも似たようなことを言っている[*58]。「他者に抑圧され、傷つけられている人を見るとき、私たちが被害者の苦痛に対して抱く同情は、犯罪者に対する彼の憎悪との一体感を促すのに役立つだけだ。私たちは、時がめぐって、その人が敵に仕返しするのを見て喜び、その人の力になりたいと願い、その準備をする」しかし、被害者の憎悪と受け取れるものが、罰に不可欠な動機と考える点で、スミスの意見は少々的はずれではないか。たしかに、子ネコをいたぶる者は罰されるべきだ。しかし、それは、子ネコが復讐を欲している、と思うからではない。重要なのは、「犠牲者が何を欲しているのか?」ではない。「私、もしくは私の大切な誰かが、犠牲者の立場だったら、私が何を欲するか?」である。

第三者による罰への欲求は、共感に依拠している。たしかに、罰への欲求は、犠牲者と自分、もしくは犠牲者に危害を加える人物と自分の関係によって変化する[*59]。人間は、自然に共感が湧き上がる相手(子ネコとか、大切に思う人、自分が所属する集団、部族、同盟の成員など)に危害を加える人物を罰したいと思う。共感が、危害を加える側と結びついている場合は、罰への意欲はそれほどでもない。米国海軍兵がオサマ・ビンラディンを殺害したという報道を聞いて、兵士たちは罰されるべきだと感じたアメリカ人はほとんどいなかった。

幼い子供でさえ、第三者による罰の論理を多少は理解している[*60]。心理学者のデヴィッド・ペトラシェフスキとタムジン・ジャーマンは、四歳児に、他の子を押しのけ、おもちゃを取り上げた子供の話を聞かせ、誰がその侵略者に腹を立てるだろうかと尋ねた。子供たちは、おもちゃを取られた子が腹を立てるだろうと理解していただけでなく、その子の友達は、たんなる同級生より腹を立てるとわかっていた。

第三者による罰をこのように解釈すれば（第三者に対する罰の欲求は、復讐に対する欲望から派生する）、人間の罰に対する感情の、もっと奇妙な性格についても説明がつく［＊61］。とくに触れておきたいのが、人間は、罰が現実に与える影響に驚くほど無頓着だという事実だ。欠陥のあるワクチンと避妊薬が原因で生じた薬害に対して、架空の企業をどう罰するべきか、人々の判断を調査した研究がある。研究者たちは、一方のグループに対して、より高い罰金を科すほど、企業はより安全な製品を開発しようと努力するようになる――すなわち未来の幸福にプラスになる罰の話をした。別のグループには、高い罰金を科すほど、企業の製品開発が困難になり、代わりのよい薬が市場に出回る可能性が消える――すなわち世の中にマイナス効果をもたらす罰の話をした。ほとんどの人は、後者のシナリオのマイナスの結果を気にせず、どちらのシナリオでも、企業に罰金が科されることを望んだ。平たく言えば、人は、罰によって世界がよりよくなることより、違反者が罰されることに関心があるのだ。このとき働いているのは復讐の心理だ。スミスの言葉を引用しよう。「彼は、悔い改めさせられ、まさにこの行為を詫びなくてはならない」［＊62］

この、結果に対する鈍感さは欲望に典型的だ。通常、欲望は、その存在理由を説明する力に対して盲目だ。性的欲望が存在するのは、子づくりに発展するからだ。しかし、性的欲望の心理が芽生えるのは、赤ちゃんへの関心からではない。空腹が存在するのは、食べる行為によって生命を維持するためだが、私たちがふだん食欲を感じるのは、生命維持のためではない。それと同じように、私たちは罰したいと思う。しかし、罰の目的を考えない。その点をみごとについたのが、そう、アダム・スミスだ。「すべての人は、もっとも愚かで考えなしの者であれ、詐欺、裏切り、不正をひどく嫌い、侵犯者が罰されるのを見て喜ぶ。しかし、その必要性がいかにあきらかであろうとも、社会の存続のために正義が不可欠だと深く考える者はほとんどいない」[＊63]

よちよち歩きの子供たちは、まず例外なく名誉の文化の住人ではない。彼らの世界にはたいてい、衝突を解決し、悪さをした者を成敗するリヴァイアサン、つまり親、ベビーシッター、教師がいる。幼年期の中盤にさしかかると、状況は一変する。ほとんどの子供は、告げ口が疎んじられ、自力で戦うことを期待される世界に自分がいることに気づく。中学や高校の多くは、開拓時代の西部と大差ない。とはいえ二歳児は、誰かにひっぱたかれたら、泣いたり、走って逃げたり、大人を捜したりすることを許されている。すなわち、復讐することを求められてはいない。

だからといって、子供たちが復讐の欲望と無縁というわけではない。結局のところ、子供たちは、平和主義者ではない。幼い子供たちはとても攻撃的だ[＊64]。実際、人間の一生を通じて、肉体的暴力をふるう割合を計算してみれば、ピークが訪れるのは二歳頃だ。家庭が「おそるべき二歳」を切り抜けられるのは、幼児が、素手で人を殺せるほど強くなく、凶器を使うこともできないからだ。二歳児が大人と同じ身体能力を備えていたら恐怖だ。

子供たちの、道徳的であろうとする衝動は、暴力に反映される場合もあるが、もっと微妙な形で表現される場合もある。子供たちは告げ口する。悪い行ないを見かけると、権威に訴えようとする［＊65］。促されなくても告げ口する。ある研究では、二、三歳児に、人形と遊ぶあたらしいゲームを教えた。人形がルールを破り出すと、子供たちは自発的に大人に訴えた。二歳から六歳のきょうだいを対象にした研究によると、子供たちが親に話す内容の大半は、きょうだいの告げ口とみなせるという［＊66］。そして子供たちの報告の内容は、おおむね正確だった。子供たちは、きょうだいの告げ口はするが、つくり話はしていなかった。

告げ口しあうのはきょうだいばかりではない。心理学者のゴードン・イングラムとジェシー・ベーリングは、アイルランドのベルファスト中心部の学校に通う子供たちの告げ口を調査し、次のように結論している［＊67］。「子供たちの、同級生の行動に関するおしゃべりの大部分は、友達がどう規則を破ったかの説明と言えた」。研究者たちは、子供たちが教師に、他の子たちのよい行ないについては、めったに報告しないことにも気づいた。きょうだいの研究の場合と同様、子供たちの、同級生に関する報告のほとんどは事実だった。嘘をつくのは、告げ口をする側ではなく、される側だった。告げ口された子はしばしば、それは自分がやったんじゃないと言った。また、子供たちは、どうでもいいことは告げ口しなかった［＊68］。ある研究によれば、三歳児は、他の子がつくった作品を誰かが壊したときは告げ口するが、誰も気に留めていない作品を壊した場合は何も言わない。

告げ口が満足感を与えてくれるのは、大人に自分をよい道徳の行為者として、すなわち善悪に敏感な、責任感ある存在として示せるからということもある。しかし断言しよう。子供たちは、たとえ匿名でしか行なえないとしても、告げ口するだろう。人肉捜索引擎に参加する第三者のように、たんに正義を果たすために。告げ口への執着は、報復への欲求、悪さをする者（とくに、自分や、自分の友達に危害を加えた者）が罰されるのを見る喜びをあきらかにする。告げ口という行為は、復讐に必要なはずの代償を免れる手段でもある。

赤ちゃんにも正義への欲求はあるのだろうか。それを知るのは難しい。私は、こんな実験ができたらいいのに、と思う。赤ちゃんに、私たちのいつもの方法を使って、いい者と悪者（丘を登ろうとする者を助ける者と、邪魔する者など）を見せる。それから、舞台に一度に一体ずつ、赤ちゃんと向かい合うように、いい者と悪者を登場させる。赤ちゃんの手のそばに大きな赤いボタンを用意しておいて、ボタンの押し方をやさしく教える。赤ちゃんがボタンに触ると、人形は、電気ショックを受けたかのように、叫び声をあげ、痛みに身もだえる。赤ちゃんはどう反応するだろう？　いい者が叫び声をあげたら、さっと手を引っ込めるだろうか？　悪者のときは押し続けるだろうか？　ボタンを何度も押すのが難しければ、ぐっと押してもらうのはどうだろう？　赤ちゃんは、罰を実行しようと、ぐっと力を込めて、小さな顔を真っ赤にするだろうか？

こんな実験が行なえるはずがない。同僚たちは、私より慎重で、倫理的な問題を心配するからだ。

ただし、私たちは、これとは別の実験を行なって、赤ちゃんにも罰に対する動機があるという糸口をつかんだ。カイリー・ハムリン、カレン・ウィン、ネハ・マハジャンと行なった研究で、私たちは、第一章で紹介した、いい者と悪者が登場する実験のバリエーションを行なった［*69］。あるシナリオでは、一人の人形が箱を開けるのに苦労していると、一方の人形は蓋を開けるのを手伝い、もう一方の人形は蓋をバタンと閉める。もう一つのシナリオでは、一人の人形が一方の人形にボールを転がすと、その人形はすぐに転がして返す。もう一方の人形はボールをもったまま、走って逃げる。今回は、一歳九カ月児に、よい人形と悪い人形のどちらと遊びたいかではなく、二つの人形のどちらにご褒美としておやつをあげるか、どちらから罰としておやつを取り上げるかを尋ねた。予想通り、子供たちにどちらにおやつをあげるかと尋ねたときはよい人形、どちらからおやつを取り上げるかと尋ねたときは、悪い人形を選んだ。

しかし、この研究には一つ問題があった。子供たちは、基本的に、ご褒美をあげる人形と罰する人形を選ばなくてはならなかった。これでは、幼児に、褒美と罰に対する欲求があるのかどうか、まして、褒美と罰を与える行為が、正しい行ないだと感じているかどうかはわからない。また、報酬と罰を実行するには、体を動かす必要がある。そのため、この調査では、乳児ではなく幼児を被験者としなくてはならなかった。そして、幼児が、周りの大人を見て、報酬と罰の行為をいくらか学習していた可能性は高い。

もっと幼い赤ちゃんが、報酬と罰をどう考えているのかを調べるために、私たちは、五カ月児と、八カ月児が、ご褒美を与えたり、罰を与えたりする他者をどう考えているのかを調べることにした。赤ちゃんは、善人を罰する人より、ご褒美を与える人を好むだろうか？　悪人にご褒美を与える人より、悪人を罰する人を好むだろうか？　少なくとも大人の視点で比べれば、一方のふるまいは正しく、もう一方は間違っている。

私たちは、まず赤ちゃんたちに、一方の人形が蓋を開けるのを手伝い、もう一方が蓋をバタンと閉める、箱のシナリオを見せた。次に、この劇のいい者、もしくは悪者を主人公にした、まったくあたらしい場面を見せた。ここでは、いい者（もしくは悪者）が、あらたに登場した二体の人形にボールを転がす。すると一方の人形はボールを転がして返す（親切）が、もう一方はボールを抱えて逃げる（意地悪）。赤ちゃんは、あらたに登場した二体の人形のどっちが好きだろう――いい者に親切な者か、意地悪な者か、もしくは悪者に親切な者か、意地悪な者か。

いい者（蓋を開けるのを手伝った人形）とやり取りした二体の人形について、赤ちゃんは、意地悪な者ではなく、親切な者に手を伸ばした。赤ちゃんは、どちらかというと、親切な人形全般が好きなのかもしれない。たしかに、五カ月児は、悪者に親切な人形に手を伸ばした。生後五カ月では、出来事全体の流れを追いきれないか、やり取りする相手とは関係なく、たんに親切な人形が好きなのだ。

しかし、八カ月児はもっと高度だった。悪者に親切な人形より、意地悪な人形を好んだ。したがって、五カ月を過ぎたどこかの時点で、赤ちゃんは処罰者を好むようになる――罰が正しければ。

ここまでは、判断や感情に関係するある能力について話してきた。これらの能力は、生後数カ月間は表面に現われないかもしれない。しかし、進化の歴史の遺産であり、文化の発明でないという意味で、生得的なものである。

私は、一貫して、この能力を道徳的と評してきた。それは、これらの能力に、大人が道徳的と考えているものと重大な共通性があるからだ。これらは、他者の幸福に影響する行為によって引き起こされる。公平などの観念と関係している。共感や怒りといった感情と結びつく。報酬や処罰に関わる。さらに幼児が、自分の判断を説明できるほど、言語を習得していれば、親切、意地悪、公平、不公平といった、大人にとってあきらかに道徳的な言葉を使う。赤ちゃんの「見つめる時間」や「選好的手伸ばし」に最初に見られるものは、その後、幼児の道徳をめぐる会話の話題として登場する。

とはいえ、赤ちゃんが感じている道徳は、大人の道徳に比べれば、きわめて限定的だ。これを理解していた心理学者のローレンス・コールバーグは、今から約五〇年前に道徳性発達理論という影響力のある説を唱えた[*70]。コールバーグの説によれば、幼い子供は、最初は、道徳を自己利益（よいものとは、自分に喜びを与えてくれるもの）という、比較的単純な概念でとらえる。次に、親の権威（よいものとは、自分の親がよいと言うもの）の観点に立つ。そして成長と共に道徳感を洗練させ、ついに道徳は、道徳哲学者によって構築された体系のような、抽象的な規律や原理として理解される。最終地点は、広くて一貫した、善悪の理論である。

現在では、コールバーグの説を承認する心理学者はまずいないだろう。これまで取り上げてきた科学的知見を考えれば、子供の道徳の発達に関するコールバーグの評価は低すぎる。そして、大人の道徳の発達の評価は高すぎる。カント哲学者、功利主義者、徳倫理学者はそういるものではない。私たちは通常、道徳について哲学者のように考えたりしない。むしろ人に備わっているのは、倫理学者のデヴィッド・ピザロが「ごた混ぜの道徳性」と名づけたもの――「直観、経験則、情動反応のごくゆるやかな寄せ集め」なのである[＊71]。

しかし、大人の道徳性は合理的熟慮に影響されると言った点で、コールバーグは正しい。これこそが、人間とチンパンジー、そして大人と赤ちゃんを隔てている。感情ならば、人間以外の生きものにもある。人間には、感情に加えて理性がある。進化した人間の感情が、善と悪にぴったり重なり合うのなら、理性はこれほど重要ではなかっただろう。私たちが汚れない心の持ち主なら、頭脳は必要なかっただろう。残念ながら、私たちの進化したシステムは、不寛容で、偏狭で、ときに救いがたいまでに不合理になりうる。次章では、この点に目を向けるとしよう。

第四章　他人

ある人たちは私たちにとって世界そのもの、そして、その他の人たちは、存在しないも同然。エミリー・ディキンソン［一九世紀アメリカの詩人］の言葉を借りるなら「魂はみずからの社会を選び／そして扉を閉ざす」［一八六二年頃］のである。本章では、こうした区別を行なう人間の性質の一端を見ていこう。赤ちゃんでさえ区別を行なっている。

しかし、私たちは、自分たちの偏狭なバイアスに逆らうこともできる。有名な「よいサマリア人」のたとえ話を考えてみよう［＊1］。最初に、律法の専門家がキリストに、永遠の命を受け継ぐためには何をするべきかと尋ねる。するとキリストは、律法に何と書いてあるかと尋ね、律法家は、神である主を愛し、「隣人を自分のように」愛しなさいとあると答える。キリストが、正しい答えだと言うと、律法家は続けてこう尋ねる。「では、私の隣人とは誰ですか?」これに答えて、キリストは次の寓話をはじめる。

ある人がエルサレムからエリコへ下っていく途中、追いはぎに襲われた。追いはぎはその人の服をはぎ取り、殴りつけ、半殺しにしたまま立ち去った。ある祭司がたまたまその道を下ってきたが、その人を見ると、道の向こう側を通っていった。同じように、レビ人もその場所にやって来たが、その人を見ると、道の向こう側を通っていった。ところが、旅をしていたあるサマリア人は、そばに来ると、その人を見て憐れに思い、近寄って傷に油とぶどう酒を注ぎ、包帯をして、自分のろばに乗せ、宿屋へ連れていって介抱した。

キリストは、律法家に、この三人の中で、誰が追いはぎに襲われた人の隣人になったと思うかと尋ねる。すると律法家は、「その人を助けた人です」と答える。そこでキリストは言う。「行って、あなたも同じようにしなさい」

この物語の教訓を理解するのは難しくない。サマリア人は、ユダヤ人たちに蔑まれていた。おそらくそのために、律法家は、「サマリア人です」とはっきり答えなかったのだろう。その言葉を口にすることが耐えられなかったのだ。平たく言えば、ここで述べられているのは、伝統的な民族の境界を無視せよという命令だ。哲学者で法学者でもあるジェレミー・ウォルドロンの言葉を借りるなら、「民族性、共同体、すなわち隣人であることとの伝統的なカテゴリーにとらわれるな」となる［＊2］。サマリア人の物語の要点はこうだ。赤の他人がただそこにいるだけで、その人は隣人となり、愛情の対象となる。

これは、ぶっ飛んだ意見である。人類史のほとんどの期間、またいまも多くの社会では、道徳的義務の及ぶ範囲は、顔見知りの隣人までだ。地理学者で作家のジャレド・ダイアモンドは、パプアニューギニアの小規模社会では「自分の土地を出て［よその］人間に会いにいく危険を冒すのは、相手がわずか数キロ先に住んでいるとしても、自殺行為に等しかった」と言っている［＊3］。人類学者のマーガレット・ミードは、小規模社会の生活様式についてロマンチックな夢想を抱いていたことで知られ、これらの社会が、多くの点で、現代社会よりも道徳的にすぐれていると考えていたが、よそ者に対する感情についてはそっけなく、「未開の部族のほとんどが、対立する集団の成員である原始人に森で遭遇したときの、最善の行為は、相手をこん棒で殴り殺すことだと思っている」と述べるに留まる［＊4］。

この話はやや誇張されているかもしれない。どんな感情を抱こうが、人を殺そうとする企ては危険な行為だ。失敗して、自分が殺されてしまうかもしれないし、成功しても、相手の血縁者や部族の仲間の復讐が待っている。ただし、あからさまな暴力は極端にしても、よそ者に遭遇したときの自然な反応は、思いやりではない。よそ者がかきたてるのは、恐怖、嫌悪、憎悪である。

この点について、私たちは別の霊長類に似ている。ジェーン・グドールは、『野生チンパンジーの世界』で、オスのチンパンジーの集団が別の群れの集団に遭遇したとき、数でまさっていれば、何が起きるかを説明している［＊5］。相手の集団に赤ちゃんのチンパンジーがいれば、殺して食べる。メスがいれば、つがおうとする。オスがいれば、たいてい襲いかかって、体から肉を裂き、指や睾丸を食いちぎって殺す。

だが、現代社会はこうではない。私はしょっちゅう飛行機に乗って知らない都市へ行くが、空港で誰かに襲いかかられ、指や睾丸を食いちぎられるのではないかと不安を感じたりはしない。実際、旅行や旅行者が珍しい地域の文化にさえ、もてなしに関する細かい作法はあり、訪問者に適切に対応する。まっとうな道徳心理学であれば、「人間がなぜよそ者に反感を覚えるのか？」そして「その反感をときにどう乗り越えるか？」この二つの疑問に答える必要がある。

赤ちゃんは、身近な人と他人をほぼ瞬時に見分ける。新生児は、見ず知らずの人の顔より母親の顔を好んで見る［＊6］。母親の匂い、母親の声を好む［＊7］［＊8］。母親の声に対する新生児の選好をあきらかにしたのは、じつに斬新な研究方法だった。研究者たちは赤ちゃんを新生児用ベッドに寝かせ、ヘッドホンを装着させ、おしゃぶりを吸わせた。そして、それぞれの赤ちゃんが、おしゃぶりを吸い終えてから次に吸い出すまでの時間を測定し、赤ちゃんがおしゃぶりを吸う平均回数を計算した。次に、赤ちゃんに、母親、もしくは知らない女性が朗読するドクター・スース［アメリカの絵本作家。その作品は欧米の子どもたちに広く読まれている］の『マルベリーどおりのふしぎなできごと』を聞かせた。赤ちゃんは、おしゃぶりを吸う行為を利用して、どちらの声を聞くか決めることができた。一方のグループでは、おしゃぶりを吸う間隔が平均より短くなると、もう一方では平均より長くなると、母親の声を聞くことができた。生後三日未満の赤ちゃんでもこの原理を理解できた。そして赤ちゃんたちは、おしゃぶりを吸うタイミングを利用して、自分が聞きたいと思うものを聞いた。それは、母親の声だった。

赤ちゃんがあらかじめ、母親の顔や、匂い、声を知っているわけはないので、こうした選好は学習によるものに違いない。赤ちゃんは、自分を世話してくれる女性を見て、匂いを嗅いで、声を聞いて、その人を他の人より好きになる。

赤ちゃんは、身近な人を好むだけではない。身近にいるタイプの人も好む。それは、「見つめる時間」方式を使って調べられる。もうご存じの通り、赤ちゃんは、大人と同じように、意外に思うものをより長く見つめる。また、大人と同じように、好きなものを長く見つめる傾向がある。そこで見つめる方法を使って、赤ちゃんの選好を調べることができる。その結果、以下のことがわかった。女性に育てられた赤ちゃんは女性を、男性に育てられた赤ちゃんは男性をより長く見つめる[＊9]。コーカサス系（白人）の赤ちゃんは、アフリカ系やアジア系の顔ではなく、コーカサス系の顔を好んで見る[＊10]。エチオピア人の赤ちゃんは、コーカサス系の顔よりエチオピア人の顔を、中国人の赤ちゃんは、コーカサス系やアフリカ系の顔よりも中国人の顔を好んで見る。

こうしたバイアスが成人に見られたのであれば、自分と同じ人種の成員に対する選好を反映していると考えられるかもしれない。しかし、赤ちゃんの場合、そうとは言えない。赤ちゃんはあまり鏡を見ないので、鏡を見ても、自分が見ているものを理解できないはずだ。むしろ、赤ちゃんは、周囲で目にする人々に基づいて選好を発達させている。それを裏づけるかのように、民族的に多様な環境で育てられた赤ちゃん（イスラエルで暮らすエチオピア人の赤ちゃんとか）は、人種に基づく選好を示さない。

こうした知見が、人種差別の発達論的起源に関する単純な理論を支えている。それによれば、赤ちゃんには、身の周りにいる人を好む適応バイアスがある。よって、身の周りにいる人々に似た人に対する選好と、そうでない人に対する警戒心をすみやかに発達させる。赤ちゃんは、通常、自分に似ている人たちに育てられる。そこで、白人の赤ちゃんは白人、黒人の赤ちゃんは黒人を好むようになる、など。人種差別的な見方は、発達の過程で磨きがかけられる。子供たちは、特定の集団に関する事実を学習する。人間の集団が、なぜ、そしてどう異なるかについての科学的・宗教的・民俗的説明を聞く。誰をおそれ、誰を敬い、誰をうらやむべきかといった文化的な教えを吸収する。しかし、人種差別の種は、そもそものはじめから、身近な人に対する単純な選好の中に潜んでいるのだ、と。

私もかつてはそう信じていた。しかし、いまでは信じていない。人種的バイアスの起源に関するもっとすぐれた学説があり、これを裏づけるたしかな証拠も存在する。証拠の一つは、成人を対象とした研究、もう一つは幼児を対象とした研究である

それでは、大人を対象とした研究から見ていこう。実験室の研究であきらかになったことだが、

大人は、初対面の人に会ったとき、三つの情報を自動的にコード化する［＊11］。年齢、性別、人種だ。これは日常の経験にもあてはまる。誰かと会った後で、細かいことはすぐに全部忘れてしまっても、話していた相手が幼児か大人か、男性か女性か、同じ人種か違う人種かは覚えているものだ。

心理学者のロバート・カーズバン、ジョン・トゥービー、レダ・コスミデスは、大きな影響を与えた論文の中で、この三つの組み合わせには奇妙な点があると指摘している［＊12］。性別と年齢に注目するのは理に適っている。人類の祖先は、子づくり、子供の養育、そして戦争まで、幅広い社会的やり取りを行なうために、男性と女性、三歳児と二七歳を見分ける必要があった。しかし、人種はこの中では異色だ。現在人種と考えられているものに一致する、身体的な特徴の決め手となるのは、その人の祖先の出身地域だ。そして、人類の祖先は、ほぼ徒歩で移動していたのだから、現在なら「異なる人種」と呼ばれるであろう人たちに遭遇する機会はなかったはずだ。

カーズバンらは、人種そのものへの注目は、自然選択を通じて進化したはずがないと結論する。むしろ、人種が重要なのは、結託と抱き合わせになったときだけだ、と言うのだ。多くの霊長類のように、人類も集団で生活する。集団どうしは衝突する。ときにそれが暴力沙汰に発展する。そこで、誰が仲間で誰がそうでないかをわかりやすくするために、世界を〈私たち〉と〈彼ら〉に分けるのが便利だったのだろう。人種が重要になるのは、一部の社会で、肌の色や、体のある特徴が、その人が、対立する多くの集団のうち、どの集団に属しているかの目印になる、と学習されるからだ。これは、スポーツチームには、それぞれ異なる色のユニフォームがある、と学習するのとほとんど同じことだ。ユニフォームの色自体に意味はない。目印になるから、意味が生まれるのだ。人種的偏見は成長する。それも、ボストン育ちの子が、レッドソックスのユニフォームを〈私たち〉、ヤンキースのユニフォームを〈彼ら〉と結びつけるようになるのとよく似ている。

さて、人種が突出しているのには、他にも理由があるかもしれない。たとえば、ヒト科の祖先は、別のヒト科の種とたびたび遭遇していたのかもしれない[＊13]。そうだとすれば、人類が、これらの種について推論する認知メカニズムを進化させ、その後、この推論モードを、自分たちと同じ種の別の集団にあてはめるようになったとも考えられる。そう考えれば、私たちが、ときによその人間の集団を、仲間ではなくあたかも別の種であるかのように、誤ったとらえ方をして、人種を生物学的に研究しようとするのはなぜかを説明できる[＊14]。いや、私たちの人種に対する関心は、身近なものを好む、一般的な認知バイアスの副産物かもしれない。これは「単純接触効果」とも呼ばれるもので、あらゆるものごとにあてはめられる[＊15]。たとえば、私たちは、意味のない殴り書きでも、以前に見かけたことがあれば好きになる。先に紹介したように、赤ちゃんは、身近な人や、身近にいるタイプの人を好んで見る。これが、発達の過程で根を下ろす、同じ人種に対する選好の起源なのかもしれない。

いやいや、人種に注目するのは、誰が家族で、誰が家族でないかへの関心が進化した副産物かもしれない。どんな場合でも血縁者は重要だ。自分に似た人をひいきするのは、ダーウィン理論的にはまったく理に適っている。その個体は、あなたとより多くの遺伝子を共有する確率が高いのだから。よって、人種は、結託の目印というより、血縁の目印かもしれない。

こうした要因が影響している可能性は否めないが、「人種＝結託の目印」説には説得力のある裏づけがある。カーズバンらは、自分たちの仮説を検証するために、記憶・混乱パラダイムと呼ばれる方法を利用した［*16］。実験で、研究者は被験者に、人の顔の写真を連続して見せる。写真はその人のセリフと組み合わされている。その後で被験者に、誰が何を言っていたかを思い出してもらう。セリフと写真をたっぷり見せられた後では、被験者はどうしても間違える。そして、その間違いから、私たちが、どの特性を、意味のあるものとして、自然にコード化するかがわかる。たとえば、若いアジア系の女性の発言であれば、誰の発言だったか具体的に思い出せなくても、後でそのセリフを、高齢のヒスパニック系の男性ではなく、若いアジア系の女性（もしくは若い人、女性、アジア系）と結びつけようとするものだろう。映画ファンなら、ローレンス・フィッシュバーンをサミュエル・ジャクソン［二人とも黒人の男性］と取り違えることはあっても、リンジー・ローハン［白人の若い女性］と取り違えることはない。

カーズバンらの記憶・混乱研究は、黒人と白人の写真と発言を使っていたが、そこに巧妙なひねりを加えた。集団を二つのグループに分け（各グループの黒人と白人の数は同じとした）、はっきりと違う色のバスケットボール・チームのジャージを着てもらった。それでも被験者は人種に基づく間違いをして、「少しストレッチしなくちゃな」とか、「外に行って遊びたい」といった発言を別人のものと間違えることはあったが、今度は、肌の色ではなく、ジャージの色に基づく間違いが圧倒的に多かった。たしかに現実でも、スポーツファンは――少なくとも試合を観戦しているときは――プレイヤーの肌の色ではなく、どのチームのメンバーかに注目する。

このような人種のとらえ方は、心理学者のフェリシア・プラットとジム・シダニウスの研究とみごとに合致する。それよると、社会は、三つの要素に基づいて階層制を形成する。三つの要素とは年齢、性別、そして第三の任意のカテゴリーである［＊17］。第三のカテゴリーは人種の場合もあれば、宗教、民族、氏族、その他の社会的要因の場合もある。

結託説は、幼い子供を対象にした近年の研究ともぴったり一致する。結託がもっとも重要なものなら、子供は、肌の色などの身体的特徴に着目しないだろう。むしろ、人間独自のものに注意を向けるはず。それは、言語だ。というのも、話し言葉は、身体的な特徴よりはるかに短い時間で変化するからだ（集団は一定期間離れていると、違う話し方をするようになる）。言語は、結託と集団の成員であることを示す、すぐれた目印なのだ。

この、言語と結託の結びつきは、旧約聖書にはっきり記されている。現在「シボレートshibboleth」は、人間の階層や集団を区別する慣習や信念を意味する言葉として、広く使われているが、もともとは、ある個人が、〈私たち〉の仲間か、〈彼ら〉の仲間かを、言葉だけで調べるためのものだった。旧約聖書によると、ギレアド人は、宿敵エフライム人を打ち破り、彼らの故郷、エフライムへ通じるヨルダン川の渡し場を占領した。エフライム人の難民誰一人にも検問所を突破されないように、ギレアド人は渡し場にやって来た全員に「シボレート」と発音させた。古代エフライムの方言には「sh」の音がなかったので、難民が「sibboleth」と答えると、ギレアド人はこれを殺した［*18］。第二次世界大戦中、アメリカ人も太平洋戦域で、同様の手口を使った。アメリカ軍の検問所の見張りは、見覚えのない兵士が近づいてくると、「ロラパルーザLollapalooza」と復唱しろと大声で命じた。日本人の多くは「L」をうまく発音できないので、おかしな発音が聞こえてくると、銃口が火を噴いた［*19］。

生まれたばかりの赤ちゃんも、日常耳にしている言語を認識できる。そして、話者が赤の他人でも、その言語を別の言語より好む［*20］。研究者たちは、赤ちゃんがおしゃぶりを吸って選好を示す方法を利用して、ロシア人の赤ちゃんはロシア語、フランス人の赤ちゃんはフランス語、アメリカ人の赤ちゃんは英語を好むことをあきらかにした。生後わずか数分でも、同じ現象が見られる。おそらく赤ちゃんは、母親の胎内で耳にするくぐもった音に、次第になじんでいたのだろう。

心理学者のキャサリン・キンズラーらは、赤ちゃんが、社会と関わりをもつようになる過程で、言語上の選好がどんな影響を及ぼすかに注目した。ある実験では、ボストンとパリに住む一〇カ月児を調査した［*21］。赤ちゃんに、英語を話す人と、フランス語を話す人に話しかけてもらって、それぞれおもちゃを差し出してもらった。概して、ボストンの赤ちゃんは英語を話す人から、パリの赤ちゃんはフランス語を話す人から、おもちゃを取ろうとした。別の研究では、一歳児は、違う言葉を話す人よりも、母語を話す人から食べ物を受け取る［*22］、二歳児は、母語を話す人にプレゼントを渡そうとする［*23］、五歳児は、母語を話す子と仲良くなろうとすることがわかった［*24］。

こうした選択は理に適っている。考えてみれば、同じ言葉を話す人と友達になるほうが楽だし、他の条件が同じであれば、同じ言葉を話す人は、おもちゃや食べ物の好みも似ている可能性が高い。しかし、さらに興味深いことに、訛りでも、結果は同じだった。赤ちゃんは、訛りのある話者の話す内容を完全に理解できる場合でも、訛りのない話者を好んで見た［*25］。友達を選ぶときも、五歳児はフランス語訛りのある英語を話す子、ではなく、アメリカ英語を話す子と友達になろうとする［*26］。あたらしい物の機能を説明される場合も、四、五歳児は、訛りのある話者より、ネイティブの話者を信用する［*27］。以上から、結託理論によって予測されるように、子供たちの選好は、言語を通じて伝えられる文化的帰属感に、ある程度影響されるようだ。

ご想像される通り、子供の人種的偏見の発達については、たくさんの研究がある［*28］。最初の実験方法は一九三〇年代に開発された。大人が子供に、ペアになった人形——白い肌の人形と、黒もしくは褐色の肌の人形——を見せて、「どの子と遊びたい?」「どっちが醜い?」「どっちがきれいな色?」などの質問をする。一九七〇年代になると、これを発展させたものが考案された。

子供に、白人の少年と黒人の少年の写真を見せて、次のような質問をする。「二人の少年がいます。一人は親切な子です。あるとき、湖に子ネコが落ちたのを見かけたので、子ネコが溺れないように救ってやりました。親切な少年はどちらでしょうか？」

白人の子供たちが、白人の子がいい子、黒人の子は悪い子と考えてしまいがちなのは無理もないだろう。しかし、多くの人に衝撃を与えたのは、心理学者のケネス・クラーク、マミー・クラーク夫妻によって行なわれた最初の実験で、黒人の子供たちにも、白人の子のほうがいい子と考える傾向があるとわかったことだ。この研究は、ブラウン対教育委員会裁判［一九五四年、アメリカ合衆国最高裁判所が行なった裁判。公教育の場における人種差別が違憲であることを宣言した］に引用され、アメリカの公立学校の人種分離政策撤廃につながった。アメリカ史上もっとも重要な発達心理学の知見と言えるだろう。

これらの実験を批判する者たちもいる。心理学者のフランシス・アバウドは、被験者に課せられている要求には不合理な点があると指摘する［＊29］。子供たちは二者択一を迫られる。そして、両者の違いは一つしかない――人種だ。選択肢は、自分が属する集団をよしとするか（よしと言えば、人種差別主義者になる）、別の集団をよしとするか（こちらも屈折してはいるが、違った意味での人種差別主義だ）。子供たちには、どちらも選ばず、人種は問題ではないと答える選択肢が与えられていない。

しかし、人種的偏見が、六歳までに固定されることを裏づける、よく工夫された実験方法がある［＊30］。心理学者のハイディー・マグラスリンとメラニー・キレンは、六歳から九歳の白人の子供に、曖昧な状況の写真を見せた。校庭のブランコの前で、一人の子が、痛そうな顔をしてしゃがんでいる。その隣に別の子が立っている。立っている子が黒人で、しゃがんでいる子が白人の場合もあれば、逆の場合もあった。カンニングしているとか、盗みを働いていると解釈できなくもない行為を写した写真もあった。子供たちは、この場面を説明して、それに関する質問に答えるように言われた。先に紹介した研究と違い、子供たちは人種を考慮するように強いられてはいない。ところが子供たちは、人種を問題にした。白人の子供たちは、白人の子が被害者で、黒人の子が加害者に見える場面について、こうした曖昧な状況を悪い行ないに結びつけて説明しようとした。ただし、重要なのは、それが、白人の子供だけが通う学校の生徒にかぎられていたことだ。さまざまな人種の子が通う学校の白人の子供たちは、登場人物の人種に影響されなかった。

他にも複数の研究が、子供たちが、自分と同じ人種の仲間をひいきし、いい人間だと考える傾向があることをあきらかにしているが、これも、ほとんどが、同じ人種の子だけが通う学校での結果だ[*31]。さまざまな人種の子が通う学校で研究が行なわれる場合、子供たちは人種を問題にしない[*32]。これらの結果は、社会心理学者の言う「接触仮説」、すなわち適切な環境での社会的接触は偏見を減らすという見方を裏づける[*33]。さまざまな人種の子が通う学校は、望ましい環境であるようだ。

もっと幼い子供たちはどうだろう？　三歳児を対象にした研究から、誰からものを受け取るか、誰と遊ぶかという選択については、性別が重要であることがわかっている[*34]。すなわち、男の子は男、女の子は女を選ぶ傾向がある。年齢も重要である。子供たちは、大人よりも子供を選ぼうとする。そして先ほど説明したように、言語も重要だ。子供たちには、自分と同じ言語を話し、外国語訛りのない人を選ぶ傾向がある。しかし、三歳児にとって、人種は問題ではない［*35］。たとえば、白人の子が、黒人より白人を選ぶわけではない。人種的な偏見が入り込むようになるのは、もっと年齢が上がってからで、しかも、ある特定の環境で育った子供にかぎられる。たしかに、人間には生まれつき、ある集団を別の集団よりひいきするバイアスがあるのかもしれない。しかし、私たちは、天性の人種差別主義者ではないようだ。

そして、人種を意識するようになる、もっと年嵩の子供たちでも、人種は言語ほど問題ではない［*36］。たとえば、白人の五歳児に、白人の子と黒人の子、どちらと友達になりたいかと尋ねると、白人を好む傾向が見られる。しかし、訛りのある白人の子と、訛りのない黒人の子では、黒人の子を選んだ。

人を振り分けて、それぞれを結託させるには、人種も言語も必要ない。意味のある結託を成立させるには――すなわち集団の結束を固め、集団どうしを敵対させるには――たいそうなことは何も必要ない。それを証明した大規模な研究がある。

もっとも有名な研究は、二人のヨーロッパ系社会心理学者によって、それぞれ別個に考案された。ムザファー・シェリフは、一九〇六年、トルコに生まれた。若い頃、ギリシア軍に殺されかけ、一九四〇年代はナチスに反対したために投獄されていた。一方のヘンリー・タジフェルは、一九一九年、ポーランドに生まれた。ユダヤ人で、フランス人と協力してナチスと戦い、戦争捕虜として五年間過ごした。したがって、ごく控えめに言って、二人とも結託を身をもって経験していた。

〈彼ら〉と衝突する〈私たち〉を形成するには何が必要か。それが、シェリフとタジフェルのテーマだった［*37］。さて、この問題を調査するために、現実世界の衝突に目を向けるのも一つの手ではあるだろう。しかし、現実の紛争には、長く、複雑な歴史が反映されている。イスラエル人は、パレスチナ人に対して、正当な不満をたくさん抱えているだろう。その逆もしかり。そして、シェリフとタジフェルが特定したいと思っていたのは、人々を分裂させるのに必要な最小条件だった。そこで、長大な歴史的記録をもつ衝突を検証する代わりに、それまで存在していなかったところに、社会的分裂を生じさせる実験を行なった。

一九五四年、シェリフは、二二人の五年生［一一歳］――シェリフが「しっかりした家庭」と呼んだ白人中産階級の少年たち――を、オクラホマ州ロバーズ・ケイブ州立公園のサマーキャンプに招いた。少年たちは二つのグループに分けられ、それぞれ別の小屋で寝起きした。どちらのグループも相手の存在を知らなかった。最初の一週間、グループは辺りを探索し、ゲームに興じ、まずまずいい時間を過ごした。グループは自分たちをそれぞれ「ラトラーズ」、「イーグルス」と命名した。

次に、実験者は最初の接触をお膳立てした。キャンプ場の雑役夫を装って、少年たちのやり取りを観察していたシェリフは、別のグループの声を聞きつけたが姿を見てはいない少年の一人が、相手を「黒んぼのキャンプ客」と呼んだ、と記録している。研究者たちは、グループどうしのトーナメント戦をお膳立てしたが、少年たちの関係は、警戒心による敵意からかなり険悪なものへと徐々に変化した。二つの小さな集団は、自分たちの目立つ特徴を強調するようになった。ラトラーズは下品な言葉を使うようになり、イーグルスはきれいな言葉遣いを鼻にかけた。自分たちの旗をつくり、食堂で一緒に食事をするのを拒否した。全員が白人だったにもかかわらず、相変らず相手を人種差別的な言葉で罵倒した（人種差別用語は「他者」を意味する万能表現として利用されたかのようだ）。少年たちは、紙のアンケートに、自分たちのグループは、敵のグループより、強くて足も速いと答えた。

ラトラーズがトーナメント戦に何回か勝利すると、イーグルスは彼らの旗を盗んで、火をつけ、黒焦げの残骸をつるした。ラトラーズは報復として、イーグルスが夕食を食べている間に、相手の小屋をめちゃくちゃにした。イーグルスがトーナメント戦に勝利すると、ラトラーズは、優勝の記念品（心理学者たちから贈られたナイフ）を盗んだ。

シェリフは実験の次の段階に進んだ。どうすれば、二つのグループを一つにできるか？　すなわち、試験管の中で世界平和を実現するにはどうすればいいか？　という問題に取り組んだ。一緒に食事をしたり、映画を観たりといった試みはことごとく失敗に終わったが、研究者たちはついに、水道の蛇口からなぜか水が出なくなる、というグループ双方の存続を脅かす問題を発生させることで成功をおさめた。二つの党派は、共通の大義、いやおそらくは共通の敵によって一つになった。

ロバーズ・ケイブ実験は、二週間もあれば、反目するコミュニティをつくれることを実証した[*38]。ただし実験の状況が、個人と集団の一体感を強めていたのもたしかだ。心理学者たちが、集団間の競争を煽っただけではない。イーグルスとラトラーズのメンバーは、別のグループの存在を知る前に、それぞれ一週間共同生活を送っていた。であれば、少年たちが、赤の他人より仲間を信頼したのは無理もないだろう。結託は、こうした社会的基盤がまったくない状態でも生じるだろうか?

これが、タジフェルの疑問だった[*39]。タジフェルは簡単な実験を行なった。まず、成人被験者に、抽象画を何枚か見せて評価させた。その後、無作為に、半分をパウル・クレー好きのグループ、残りの半分をワシリー・カンディンスキー好きのグループとした。これだけでも、被験者たちの間にグループとしての仲間意識が芽生えた。その後、クレー好きの人とカンディンスキー好きの人にお金を分けるように頼んだところ、被験者は、自分の得になることは何もなかったにもかかわらず、自分と同じグループの人に多くお金を分けた。この結果は何度も再現された[*40]。実験の中には、無作為の最たるもの——すなわちコインの表裏で被験者を分けても同じ結果になることをあきらかにしたものもある。

こうした「最小条件集団」研究の中には、子供を対象にしたものもある［＊41］。心理学者のレベッカ・ビグラーらが行なった一連の調査では、夏季プログラムに参加してもらった子供たちの一方に青いTシャツ、もう一方に赤いTシャツを着せるなどして、無作為に分けた。彼らの研究によれば、教師がシャツの色の違いに触れて、これを利用して子供たちをグループ分けして競争させると、はっきりとした内集団びいきが生じた。子供たちは自分たちの色（シャツの色）の子を好み、同じグループの子により多く資源を分配した。別の研究では、教師からのあからさまな手がかりさえ必要でないことがわかった［＊42］。子供たちに違う色のTシャツを着せただけで、もしくはコインの表裏でグループ分けしただけで、内集団びいきがつくり出せた。子供たちは、自分のグループにお金を多く分配し、自分たちのグループのほうが行儀がよいと予測し、外集団の子の悪い行ないをよく覚えていた。

さて、人はどんな違いにも飛びつくわけではない。満席のテーブルの一方の側に座ったら、自分の側の人と向かい側の人、もしくは自分の右側の人と左側の人といった具合にグループ分けすることはできる。しかし、こうした区別はいずれも、自然に納得できる集団の根拠にはならないだろう。これでは最小過ぎる。いや、子供や大人は、自分の周りにいる他者にとって意味のある違いに飛びつくのだ。私たちは、社会的な生きものだ。そのため、表か裏か、赤いシャツか青いシャツか、クレーが好きかカンディンスキーが好きかといった、恣意的な違いが重要になる場合もあるが、それは、他者にとってこうした違いが重大であると、私たちが考える場合にかぎられる。したがって、人間が、コインの表裏のような恣意的な違いだけで集団を形成するというのは間違っている。重要なのは、コインの表裏そのものではない。表か裏かの結果が、他の人にとってあきらかに重要な社会的状況で、コイン投げが行なわれるという事実だ。

カテゴリーの社会的性質のもう一つの例として、赤ちゃんでさえ、肌の色によって人を区別できることを思い出そう。しかし幼児は、肌の色を根拠に友達を選ぶという、早期バイアスを示さない。未就学児も、さまざまな人種の子が通う学校の子供たちも人種を気にしない。肌の色が社会的に意味をもつなら——黒人の子と白人の子が別々のテーブルに座るなら——子供たちは人種を気にするようになる。そうでないなら、気にしない。人間は区別を行なうように生まれついている。しかし、具体的にどう区別するかを教えるのは環境だ。

私たちが社会集団について行なう一般化の多くには、現実にある程度根拠がある。サイエンスライターのデヴィッド・ベルビーは、著書『〈私たち〉と〈彼ら〉』の冒頭でこんなことを言っている[＊43]。ニューヨークの自宅周辺で、ベビーカーを押している人（ほぼ例外なく女性である）を見かけるとする。白人の大人が連れている子が白人でないとき、その大人は親なんだな、と思う。しかし白人でない大人が連れている子が白人だと、その大人はベビーシッターなんだな、と思う。

ベルビーは、こんな風に考える自分はどこかおかしいのではないか、と反語的に問いかける。

たしかに、おかしいだろう。もし、ベルビーが、自分の考えは絶対に正しい、つまり、白人の子の親が、白人でないことはありえないというのなら。しかし、ベルビーは、これは一般化であり、絶対的な法則ではないことをじゅうぶん承知している。別の例を考えてみよう。大学教授にはユダヤ人がかなり多い。アメリカの全人口に占めるユダヤ人の割合は、一パーセントから二パーセントだが、私の家と勤務先の大学があるコネティカット州ニューヘイブンでは四パーセントだ。統計を見たことはないが、ユダヤ人の同僚の占める割合が四パーセントをはるかに上回るのは間違いない［＊44］。

こうした一般化の起源は、心理学、神経科学、もしくは進化生物学よりも、歴史や社会学に目を向けたほうがよく理解できる。たとえば、アメリカの白人と黒人の間に広がる巨大な格差を、奴隷制度やジム・クロウ法［奴隷制度撤廃後、黒人差別を続けるために制定された人種隔離法］の負の遺産に触れずに説明するのは馬鹿げている。

次の点も心に留めておかれるといい。実験室と同じように現実の世界でも、はじめは恣意的だった区別が、その区別は理に適っていると大勢の人が信じるようになれば、本物になる場合がある。社会的格差の根絶に時間がかかる理由はそこにある。勝手に根を下ろしてしまうのだ。次に紹介するのは、ベルビーが、カリフォルニアの、白人と黒人の数が半々だった小学校に通っていたときのエピソードだ。行政の方針で、教師は子供たちを星占いの星座でグループ分けした［＊45］。すると、その分け方が社会的な意味を帯びるようになったという。ベルビーによると、「私たちおうし座はすぐに連帯感をもつようになった」とか。そしてまもなく、おうし座どうしは似たような行動を取るようになったので、教師の中に星占いを信じる者まで現われた。アジア系の中には、辰年生まれの子供は優秀だと信じる人たちがいる。アメリカ在住のアジア系移民を対象にした研究によれば、一九七六年（辰年）生まれの子供たちは、他の年に生まれた子供たちに比べて高学歴だった［*46］。もちろん、これは、干支そのものが原因ではない。誕生年の干支の力を人が信じているからだ。この調査によると、辰年生まれの赤ちゃんを産んだアジア系の母親も、他のアジア系の母親に比べると学歴が高く、裕福で、年齢もやや上だそうだ。つまり、この母親たちは他の人たちに比べて、辰年の子を産めるように出産時期を調節できる立場にあった。

集団の違いはどこで生まれるのか？　この問題は心の科学にはおさまらないが、人間がその違いをどう学習するか？　という疑問は、ごく基本的な心理学の問題で、答えは簡単だ。人間は（その他の生きものも）、天性の統計学者なのだ。現在に対処するには、過去に基づいて一般化を行なうより他ない。椅子には座れる、イヌは吠える、リンゴは食べられる。私たちはこれらのことを経験から学習する。もちろん、壊れやすい椅子、吠えないイヌ、毒のあるリンゴといった例外はある。そして、こうした例外に用心するのは大切だ。しかし、つねにある程度の見込みがなければ、やっていけやしない。さもないと、はじめての椅子、はじめてのイヌ、はじめてのリンゴに遭遇するたびに、途方に暮れてしまうことになる。

私たちは人間についても統計を取っている。社会心理学者のゴードン・オルポートは、古典的名著『偏見の心理』で次のように述べている。人間は「思考するにはカテゴリーの助けを借りなくてはならない……このプロセスはどうやっても避けられない」[*47]。街を歩いていて、道に迷ってしまったとき、私は幼児に道を尋ねたりはしない。幼児について抱いているステレオタイプは、道を教えるのが上手ではないからだ。空に向かって奇声を張り上げている人にも尋ねはしない。こうした人は、正気を失った人というステレオタイプに該当する。そして、正気を失った人は、頼りにも助けにもならない場合が多い。人殺し、もしくは強姦魔が逃走中と聞けば、男に用心しようと思うだろう。そう、男性だ。犯人は、ひょっとすると女かもしれない。しかし、私の直観は統計に導かれている。そして、実際に、さまざまな研究から、運動能力、犯罪、収入などについて、人が抱く、人種や民族グループのステレオタイプはえてしてして正確であるとわかっている[*48]。

それでは、一般化の何が好ましくないのだろう? まず、一つの懸念は道徳上の問題だ。ステレオタイプが正確だとしても、そのステレオタイプを利用するのが間違っている場合もあるだろう。これは微妙な問題だ。人間に関する一般化の中には、道徳的に問題とされないものもある。たとえば、私たちは年齢に基づいて人を差別する法律や政策に満足している。これは、そうせざるを得ないから(すべての人に車の運転を許可するわけにはいかない)であり、ステレオタイプがあきらかに事実に根差しているから(実際に、四歳児は車のハンドルを握るには幼すぎる)であり、こうした政策は、一部の人に対してではなく、すべての人の人生のある一時期にあてはめられるので、より公平だと思えるからだ。遅かれ早かれ、チャンスは全員にめぐってくる。他の例としては、生命保険会社は、加入者が喫煙しているかどうか、体重がどのくらいかに基づいて一般化を行なうことを許されている。

しかし、性別、人種、民族に基づくステレオタイプ、こちらの利用はもっと厄介だ。誰かの苦痛を引き起こすおそれがある、というのも原因の一つだ。ステレオタイプが的を射ているとしても、差別される側の背負う代償が、差別する側の効率性の向上より上回る場合がある。ステレオタイプの利用は、公平さの概念を侵害するおそれもある。風刺雑誌『ジ・オニオン』のTシャツには「ステレオタイプは時間の節約」とある。だが、ある人がどの集団の成員なのかによって、その人への態度を変えるのが絶対に間違っている場合もある。そこは余計な時間をかけたほうがいい。

ステレオタイプが、経験上のデータだけではなく、結託バイアスにも影響されるという問題もある。椅子、イヌ、リンゴについて、私たちは有能な統計学習者だ。しかし、人間については、バイアスが結論を歪めかねない。集団が形成される瞬間、クレー好きとカンディンスキー好き、もしくは赤いシャツの子と青いシャツの子たちの間に、本当の違いは存在しない。しかし被験者たちは、本当に違いが存在すると考え、自分たちのグループのほうが客観的にすぐれていると思い込むようになる。同じことが、実験室以外の場面でも見られる。第二次世界大戦がはじまると、アメリカ人の中国人に対するイメージと日本人に対するイメージは逆転した［＊49］。それまで進歩的で芸術性豊かと考えられていた日本人は、狡猾で不誠実とみなされるようになった。狡猾で不誠実だったはずの中国人は、奥ゆかしく礼儀正しいと言われるようになった。ロシア人も、一九四二年にアメリカ人と協力してヒトラーと戦っていたときは勇敢で勤勉だったが、一九四八年の冷戦の幕開けと共に、残酷で傲慢と言われるようになった。

実際、外集団の一員と考えるだけで、その人に対する感情が左右される。先ほど、赤ちゃんや子供たちが、耳になじんだアクセントのある人とやり取りしたがるという話をしたが、同じく大人にも、ネイティブにない訛りのある相手を、能力、知性、学歴、魅力の点で劣っていると評価する傾向がある[＊50]。ある研究によると、人間には、まったくなじみのない外集団の人たちには、羨望や悔恨といった人間にしかないと言われる情動がない、と考える傾向があるそうだ[＊51]。野蛮人とみなすか、せいぜいよくて子供扱いするのだ。

心理学実験の典型的な被験者は、北米かヨーロッパの大学生たちだ。彼らは、世界でもっとも人種差別的傾向の少ない人たちだろう[＊52]。匿名性が十分に保証されている調査であれ、反人種差別であることにこだわる。実際、この集団にとって、人種は禁忌《タブー》である。人種は、禁忌の二つの基準を満たしている。わいせつ性（人種差別用語は、最高の罵り言葉でもある）と喜劇性（「白人はこうで、黒人はああだ」というパターンを飯の種にしているコメディアンがいる）だ。この二つの点によって、人種は、排泄物や性交（この二つは次の章で取り上げよう）と同じカテゴリーに分類されている。

幼い子供たちは人種を禁忌と考えない[＊53]。「だーれだ？［Guess Who? 二人用のゲーム。互いがもつ、顔が描かれたカードが誰かを当てる］」という、ひと頃流行ったゲームに着想を得た研究で、研究者たちは、八歳から一一歳の、白人の子供が大多数を占める集団に、四〇枚の顔写真を、縦四列横一〇列に並べて見せた。研究者は、その中の一枚の写真を指差し、その写真までできるだけ少ない回数でたどり着けるように、「はい」か「いいえ」で答えられる質問（「その人物は女性ですか?」など）を考えてください、と子供に指示する。写真がすべて白人の顔だったときは、一〇歳と一一歳のほうが、八歳と九歳の子供に比べ成績がよかった。これは意外ではない。ところが、白人の写真と黒人の写真が混ざっていた場合、年嵩の子供たちのほうが成績が悪かった。それは、「その人物は白人ですか?」といった質問を避けたからだった。その子たちは、人種を口にすることさえ心理的に負担となる発達段階に達していた。実際、社会心理学者によれば、偏見をもたないと公言している白人被験者の多くは、黒人とやり取りをする際、人種差別主義者に見られはしまいかと、強い不安を感じているという［*54］。

さらに興味深い心理学の発見がある。世界でもっとも人種差別的傾向の少ない人たちにさえ、無意識の人種的バイアスがあるというのだ［*55］。コンピューターの画面に、意識的に知覚できないほど短時間、黒人の顔を映し出すと、白人被験者の間に、攻撃的な考えが誘発される傾向が見られる。たとえば、「HA_E」の空欄を「HATE（憎む）」として完成させる人が増える。黒人男性の顔は、おそれ、怒り、脅威と結びついている脳の領域、扁桃体を活性化させる。潜在連合テスト（IAT）［さまざまな社会的対象に対する潜在的な態度や信念を測定するプログラム］では、ほとんどの被験者が、白人の顔と「喜び」などのポジティブな単語、黒人の顔と「おそろしい」などのネガティブな単語を、その逆の組み合わせよりも短時間で結びつける。

これらの研究は、大衆向けメディアで大々的に取り上げられた。ときには、隠れた人種差別主義者を暴き出す方法であるかのように描かれる。これまで見た中で最悪の例が、テレビドラマ『ライ・トゥ・ミー——嘘の瞬間』のエピソードに登場したケースだ[＊56]。一流の心理学者と捜査官のチームが、でたらめのＩＡＴを使って、どの消防団が憎悪犯罪《ヘイトクライム》に関与していたかを探り当てる、という話だった。ある消防士が、仲間と比べて、「信念のある」などのポジティブな言葉と、バラク・オバマのような黒人の顔を結びつけるのに時間がかかることがわかって、事件は解決と相成る。「俺は人種差別主義者じゃない」と抗議する男に、尋問官は「あなたがそう思っていないだけだ」とぴしゃりと言い返す。メディアのこうした描写に、社会心理学者たちはうんざりしている。消防士たちに本物のＩＡＴを受けてもらうことがあるとしても、ＩＡＴは、人種差別主義者をあぶり出す道具ではない。これらの方法は、人間の無意識のバイアスに関するデータを集めるために開発されたのであって、人種差別主義者探知機ではない。

その一方、こうした知見は、現実社会のステレオタイプや偏見について何もあきらかにしていないと批判する人もいる[＊57]。反応時間、皮膚伝導性、扁桃体の活性化などの些細な測定値が何だというのだ？　だが、実際に、これらの数値は、ある人が、別の人種の人とのやり取りにどの程度抵抗を感じるかといった、現実に重要な問題と関係している[＊58]。さらに、この潜在的なバイアスは、誰を採用するか、助けを求めて叫んでいる人に手を差し伸べるかどうかといった、現実の決定を下すときに顕在化する。

この調査は、人間の内的葛藤のありようをあきらかにしている。一人の人間の心の中に、人種が採用決定に影響するのはおかしいと（人種的マイノリティーは優遇されるべきとさえ）と考える部分と、黒人の採用に反対する意見に誘導する部分とがあるのだ。この緊張関係が、正義とは何かについての表向きの意見と、直感が衝突する、道徳的葛藤を反映している場合もある。

おそらく一〇〇年後も、人間はあいかわらず集団の立場で思考を働かせている、すなわち、何かしらバイアスや偏見が残っている可能性は高い。私はそう考えている。

集団間の差が現実に存在するというのも理由の一つだ。たとえば、アメリカには、アジアのある国々出身の生徒は、学業面で平均より優秀だというステレオタイプがある。そして実際に、アジア系の大学志願者は、SAT〔大学進学適性試験〕の点数が平均より高い［＊59］。さて、この話題を論じるのを禁忌に、いや、アジア系以外の人が論じるのを禁忌にすることはできよう。しかし、洗脳か集団催眠でも行なわないかぎり、その知識が消えてなくなるように脳を配線し直すことはできない。

そして、こうした一般化の中には根強く残ると思われるものもある。人種や民族と呼ばれる集団には、家族と呼ばれる集団と同じ理由から、いくつかの共通点がある。肉親どうしは遺伝子を共有する。そのため、ある固有の形質を備えている確率が高まる。複数の家族が集まった、より規模の大きい集団の成員も同様である。とくに、生活を共にする人々は――家族であれ、家族の集団であれ――長い間にある特性を共有するようになる。固有の食べ物を食べ、特定の活動に従事し、独特の話し方をし、ある決まった価値観をもつようになる。文化の差異化はすみやかに生じる。まさにこれを体現したのが、一つの国が引き裂かれた、東ドイツと西ドイツ、北朝鮮と韓国だった。

バイアスはなぜこのように根が深いのか。それは人間の結託の性質とも関係している。私たちは、自分が所属する集団をひいきする。それは、最小限グループ実験でも、現実の世界でも明白だ。私たちは、国、近隣地域、血縁の絆に引き寄せられる。もっとも濃い絆は、血縁だ。人類史上何度も、家族の特別なつながりを解消させ、国家や教会などの別の集団と置き換えようとする試みが行なわれたが、ことごとく失敗に終わった。じつは、人種と民族性は、血縁とあるものを共有している。人を分類して何らかのカテゴリーにあてはめようとする作業は、あなたの生物学上の近縁は誰かという問題にほかならない。もっともリベラルで、断固たる反人種主義者でさえその点は理解している。心理学者のフランシスコ・ギル＝ホワイトが指摘するように、自分たちは、二分の一はアイルランド人、残りの四分の一ずつはイタリア人とメキシコ人だと言う人がいたら、それは、その人たちの思想信条や出自ではなく、祖先の民族性の話をしているのだ［＊60］。

あかるい面に目を向けよう。自分たちと他者を別の集団に仕分けする人間の性向は、真の喜びを与えてくれる。人は、自分たちの文化や言語が絶滅してしまうことを望まない。なぜなら私たちは、ある特定の共同体に属することで喜びを得るからだ。多くの人が、他者の集団の悪口を言う人に眉をひそめるが、自分が属する集団を誇りに思ったり、案じたりすることは、通常間違っているとはみなされない。私は幼少期をカナダのケベック州で過ごしたが、当時、私が属する共同体のユダヤ人たちは、ロシアのユダヤ人を救うために献身的に活動していた。ひどく離れた国に住む赤の他人の身を案じたのは、彼らが私たちと同じユダヤ人だったからだ。イタリア人は、フランス国民が外国政府に不当に監禁されれば憤慨する。フランス人は、一度も会ったことがなくても、イタリア人が偉業を達成すれば胸を張る。この章の執筆中に、私は同僚から一通の招待状を受け取った。ある政治家を応援する政治的イベントへの招待状で、もしその人物が当選すれば、「アメリカ本土で、最初の中国系アメリカ人上院議員になる」と書かれていた。招待状の送り主も中国系アメリカ人だった。そう聞いても、誰も意外だとは思わないだろう。

宗教やナショナリズムに激しい反感を抱く人も、肉親、友人、仕事仲間など、別の形で共同体の喜びを求めるだろう。とはいえ、自分を心理学教授のコミュニティの一員とみなすことと、たとえば（何でもいいのだが）、自分をカトリック教徒、ギリシア人、もしくはアメリカ人とみなすこととは違うのかもしれない。しかしいずれにしても、人は、ぬくもり、誇り、一体感という同じ感情を経験している。ベルビーは、私たちの集団に対する強い思いを、「自然が与えた、人間の想像力と創造的喜びの源泉の一つ」とまで言う［＊61］。

人間の偏狭な性質の恩恵が代償を上回ることなどありえない。あなたはそう思うかもしれない。

内集団が存在するところにはかならず外集団がある。そこが問題だ。ユダヤ人とドイツ人がいなければ、ホロコーストは起きなかっただろう。ツチとフツ〔いずれもルワンダに居住する民族集団〕がいなければルワンダの虐殺もなかっただろう。それでも、人類を仕分けする代わりの方法があるかどうかはあきらかでない。真の意味で万人に適用される倫理が存在するだろうか？　人は、文化、国、血の絆に本当に無関心になれるだろうか？　そうなっても善良で良識のある人間でいられるだろうか？　哲学者のクワメ・アンソニー・アッピアは、遠い国の赤の他人との関わりさえ、「どんなときも、特定の他者との関わりになるだろう。そして、アイデンティティを共有することによって温かな気持ちが生まれる」と言う〔*62〕。アメリカのキリスト教徒は、スーダンにいるキリスト教徒に義援金を送るだろう。作家たちは、世界中の作家の自由を求めて声をあげるだろう。スウェーデンの女性は南アジアの女性の権利を求めて活動するだろう。アッピアは、これに対して、キケロの言葉を引用する。「社会や人間の連帯は、もっとも密につながっている人たちに、もっとも思いやりを発揮するとき、もっともうまくいく」〔*63〕

私たちは、自分の結託バイアスが暴走をはじめたと感じたら、知性を使って克服できる。人は、普遍的な人権を守るために条約を制定し、国際組織を発足させる。審査員の判断が、候補者の人種など、評価と関係ないものによって、意識的にであれ無意識にであれ、歪められないように設計されたブラインドレビューやブラインドオーディション〔審査員に論文執筆者や歌手がわからない状態で審査を行なわせるシステム〕という手順を採用する。マイノリティー集団の代表をしっかり確保するために割当方式や多様性義務を制度化し、それぞれの好みや思惑がある、個人の判断の及ばないところで決定を行なう。

私は、いま挙げた解決策が正しいと言いたいわけではない。実際、これらは互いに衝突する場合があるため、つねに正しいとは言えない（たとえば大学には、人種を考慮しない入学措置と、人種に配慮する割当方式や多様性義務がある）。むしろ重要なのは、私たちが、あるバイアスが間違っていると思ったら、慣習や法律を利用して、そのバイアスを根絶する状況をつくり出せるということだ。そのようにして、道徳的進歩は広がっていく。一般に、善意や意志の力だけでよりよくなることなどできない。願望ややみくもな努力だけではダイエットや禁煙が成功しないように。しかし、人間は賢明な生きものだ。そして、知性を使って、情報を管理したり、選択肢を制限したりできる。こうして、つまずきの原因になると思われる直感や欲望を乗り越えながら、少しずつよりよい自己に近づいていける。

このように、私たちは、自分たちの集団を他者の集団よりひいきする人間の天性に対処している。しかし、人間の本性には、乗り越えなくてはならない、さらに醜い面が存在する。

嫌悪は、悪を生み出す強力なエネルギーだ。ある集団を根絶やしにしたいとか、爪はじきにしたいと思ったら、この情動を引き出せばいい。化学者で作家のプリーモ・レーヴィは、ナチスが、ユダヤ人の囚人たちにトイレを使わせず、それがどんな効果をもたらしたかを語っている［＊1］。「ＳＳの護衛は、男や女が、プラットホームや線路のまん中で、ところかまわずしゃがみ込むのを見て、喜びを隠さなかった。そして、ドイツ人の乗客は嫌悪をあらわにした。こんな連中が悲惨な末路をたどるのは当然だ。見ろよ、あのざまを。こいつらは人間じゃない。動物だ。火を見るよりもあきらかだ」

さて、こうした反応を引き出すには、他者に実際に不快な思いをさせるまでもない。比較的よく用いられるのが、想像力に訴える方法だ。あなたは、その人たちがどんなに汚らしく、嫌な臭いがするかを物語ることができる。ヴォルテールはユダヤ人について、「この連中は、清潔な暮らしや礼儀作法にたいへん無頓着なので、律法者が、法律をつくって、手を洗うことさえ強制しなくてはならなかったほどである」と言っている。比喩を使うこともできる。ナチスは「ユダヤ人」を、「気色の悪いスポンジのようなもの、液体や粘り気のあるものを吸収する。湿っぽくつかみどころのない点で女に似ている。ドイツ人男性の清潔な体に巣食う邪悪な寄生生物」と言った[*2]。憎悪の対象となる集団は、ドブネズミやゴキブリなどの不快な生きものによく喩えられる。アルメニア人虐殺、ツチの虐殺など、あらゆる大量虐殺の場面で用いられるレトリックだ。嫌悪を誘発する集団は、民族集団や人種とはかぎらない。ジョージ・オーウェルは、階級差別において嫌悪が果たす役割を雄弁に語る[*3]。

それでは、西洋社会における階級差別の真実を考えてみよう……それは、おそろしい七文字に集約される。今日では、口に出すのもはばかられるが、私が子供だった頃は、まったく気軽に言い触らされていた。その言葉とは「下層階級は臭い」だ。

私たちはまさにこう習った。「下層階級は臭い」、と。そしてここで、あきらかに、あなたは越えられない壁にぶちあたる。好き嫌いの感情に対して、身体の感覚ほど根深いものはない。人種憎悪、宗教憎悪、教養、気性、知性の差、道徳律の違いさえ乗り越えることはできる。しかし身体レベルの不快感は無理だ。あなたは、殺人者や男色者にさえ好意を抱くかもしれない。しかし、息の臭い人――常時息が臭いという意味だが――に好意を抱くことはできない。たとえどんなにその人の幸福を願っていても、その精神や人格を尊敬していても、息が臭い人は、おぞましい、そしてあなたは心の中でその人を嫌悪するだろう。

先の章で、私たちは、共感が道徳的行為の動機づけに果たす役割を詳しく見てきた。共感は、人を思いやりへ駆り立てる。同情と利他心を強化する。嫌悪には反対の効果がある。嫌悪は人を他者の苦痛に無関心にさせる。嫌悪を感じると、人は残酷な行為に及んだり、人を人と思わなくなったりする。

嫌悪の感情を呼び覚ますのは簡単だ。想像してみよう。タッパーを開けて、大きく息を吸い込んだら、ハンバーガーが腐っていた。ほとんどの人が、吐き気がこみあげるなどの特定の感情に襲われる。この感情には、特徴的な顔の表情（しわの寄った鼻、閉じた口、前に突き出した舌――つまり「オエッ」の顔）と、特有の動機「それをあっちにやって」が伴う。あなたはその臭いを嗅ぎたくない、それに触れたくない、もちろん食べたくない。

ある種の物体、物質、経験は、確実にこの反応を引き出す[＊4]。嫌悪問題のすぐれた研究者、ポール・ロジンは、人の「嫌悪感度」を測定する尺度を開発した[＊5]。次に、ロジンらが被験者に評価するよう依頼した質問項目を紹介する。さて、あなたは、これらの経験にどの程度嫌悪を感じるだろう？

・公衆トイレで大便が流されていなかった。
・友人の飼っていたネコが死んだ。その死骸を素手でつかまなくてはいけない。
・事故の後で、体から腸が飛び出している男性を見る。
・鉄道下のトンネルを歩いていると、小便の匂いがした。

がまんできる範囲には個人差がある。教室や講演会でこれらの文を読み上げると、何を騒ぐことがあるのかと怪訝そうな顔をする人もあれば、吐き気をもよおす人もいる。心理学概論の大規模授業で、先の文章をパワーポイントで表示したら、一人の学生が講堂から走り出ていった。ロジンらは、嫌悪感度の評価は、ゴキブリを素手でつまむとか、屠殺されたばかりのブタの頭に触るなど、嫌悪をもよおさせる活動に、その人が実際どのくらい積極的に関わろうとするかの指標となることを突き止めた[*6]。

実験室での調査と比較文化研究により、世界中の人が、血、血のり、吐瀉物、糞便、尿、腐った肉に嫌悪を感じることがわかっている。これらは、ロジンの言う「中核的嫌悪(core disgust)」を引き起こす。残念ながら、こうした物質は生命の本質でもある。有名な絵本のタイトルにあるように「みんなうんち」[五味太郎著、福音館書店]なのだから。ありとあらゆる物質が、私たちの体から、そして愛する人の体からほとばしり、したたり、滲み出す。どの程度、嫌悪感をもよおさせるかは、それぞれ違う。糞便、尿、膿は、たしかに汚い。しかし人は進んで互いの精液や唾液を飲みこむ。

汗は鼻水ほど汚くない。そして少なくとも、吸血鬼が登場するフィクションでは、血を飲む行為がエロチックで、気持ち悪く感じられない場合もある。面白いことに、人の体から生じるもので、ほとんど嫌悪を感じさせないものが一つある。涙だ。ロジンは、涙が嫌悪と無関係なのは、私たちが涙を人間独自のものと考えるからではないかと言う。しかし、私は、ウィリアム・イアン・ミラーの説に軍配を上げたい［＊7］。ミラーによると、涙に嫌悪物質の物理学的特性がないのは、「透明で、さらさらして、こびりつかず、匂いもなく、さっぱりとした味」だからだそうだ。

職業上、こうした物質を扱わなくてはならない人たちもいる。怪我人、病人、死者を相手に働く人たちだ。また、自分がどんなにタフか、精神的かを示すために、もしくは『フィアファクター』というテレビ番組［アメリカの視聴者参加番組。参加者は、多額の賞金をかけて数千匹のネズミの中に横たわったり、ゴキブリを一気食いしたりといったおぞましい行為に挑む］の出演者たちのように、他人を楽しませるために、胸が悪くなる行為にあえて挑む人もいる。しかし、他の条件がすべて同じならば、人は通常ロジンの中核的嫌悪リストに載っている項目を何が何でも避けようとする。

しかし、最初はこうではない。赤ちゃんは、嫌悪という感情を知らない。フロイトはこれについて『文化への不満』で触れ、「子供は排泄物に嫌悪を感じない。体の中から出てくる、自分の体の一部として価値あるものと考える」と言っている［＊8］。そばに誰もいなければ、幼い子供たちは、嫌悪をもよおさせるあらゆるものに触れ、食べてしまいさえする［＊9］。じつによく考えられた発達心理学の研究で、ロジンらが、二歳未満の子供たちにイヌのうんちだよと言って渡したもの（「実際は、ピーナッツバターと匂いの強いチーズの混ぜものだった」）を、ほとんどの子は食べた。

また、たいていの子供が干した小魚をまるごと食べ、三分の一がイナゴを食べた。

その後、幼年期のどこかでスイッチが入って、子供たちは大人のように、世の中の多くのものに嫌悪を感じるようになる。何がこの変化のきっかけとなるのだろう？　心理学者は、しばしばこの問題に頭を悩ませ、多くの人がフロイト説にしたがって、トイレトレーニングのトラウマのせいにする。私は、自分の子供たちが幼かったとき、ペネロープ・リーチのすぐれた育児書を読んだ。そこには次のようなアドバイスがあった。

子供に、大人であるあなた方が抱いているような、大便に対する嫌悪を感じさせようとしてはいけません。子供は、便が自分から出てくることを発見したばかりです。子供は、便を、自分に属する興味深い物体として見ています。あなたが急いでおまるを空にしようとしたり、神経質な手つきでおむつを交換したり、鼻にしわを寄せたり、子供がおまるの中身を調べたりなすりつけたりするのを怒ったりすれば、子供の気持ちは傷つくでしょう。自分も子供と同じように、楽しく興味があるふりをする必要はありません（大人が大便で遊ばないのを発見することも成長の一環です）が、大便が汚くて嫌悪をもよおさせるものだと感じさせようとしてはいけません。子供は、自分の大便にあなたが嫌悪を感じていると知れば、自分にも嫌悪を感じていると思うでしょう［*10］。

親の行き過ぎた嫌悪感は子供に失礼だ、という点でリーチは正しいのかもしれない。しかし、その他の部分はすべて間違いだ［＊11］。子供は、「大人が大便で遊ばない」ことを、「大人は足指まですっぽり覆うパジャマを着ない」といった、恣意的な文化的慣習であるかのように発見するわけではない。いや、子供たちは、大便は気持ち悪いとわかるようになる。そして、この洞察は、大人の反応を観察した結果ではない。何はともあれ、大勢の親がリーチの本を読み、そのアドバイスにしたがったけれど、本が出版されてから二〇年以上が経ったいまも、人はいまだにうんちを嫌悪しているではないか。

トイレトレーニング説には、他にも欠点がある。排尿や排便に関する慣習は、社会によってかなり違う（トイレさえない社会もある）。しかし、嫌悪は普遍的だ。血、吐瀉物、腐った肉は、トイレトレーニングとは関係ないが嫌悪をもよおさせる。仮に、子供が、自分の体から出てきたものを気持ち悪いと思うのは、大人が気持ち悪いと思うからに他ならないという説が本当だとしても、疑問はふりだしに戻るだけだ。「なぜ大人は排泄物を嫌悪するのか？」

もっと説得力があるのが、中核的嫌悪は、適応上の目的として機能しているという説だ。この説によると、嫌悪は学習されるのではなく、むしろ、赤ちゃんが発達のある段階に達すると自然に生じる。このタイミングはある意味理に適っている。というのも、嫌悪の芽生える時期が早すぎると、赤ちゃんは自分のうんちに絶えず嫌悪を感じながらも、自分ではどうすることもできないからだ。自然選択も、そこまでむやみと残酷ではないだろう。

嫌悪が適応ならば、それは何のための適応なのか？　もっとも人気があるのは、嫌悪は、悪い食べ物を回避させるために進化したという説だ［＊12］。事実、英語の「嫌悪 disgust」という言葉は、「悪い味」という意味のラテン語に由来する。

この説にはたくさんの根拠がある。その一、ダーウィンによれば、嫌悪に特徴的な顔の表情は、匂いを嗅ぐまい、口に入れるまい、すでに口に入れたものを舌を使って吐き出そうとする行為に似ている。嫌悪を感じたとき、人が口を大きく開けないのは偶然ではない。実際、「オエッの顔」は、現実に人がものを吐くときの表情であり、それが起源だろう。その二、嫌悪と結びつく吐き気の感覚は、食欲を失わせる。その三、私たちの嫌悪の反応は、悪い食べ物を食べるところを想像しただけで引き起こされうる。ダーウィンはこれを次のように説明している（ビクトリア朝風にやや誇張されていると思うが）。「普段食べられていない動物など、変わった食べものを口にしたと考えただけで、たちどころに吐き気をもよおし、実際に吐いてしまう人がいることには驚かされる」［＊13］。その四、妊娠中の女性は、妊娠期間を通じて吐き気をもよおす回数が増えることを考慮しても、胎児が毒に敏感な時期に、とりわけ嫌悪を感じやすくなる［＊14］。その五、人に嫌悪をもよおさせる絵を見せると、匂いや味に関連する脳の前部島皮質が活性化する［＊15］。

もちろん、何に嫌悪を感じるかは個人差が大きいのだから、嫌悪は完全に固定されているわけではない。ラット、甲虫、イヌを食べるところを想像しただけで、私は吐きそうになるが、こうした食べ物を頬が落ちるほどうまいと考える文化で育った人もいる。何らかの学習が行なわれるに違いない。その結論は、嫌悪・悪い食べ物説と合致する。人は、ロジンが「雑食動物のジレンマ」と名づけたものに直面する。すなわち、私たちはじつにさまざまな種類の食べ物を口にできるが、その中には命に危険を及ぼすおそれのあるものもある。そこで、ある特定の場所の環境で、何が食べられて何が食べられないかを学習しなくてはいけない。この学習の過程では、食べ物、とくに肉は、無害であることが証明されるまでクロだ。私は誰からもドブネズミのから揚げは気持ち悪いと教わらなかったが、ドブネズミのから揚げが気持ち悪いと知っている。食べものの好みが決定される幼少の臨界期に、周りにいた人が誰もドブネズミのから揚げを食べていなかったからだ。

食べ物を根拠にした説は不完全だ[*16]、嫌悪は、もっと広く、病原菌や寄生虫に近寄るなという警報を発するために進化したと主張する人もいる[*17]。人類学者のヴァレリー・カーティスらは、インターネットを通じて、一六五カ国にまたがる四万人以上を調査し、どのような画像が嫌悪をもよおさせたかをあきらかにした。とくに気持ち悪いと評価されたのは、病気が疑われる画像だった。たとえば、膿やただれのある皮膚病の絵は、膿んでいない火傷の絵より、嫌悪をもよおすと評価された。また、熱っぽい顔や発疹のある顔のメーキャップをした人も、やや嫌悪をもよおさせる。この説から、不潔な赤の他人の匂いが、なぜこれほど嫌悪をもよおさせるのかも説明がつく。不衛生さは、病気の印だからだ。

いついかなるときも人間性の鋭い観察者であったチャールズ・ダーウィンは、自分自身が感じた嫌悪について、次のようなエピソードを語っている。ティエラ・デル・フエゴ島で、「一人の原住民が、私が野営地で食べていた冷たい保存肉に指で触れた。そして肉の柔らかさに嫌悪感をあらわにした。一方私は、裸の野蛮人に触れられた食べ物に激しい嫌悪を感じた。彼の手は、まったく汚れているようには見えなかったのだが」[＊18]

人は嫌悪の対象になりえる。嫌悪が進化した理由の一つが、病気の予防のためというのが本当なら、人間に嫌悪を感じるのは当然だ──私たちは病気の運び屋なのだから。しかし、私たちは、もっと基本的な意味で嫌悪を感じている。私たちは肉の塊であり、中核的嫌悪を引き出すあらゆる物質に関係している。聖アウグスティヌスの言葉を借りるなら、「糞と小便の間から生まれる」のだから。

死んだラットや、吐瀉物のたまりによって引き出される嫌悪は、道徳的には中立的かもしれないが、同胞である人間に向けられる嫌悪はもっと厄介だ。ところで、嫌悪は、反感や憎悪と同じではない。あなたは、本能的にまったく嫌悪をもよおさせない人を憎むことができる──軽蔑する相手には、嫌悪のレトリック（「奴にはむかつく！」）をつい使いたくなるが。そして、憎悪や反感などのネガティブな感情がまったくない状態でも、嫌悪を感じる場合はある。子供のおむつを変えたり、吐いたものを片付けたりするとき、むかむかすることはあるかもしれないが、そのせいでわが子を憎んだりはしない。ただし、嫌悪によって、憎悪を感じやすくはなる。誰かを気持ち悪いと思うのは、他の条件が同じであれば、その人に反感をもつということだ。

嫌悪は、共感の反対だ。多くの（すべてではないが）状況で、共感が思いやりに発展するように、嫌悪はたいてい（かならずではないが）反感につながる。共感は、他者の人格を認める糸口だ。しかし、嫌悪を感じると、あなたは他者を、取るに足りない、むかつくものとみなし、人格を否定するようになる。

嫌悪を感じると、他者への評価が厳しくなる。実験を使った研究がそれをあきらかにしている。この線に沿って行なわれた初期の実験で、タリア・ウィートリーとジョナサン・ハイトは、被験者たちに、ある任意の単語を見たらかならず激しい嫌悪を感じるように催眠をかけた［＊19］。その後で、被験者たちに、ささやかな道徳違反の物語を読んでもらった。すると、例の単語を目にした被験者は、単語を見ていない被験者たちよりも、その行為をより不道徳的と評価した。別の実験では、被験者たちに、散らかった不潔な机で、もしくはおならスプレーを噴射した部屋で、もしくは映画『トレインスポッティング』の、大便が詰まったトイレに登場人物が手を突っ込むシーンを観てもらった後で、もしくは嫌悪を感じた体験について書いてもらった後で、判断を下してもらった［＊20］。こうした環境に置かれた被験者たちはみな、他者の行為について道徳的に厳しくなった。苦い食べ物を食べたときでさえ（苦い食べ物は、肉体的嫌悪に似た感覚を引き起こす）、人は、道徳違反により厳しくなる［＊21］。そして、これらの実験の知見が示唆する通り、嫌悪に敏感な人は、移民や外国人といった特定の他者に対して、より厳しい態度を取る［＊22］。

現実も、実験室の結果もあきらかに同じことを言っている。嫌悪は人を意地悪にする。

ロジンの嫌悪尺度には性的行為も含まれている。質問項目には、成人女性が父親とセックスする、三〇歳の男性が八〇歳の女生徒との性的関係をもとうとするといった行為に、どの程度嫌悪を感じるかというものもあった。多くの人が、こうした行為に嫌悪を感じると回答し、不道徳的でもあると考える。

ある種の性行為に対して示す道徳的反応は、進化の視座からすれば、まったく不可解である。これまで本書で取り上げてきた道徳的判断の大半は、進化上の適応として理解できる。私たちが、親切な人や正直な人に対して抱く温かい感情、嘘つきやフリーライダーに対して覚える憤りは、小規模な社会で共同生活を営む人間に課せられた試練への適応解と考えられる。不公平に敏感なのは、地位への執着が進化した結果だ。襲撃や殺人への厳しい態度は、自分自身が生き残ること、自分の血脈を絶やさないことが重要だからだ。故意に人を殺すのは、みすみす人を死なせるより悪い（簡単に救えることがあきらかな場合でも）と考えられているのは、個人が好き勝手に殺し合う社会は衰退するが、互いに救い合う義務はそこまで重大でないからだ。

人間の道徳的思考のその他の部分は、適応そのものではなく、適応が自然に拡大したものだ。私たちの脳は、放火や飲酒運転など、現代の犯罪を非難するために進化したわけではないが、これらの行為は、故意や不注意による危害という大きなくくりに入るため、道徳的に間違っているとみなされる。私は、贈り物を贈る論理が人間の遺伝子に組み込まれているという説を怪しいと思っている。何を与えるのが適当かについての直観や、感謝や失望といった感情は、地位、名誉、互恵性に対する懸念が進化したものと考えると、（少なくとも一部を）説明できるのではないだろうか。

しかし、性の道徳は違う。なるほど、セックスによって繁殖する生きものが、セックスに対する欲望と同時に、繁殖に結びつかない行為（人間以外の動物とのセックスなど）や、まともな繁殖に結びつかない行為（親、きょうだい、もしくは成人した息子や娘とのセックスなど）といった、ある種の性行為を避けようとする欲望を進化させるであろうことは、容易に理解できる。道徳心理学者にとっての謎は、なぜ私たちが、あるタイプのセックスに励む一方、別のタイプのセックスを避けるのかではない。なぜ私たちが、他人のセックスにこれほど関心があるのか、だ［*23］。

たとえば、同性どうしの性交は、世界の多くの地域で禁じられており、死刑に処せられる場合もある。アメリカでは、二〇〇三年にはじめて最高裁が、ローレンス対テキサス州事件で、ソドミー法［同性愛、口内性交、肛門性交、獣姦など特定の性行為を禁止した法律］を違憲とみなしたが、それまで全米一三の州には、同性間の性行為を禁止する法律があった。多くの著名な政治家や聖職者は、いまも同性愛は不道徳だと非難してはばからない。同性愛者がいじめやいやがらせを受けたり、あげくの果てに殺されたりもする。最近行なわれた国勢調査（二〇一二年五月実施）でも、成人の四二パーセントが「ゲイ、もしくはレズビアンの関係は」道徳的に間違っていると回答した［*24］。

もちろん、昔はさらにひどかった。たとえば本書の冒頭で、人間の道徳性に関する、その深い洞察を引用したトーマス・ジェファーソンを考えてみよう。一七七七年、ジェファーソンは、ヴァージニア州に次のような法律を提案している［＊25］。「強姦、一夫多妻、男、または女どうしの同性愛（ソドミー）の罪を犯した者は、男性であれば去勢し、女性であれば、少なくとも直径一・五センチほどの穴が開くように鼻骨を切り落とすべし」現代人には残酷に思えるが、当時の基準からすれば、ジェファーソンは慈悲深かった。彼の提案は手ぬるいという理由で却下された。議会は、これらの行為には死刑がふさわしいと考え、死刑を命じる法律を制定した。

ここでとくに注目すべき点は、ジェファーソンが、強姦（いつの時代にも明白な理由のため犯罪である）と、同性愛のような、合意に基づくセックスを一緒にしていることだ。進化の観点からすると、同性愛に対する非難は屈折している。結局のところ、同性愛の行為に遺伝学上の不利益はないからだ。障害をもつ子が生まれるおそれはないし、むしろセックスによって社会的絆が構築され、強化されるという全体的なメリットがあるかもしれない。

たしかに、個人のレベルでは、排他的な同性愛は、生殖にマイナスの結果をもたらす。だがしかし、配偶者をめぐる競争の厳しさを考えれば、排他的な同性愛者である男性を、そうでない男たちが腹立たしく思うのは理屈に合わない。模範的なダーウィニストであれば、逆を予測するはずだ。男とセックスする男性（すなわち、女性を妊娠させようとする代わりに、無害な非生殖的活動にいそしむ者）は、配偶者市場から一抜けて、他の男性の立場を有利にしているのだ。男性同性愛者は、非難ではなく、感謝されてしかるべきである。男性同性愛者に腹を立てていいのは女性だけ、同じ理屈で、女性同性愛者に腹を立てていいのは男性だけのはずだ。

というわけで、進化論的説明はますます難しくなる。おそらく、私たちが同性愛を道徳的に非難するのには、文化的なルーツがあるのだろう。しかし、この制約が文化的にどんな機能を果たしているのか？　それをあきらかにするのも容易ではない。社会が同性愛に批判的なのは、生殖目的のセックスを奨励することが、人口増大を維持するからだという説がある。しかし、出生数を制限する要因は、男性でなく女性なので、この説は、女性同性愛者に対する批判にしかあてはまらない。実際、人類の歴史を通じて、女性の性生活の管理に重点が置かれていたことを考えれば、道徳的非難の的とされるのはレズビアンの女性だけで、ゲイの男性は対象外のはずだ。

近親相姦も、ほぼあらゆる文化で非難されている。こちらの制約については、ほとんどの人が理路整然と説明できる。あるとき、人類学者のマーガレット・ミードは、アラペシュ族の一員に、自分の妹と結婚する人をどう思うかと尋ねた。すると、相手は、家族以外の人との結婚は同盟を築くために必要なのだと説明した。「なぜ、妹と結婚しようと思う？　それで何の得になる？義理の兄弟が欲しくないのか？　よその男の妹と結婚して、あなたの妹が別の男と結婚すれば、少なくとも義理の兄弟が二人できる。ところが、自分の妹と結婚すれば、一人も兄弟ができない。そうしたら誰と狩りに行く？　誰と畑を耕す？　誰の家に行く？」［＊26］西欧社会では、本人の意思、心の傷、障害をもつ子供が生まれる可能性が懸念されるだろう。

しかし、近親相姦に反対する、完璧に筋の通った理由があるにせよ、近親相姦という行為に対する本能的嫌悪はもっと根源的な場所から湧き上がるものだ。心理学者のスティーブン・ピンカーが指摘するように、十代の子をもつ親は、ありとあらゆる心配をするものだが、通常、自分の子供たちがきょうだいでセックスするためにこっそり家を抜け出すのではないか、と心配したりはしない［*27］。十代の若者がきょうだいでセックスしないのは、一緒に狩りをしたり耕したりする義理の兄弟ができないからとか、障害をもつ子が生まれるかもしれないからではない。きょうだいによる近親相姦がまれなのは、ほとんどのきょうだいが、そんなことをしたいと思わないからだ。想像しただけで虫唾が走るだろう。

この嫌悪本能について、進化論的にもっともな理由がある。近縁者との間に子をもうけるのがまずい考えであるのはあきらかだ。生まれてくる子供が、単独では無害だが、対になると有害になる対立遺伝子のコピーを両親から受け継ぐ可能性が高くなるからだ。血縁者とセックスしたという人は、幼い頃に生き別れ、その後再会し、結婚した後ではじめて血のつながりがあるとわかったきょうだいのように、過ちが原因である場合が多い。幼少時代の共同生活が、近親相姦を避ける心理システムを作動させると思われるスイッチの一つだ［*28］。実際に血のつながりがない人たちもこの合図に反応する。継父が、ある一定の年齢を超えた娘と家族になった場合、赤ちゃんのときに家族になった場合に比べて、のちのち性的に惹かれる傾向が高いのも、こうした理由による［*29］。義理の娘を殺害する傾向も高くなる（一言断わっておくが、もちろん、ほとんどの継親は、

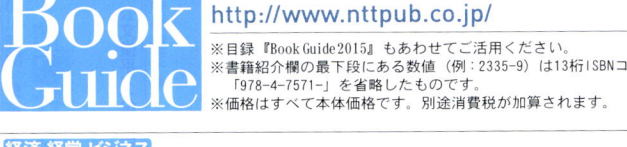

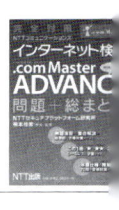

既刊案内

4刷！

大格差
機械の知能は仕事と所得をどう変えるか

タイラー・コーエン 著
池村千秋 訳　若田部昌澄 解説

テクノロジー失業に陥らないためには何をなすべきか？ 飛躍的進化を遂げるテクノロジー＝機械の知能に注目し、未来の雇用・所得・ワークスタイルへの恐るべき影響を徹底検証する。 ❖ 四六判　二四〇〇円＋税

2326-7

チューリング
情報時代のパイオニア

B・ジャック・コープランド 著
服部桂 訳

コンピュータの生みの親にして暗号解読者、天才数学者アラン・チューリング。ゲイとしての私生活や、その死の謎などの逸話も含め、チューリング研究の第一人者が描き出す決定版伝記。 ❖ 四六判　二九〇〇円＋税

0344-3

日本のエネルギー問題

世界のなかの日本経済：不確実性を超えて 2

橘川武郎 著

★第34回エネルギーフォーラム賞優秀賞受賞

3・11以降の日本のエネルギー環境・政策とは。原子力問題、電力改革、再生可能エネルギーからガス、石油、石炭まで感情論を排したリアルな議論がいま、求められている！ ❖ 四六判　二三〇〇円＋税

2316-8

なぜタクシーは動かなくてもメーターが上がるのか

バス・鉄道の運賃、高速道路の混雑、ラッシュ時の満員電車、格安航空会社…。日常の交通問題の素朴な

3-7

悪い奴ほど合理的
腐敗・暴力・貧困の経済学

レイモンド・フィスマン／エドワード・ミゲル 著
田村勝省 訳　溝口哲郎 解説

原因では理解できない。アジアやアフリカでの調査や多様な統計データを基に、独自の手法で謎に迫るちょっと変わった経済学。
❖四六判　二〇〇〇円＋税

2328-1

7刷！

なぜ豊かな国と貧しい国が生まれたのか

ロバート・C・アレン 著
グローバル経済史研究会 訳

世界各国間の貧富を決める要素は何だったのか。歴史、地理的側面、技術変化、経済政策、制度などを通して、グローバル経済の格差の原因を世界史のなかに探る。
❖四六判　一九〇〇円＋税

2304-5

4刷！

ルールに従う
社会科学の規範理論序説

ジョセフ・ヒース 著
瀧澤弘和 訳

社会科学において重要な「ルール遵守」の問題について、哲学、社会心理学、進化理論、社会学や経済学の知見を用いて規範理論を構築する。社会科学を統合する新しい試み。
❖A5判　五八〇〇円＋税

4236-7

4刷！

意思決定理論入門

イツァーク・ギルボア 著
川越敏司／佐々木俊一郎 訳

意思決定理論の世界的権威ギルボア教授が、最新の基礎理論を問題集形式で解説。学生から社会人まで、何が良い「選択」「判断」なのかを考えたい人、必読！
❖A5判　二八〇〇円＋税

2282-6

2刷！

都市は人類最高の発明である

エドワード・グレイザー 著
山形浩生 訳

無秩序に広がる都市こそが、人類にとって最も必要なものなのだ！　都市が人類の進歩に果たしてきた役割を分析し、その重要性を明快に指摘する新しい都市論。
❖四六判　三三〇〇円＋税

4279-4

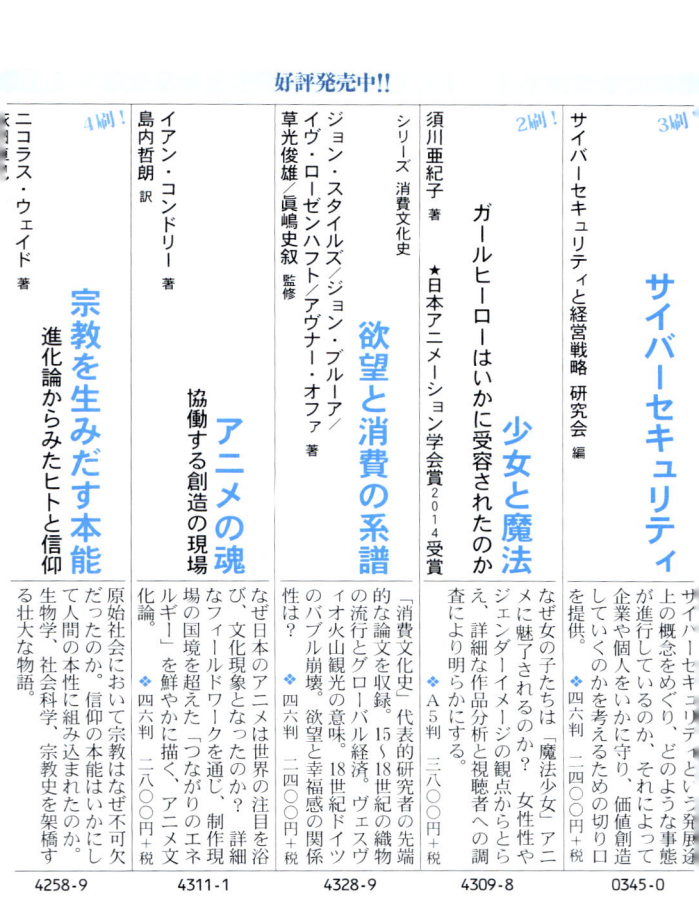

たとえ子供が大きくなってから家族になったとしても、性的であれ何であれ子供を襲ったりはしない。たいがいの人間は道徳的生きもので、欲望と行為の間に大きな隔たりがある)。

しかし、これらはいずれも、なぜ私たちが、他人の近親相姦にこれほど嫌悪を感じるのかを説明しない。それでは、ジョナサン・ハイトが、強制や障害をもつ子に関する懸念といった、近親相姦と通常結びつけられる結果を排除するために、慎重に考えた有名なストーリーを考えてみよう[*30]。

ジュリーとマークはきょうだいである。二人は大学の夏休みを利用してフランスを旅行している。ある晩、海辺の小屋に二人きりで泊まることになる。セックスしたら、面白いし楽しいだろう、二人はそう思い立つ。少なくとも、きょうだいでセックスするのはお互いはじめてだ。ジュリーは以前から避妊用のピルを飲んでいたが、マークも用心のためにコンドームを使う。二人ともセックスを楽しむが、二度とくり返すまいと決意する。その晩のことは、二人だけの特別な秘密だ。こうしてきょうだいはますます親密になる。あなたは、この話をどう思いますか？　二人のセックスは許されることだったのでしょうか？

ほとんどの人が、ジュリーとマークは間違ったことをしたと回答する。興味深いことに、その判断に対する根拠を論理的に説明してくれと言うと、たいていの人が説明できず、ハイトの言う、

「道徳的な言葉が出てこない状態 moral dumbfounding」という現象に陥る。間違っていると感じるだけなのだ。

こういった作為的なたとえ話の類はピンとこないという人には、実話をご紹介しよう。二〇一〇年、コロンビア大学の政治学教授（ゲーム理論の専門家である）が、二四歳の娘と合意に基づくセックスをしたために、「第三級近親相姦」の罪で告発された[＊31]。告発は、新聞やブログ記事で扇情的に取り上げられ、大学をクビにするべきだという声もあがった。大勢の人が、彼の行為を不道徳と考えたのはあきらかだった。

同意に基づく成人どうしに適用される場合であれ、近親相姦を禁止する法律は、帰結主義的な根拠により確実に擁護できる。幼い息子や娘を将来の性的パートナー候補として見ることは、親子関係を歪めるだろう。もっと一般的に、性的関係は、たとえ成人どうしであれ、特定の血縁間で結ばれる特別な絆にふさわしくない。そのため、こうした関係を許さないほうが社会はよくなる。しかし、世間の人々が例の教授を非難したのは、おそらくこうした懸念からではなかった。教授の行為は人々をむかつかせたのだ。ニューヨーク・デイリーニューズ紙の「病んだ性的関係」という言葉に、それが見て取れる。合意に基づく近親相姦を禁止する正当な理由は存在するのかもしれない。しかし、私たちが近親相姦という考えにはなから嫌悪を感じていないなら、こうした理由をぱっと思いつくこともないだろう。

私たちが非難する性行為が、むかつくと感じるものとぴったり重なるのは偶然ではないだろう。いや、嫌悪は、ある種の性行為に対する道徳問題に対する一つの解決策なのだ。

嫌悪は、ある種の性行為に対する自然のデフォルトだ。心理学者のニランジャナ・ダスグプタらは、嫌悪は反感や拒絶のスイッチを押す。心理学者のニランジャナ・ダスグプタらは、嫌悪をもよおさせる画像を見ると、同性愛に対するネガティブな潜在的態度が高まることを発見した[＊32]。一方、私が、心理学者のヨエル・インバー、デヴィッド・ピザロと行なった研究では、嫌な臭い（おならスプレー）を嗅がせると、同性愛の男性に対する温かい気持ちが減ることがわかった[＊33]。

この結果から次のことが予想される。個人の嫌悪感受性（disgust sensitivity）は、性的行動に関する態度と相関しているに違いない。これを調べるために、私は、ヨエル・インバー、デヴィッド・ピザロと、アメリカ成人の大規模なサンプルを対象に嫌悪感受性を測定し（ただし、性的嫌悪に関する質問はいっさい排除した）、その結果、嫌悪感受性が高いほどさまざまな政治問題に保守的であり、その相関性は、中絶や同性婚といった性に関する問題についてとくに強固であることがわかった[＊34]。性別、年齢、宗派といった要素を除外しても結果は変わらなかった。イエール大学の哲学者、ジョシュア・ノーブに加わってもらった研究の第二段階では、カリフォルニア大学アーバイン校とコーネル大学の学生を対象にした。この母集団は、きわめてリベラルで、口頭で質問されると、自分には同性愛者に対する偏見はないと答える人が多い。それでも、学生たちの嫌悪感受性と、同性愛に対する潜在的態度には相関関係があった。すなわち、嫌悪感受性が高い人ほど、同性愛に否定的だった［*35］。

しかしそもそも、なぜ性的行為は嫌悪をもよおさせるのか？　ロジンらによると、嫌悪は肉体を守るために進化したが、歴史の過程で、より抽象的な、魂の砦に変化したのだとか。私たちはいまや、清浄で高尚な存在というセルフイメージを脅かし、自分たちが動物であることを思い出させるものすべてに嫌悪を感じる［*36］。そのため、文化が定めた性的境界を逸脱する人間は、いとわしい、獣のような存在とみなされる。「人間が動物のようなふるまいをするかぎり、人間と動物の区別が曖昧になり、人は自分たちを、卑しめられ、貶められ、（おそらくこれがもっとも重要）死を免れないと感じる」からだ。

哲学者のマーサ・ヌスバウムも、（糞便、血といったものに引き起こされる）「一次的嫌悪」は、汚染物質を避けるために進化したが、人間に向けられる嫌悪は、他の社会集団の成員を貶めたいという欲望に動機づけられている、と主張する。これは「優勢な集団を、それ自身がおそれる獣性から、より安全に隔離するために採用された戦略」なのだとか［*37］。この理屈は次のように言い換えられる。「このエセ人間どもが、私といとわしい動物界の間に立ちはだかるなら、私は、死を免れない、腐りかけた、臭い、ドロドロした自分からずっと離れたところにいられる」

こうした仮説には首をかしげざるをえない。あまりに抽象的で、頭でっかちだ。七歳児が、シラミのイメージにゾッとしたり、両親が寝室で何をしているかを聞いて、嫌悪に息をのむとき、その子は自分が動物であることを思い出したり、死について不安になったりして動揺するわけではない。実際、動物であることや、死すべき存在であることについての抽象的な心配は、そもそも嫌悪と関係ない。自分が動物であることを思い出して嫌悪に襲われるのなら、人間の生物学的本性を容赦なく突きつける、系統樹やDNAの二重らせん構造の図に吐き気をもよおすはずだ。死も、人をおびえさせたり悲しませたりするが、むかつかせることはない。死体は、たしかに気持ち悪い。しかし、死亡残存表〔人口統計学において、年齢別、男女別に次の誕生日までの間の生存率・死亡率などを示した表〕を見て吐き気をもよおす人はいない。

セックスが嫌悪をもよおさせるのは、もっとずっと単純な理由からだ。セックスには肉体が関わっている。そして肉体は嫌悪を感じさせる場合がある。体液の交換が問題なのは、私たちが肉体をもつ存在であることを思い出させるからでなく、こうした体液が、私たちの中核的嫌悪反応の引き金を引くからだ。愛や情欲といった別の衝動は、嫌悪反応を停止したり、弱めたりする。しかし、嫌悪が自然のデフォルトである。

そうは言っても、道徳にまつわる私たちの直観が、清浄さに関する懸念に影響されると言う点で、ロジンやヌスバウムはいいところを突いている。肉体の清めは、キリスト教徒やシク教徒の洗礼、イスラム教徒のウドゥ（礼拝の前に体の一部を洗う儀式）のように、多くの宗教の儀式に取り込まれている［＊38］。これは、肉体の清らかさと、精神の清らかさの結びつきを連想させる。この結びつきは、言葉にも見られる［＊39］。たとえば、「クリーン（きれい）」や「ダーティ（汚い）」といった言葉は、物理的な物の特性だけでなく、評判や政策にも使われる。卑猥な言葉を「クズ

（filth）」と呼んだり、思いを「清い（pure）」と形容したりする。

さらに、「マクベス効果」と呼ばれるものがある［＊40］。心理学者のチェン＝ボー・ゾンとケイティ・リリエンクエストは、一連の研究で、ある被験者たちに、過去の悪い行ないを思い出してもらった。自分の道徳的汚点を思い出した被験者たちは、石鹸や歯磨き粉のような洗浄剤をより好ましいとし、プレゼントとして鉛筆より消毒シートを選ぶ傾向が見られた。心理学者のスパイク・リーと、ノーバート・シュワルツは、追跡調査で、被験者に、ボイスメールかEメールで悪意のある嘘を伝える一シーンを演じてもらい、その後で、消費製品を評価させた［＊41］。ボイスメールで悪い行ないをした人（口を使った人）はマウスウォッシュを、Eメールで行なった人（手を使った人）は、手の消毒ができる殺菌ジェルを好んだ。そして、手や口を消毒すると、罪悪感や羞恥心が実際に軽減された［＊42］。シェイクスピアの『マクベス』には、ダンカン王を刺殺した後で、マクベス夫人が両手を洗う場面がある。シェイクスピアは、その行為の意味を知っていた。

別の研究で、ゾンらは、清潔さを連想させるものが、ポルノを観るといった行為に対して、被験者をより批判的にさせることを発見した［＊43］。これは体の清潔さとの関係を考えると、理解できる――人は、体を清潔にすると、体を汚すのをおそれるようになる。同じように、道徳的に清らかになると、道徳的穢れを避けようと思うのだろう。

清浄さを連想させる、些細なヒントさえ、影響を与える場合がある。心理学者のエリック・ヘルザーとデヴィッド・ピザロは、公共の廊下で学生たちをつかまえて、一連の質問を――とくにどのような政治的志向をもっているか――をした。手指消毒剤の近くに立っていた学生は、手指消毒剤の近くに立っていなかった学生よりも、政治的に保守的であると答える傾向があった。第二の実験では、学生たちに研究室に来てもらった。一部の学生には、清浄さを喚起した（「実験者たちへ。消毒シートで実験室をきれいにしよう」という標語を掲示し、キーボードを使う前に消毒シートで手を拭くように被験者に指示した）。このグループは、清浄さについて喚起されなかった別のグループと比較すると、自分を政治的に保守的とみなし、「祖母宅の留守番をしながら、祖母のベッドで恋人とセックスする男」や、「お気に入りのクマのぬいぐるみを抱きしめながら自慰をする女」といった、性的に不潔とも取れる行為を批判する傾向が高かった［＊44］。

このように、清浄さを気に留めるようになると、他者の行為、とくに性の領域に関する行為の道徳的評価に変化が生じる。さて、先ほどの実験では、ピュレルの手指消毒剤を目にする、消毒シートで手を拭くといった、潜在的な状況的要因で、清浄さへの意識が高まった。現実世界では、社会運動が、清浄さを喚起させるもの（まったく潜在的ではないが）に訴える場合がよくある。民族浄化という言葉はあたらしいものだが、国家の純潔性を汚すという理由で、ある集団の一掃を正当化するという考えそのものは非常に古くからある。

実際、ほとんどの人が、体や魂を清らかに保つことを非常に重視する信仰や慣習の体系の中で生きている。私はいま、もちろん、キリスト教、イスラム教、ヒンドゥー教、ユダヤ教といった主だった宗教の話をしているのだ。これらの宗教は、人類学者のリチャード・シュウェーダーらが神性の倫理と呼ぶ、「神の秩序、自然の秩序、伝統、尊厳、罪、汚れ」といった概念を中心に展開するものを強調する［*45］。当然のことながらこれらの宗教は、性行動の道徳性に深く関わっている。

私の考えるとおりなら、近親相姦、同性愛、獣姦などを行なう人々に向けられる義憤は、生物学的適応ではない。これらの行為をとがめる人々が、無関心な人々よりたくさん子孫を残すわけではないし、これらの行為をとがめる人が大勢いる社会が、いない社会より繁栄するわけでもない。むしろ、道徳心理のこういった側面は、生物学上のハプニングである。私たちを寄生虫や毒から遠ざけるために進化したシステムが、特定のネガティブな方法で、たまたま性行動に反応するだけなのだ。そしてこの嫌悪反応が、歴史の歩みの中で、宗教や法律などのさまざまな文化的慣行によって、強化され、方向づけられ、神聖化されてきたのだ。

性行動に対する私たちの反応は、道徳とみなせるだろうか？　いくつかの仮説にしたがうとすれば、道徳とはみなせない。心理学者のエリオット・テュリエルによれば、道徳とは、「人が互いにどう関わるべきかに関して、正義、権利、幸福を規定する判断」である［*46］。ジョナサン・ハイトによれば、「利己心を抑圧、もしくは調節して、協力的な社会を実現させるために連動する、一連の価値観、美徳、規範、慣行、アイデンティティ、制度、技術、および進化した心のメカニズム」である［*47］。私が先の章で取り上げてきた、思いやり、公平性、罰などのことがらは、これらの定義にぴったりあてはまる。

しかし、性の道徳は、「正義、権利、幸福」に関するものではないし、「人が互いにどう関わるか」に関係するとはかぎらない。結論から言うと、性の道徳はしばしば、その人個人、もしくは、その人と人間以外の動物、野菜、鉱物といったものとの関係にまで拡大できる。私たちの性の道徳が、「協力的な社会を実現させる」上で役に立つかどうかも、自明ではない。性の道徳は、こうした目的のために（いや、いかなる目的のためにも）進化したのではなかったし、いま現在、こうした役目を果たしていると信じられる根拠もない。仮に、明日、ある非常に特殊なウィルスが流行して、脳の前島を破壊し、人間が嫌悪という情動を感じられなくなるとしよう。その他の道徳的能力にはまったく影響がないので、レイプや小児性愛のような性犯罪は、もっと一般的な理由で不正であるため、罪であると認識できる。しかし、他人の、同意に基づくセックスに対して、多くの人の反応を駆り立てる本能的な「オエッ」反応は消えるだろう。そんな事態になれば社会が崩壊するのは火を見るよりあきらか？　そんなはずはあるまい。

このように定義次第では、私が、性の道徳と呼ぶものは、まったく道徳ではない。しかし、こうしたすべてからわかるように、定義は完全ではない。性の違反行為に対する私たちの反応は、生物学上のハプニングかもしれない。しかし、適応として進化した、その他の道徳的反応と違うようには感じられない。性の道徳は、罪悪感、羞恥心、怒りと結びついている。罰に対する欲望に火をつける。また、その他の道徳的制約のように、法律や慣習の中で体系化されている。たとえば、ヘブライ語聖書のレビ記には、男どうしのセックスは死罪に相当すると定められている。この規則は、自分の父母を呪う者に対する罰（死罪）、不敬な言動に対する罰（石打ち刑）、遊女となった祭司の娘に対する罰（火刑）と並んで記されている。そしてこうした規則の前には、障害をもつ者へのやさしさを訴える文言もある。（「耳の聞こえぬ者を悪く言ったり、目の見えぬ者の前に障害物を置いてはならない」）［＊48］。現代の法制度の中には、同性愛のような禁止された性行為をそれ自体の特別なカテゴリーに入れるものもあるが、それでもやはり、同性愛は、殺人や暴行とまったく同じように犯罪とみなされている。

そして多くの人が、これらの性行為は間違いなく犯罪であり、嫌悪は頼りがいのある道徳の導き手だと考えている。医師で生命倫理学者でもあるレオン・カスは、著名な論文の中で、「嫌悪の知恵」と呼ぶものを次のように主張する［＊49］。

嫌悪は理屈ではない。そして昨日は嫌悪の対象であったものが、今日は何事もなく受け入れられる場合もある。ただし、だからといって、そのほうがよいとはかぎらない、その点は断わっておこう。とはいえ、きわめて重大な問題について、嫌悪は、すべてを合理的に説明しようとする理性の力をはるかに超えた、深遠な知恵の情動的発露である。父娘の近親相姦

（合意に基づいたものであれ）、獣姦、死体損壊、人肉食、たんなる（たんなる！）レイプや殺人でさえ、これらの行為の恐怖を完全に筋道を立てて説明できる人間がいるだろうか？　こうした行為に対する嫌悪を誰も合理的に説明できないからといって、その嫌悪が道徳的に疑わしいものとなったりするだろうか？　断じてない。

そうだろうか［＊50］？　嫌悪に関係する直観は、どんなによくても必要のないものであり（レイプや殺人に反対する理由は他にもある）、最悪の場合、不合理な政策に動機を与えたり、野蛮な行為を正当化したりする有害なものである。

心理学や進化に関する知識がまったくなくても、嫌悪の歴史にさっと目を通せば、嫌悪が道徳の手がかりとしてあてにならないことがよくわかる。ナチスがユダヤ人に対して感じていた嫌悪や、ほとんどのアメリカ人が異人種間の結婚に対して感じていた嫌悪は、現在多くの人が、ある種の集団や行動に対して感じている嫌悪とまったく変わらない。嫌悪が過去に過ちを犯したのはあきらかだ。それなのに、なぜいま信じるべきなのか？

しかし、嫌悪に反対する本当の理由は、嫌悪がときおり私たちを迷走させるからというだけではない。完璧なものなどないのだから。過去に、合理的な熟慮の末、現代人の目からすれば、道徳的に言語道断な結論に達した例や、共感的反応が不道徳的なものであった例は、簡単に思いつける。ただし、理性が間違っている場合は、前提が正しくないか、論理の立て方に無理があるのだ。共感が間違っている場合は、共感が不公平か恣意的であったか、公平性などその他の留意点をないがしろにしていたのだ。嫌悪は違う。嫌悪に頼るのは、コイン投げに頼るのと同じだ。コイン投げで間違った結果が出るのは、投げ方が間違っているからではない。コイン投げは正しい答えを出す場合もあれば、間違った答えを出す場合もある。決めるのは偶然だ。

この点で、嫌悪は、私たちがいままで取り上げてきた他の道徳的能力と異なる。他の道徳は、生物学的進化や文化的革新といったプロセスを経て生まれた。これらのプロセスは、利己的な人間が、別の利己的な人間と仲良くやっていく際に直面する問題に敏感だ。こうして進化は、私たちの種を、いくらか解決に近づけた。苦しんでいる人への同情、ずるをする人やフリーライダーに対する怒り、親切な人に対する感謝といった感情を誕生させた。これらの感情は、小規模な集団で生きる、私たち人類が直面してきた問題に対して、数千年の時をかけて進化した、みごとな解決策である。いま、まったく異なる世界に暮らす個人として、私たちはここから築いていける。自分たちの固有の環境から歩き出しながら、広い汎用性をもつ、道徳原理を開発して支持していける。こうした原理は、理性的でなおかつ思慮深い存在である人類が、進んで承認を与えようとする価値を反映している。これこそ知恵と呼ぶにふさわしい。

郵便はがき

料金受取人払郵便

大崎局承認

7258

差出有効期間
平成28年6月
30日まで

141-8790

114

東京都品川区上大崎3-1-1
JR東急目黒ビル7F

NTT出版株式会社 行

<個人情報の取り扱いについて>

ご記入いただいた個人情報および裏面のアンケートの内容につきましては、厳正な管理の下で取り扱い、弊社商品のご案内および弊社出版物の企画の参考にのみ利用させていただきます。また、個人情報については、第三者への提供・委託は行いません（なお、個人情報をご提供いただけない場合は、弊社商品のご案内ができませんのでご了承ください）。

★ 個人情報の取り扱いについて同意されますか。	□同意する □しない

同意するに ☑チェックした場合のみ、以下へご記入ください。

フリガナ	
お名前	
ご住所	〒
★弊社図書目録を希望されますか（無料）。	□希望する □しない

個人情報の取り扱いに関するお問い合わせおよび弊社の商品案内がご不要になった場合は、恐れ入りますが下記の問い合わせ先までご連絡ください。

問い合わせ先：NTT出版株式会社お客様相談窓口（個人情報保護管理者：NTT出版株式会社企画総務部長）
電話：03-5434-1020　FAX：03-5434-0909
http://www.nttpub.co.jp/

ご愛読者カード

タイトル（お手数ですが書名をお書きください）

★性別　1. 男　2. 女　　★ 年齢　（　　）歳代

★ご職業・職種
（　　　　　　　　　　）

★購読されている新聞・雑誌
1. 朝日　2. 日経　3. 読売　4. 毎日　5. 産経　6. その他新聞・雑誌（　　　　　）

★この本の発売を何でお知りになりましたか。
1.　新聞・雑誌広告（紙誌名　　　　　）
2.　書評、新刊紹介（掲載紙誌名　　　　　）
3.　書店の店頭で（書店名　　　　　）
4.　インターネット　5.　友人に聞いて　6.　案内チラシ
7.　その他（　　　　　）

★この本のご購入動機（複数回答可）
1.　作品の内容に興味をもったから　2.　著者に興味があるから
3.　タイトルにひかれたから　4.　装丁がよかったから
5.　その他（　　　　　）

★ご購入区分　1. 自分で購入　2. 会社・団体で購入　3.受贈　4.その他（　　　　　）

★価格について　1.　安い　2.　適当　3.　高い

★本書の内容について　1.　良い　2.　普通　3.　悪い

★この本についてのご意見、ご感想などをお聞かせください。

★どんな出版をご希望ですか。著者・テーマ等をお聞かせください。

第六章　家族の問題［＊1］

一人の若い女が、自分よりずっと若い男と出会い、家に連れて帰る。この男にはやたらとできないことがある。歩くことも話すことも、腰を立てて座ることさえできない。一人きりにしておけないし、ご飯を食べさせ、風呂に入れてやらなくてはいけない。夜中にしょっちゅう泣きわめくので、女は、男との最初の一年間を、睡眠不足でもうろうとした状態で過ごす。それでも彼との関係は、女の人生で何よりかけがえのないものだ。女は男のためなら命も惜しくない。身を粉にして何年も世話をするうち、男は徐々に歩けるようになり、トイレに行けるようになり、話せるようになる。一〇年ほど一緒に過ごすと、別の女に関心をもつようになり、デートするようになり、ついに女の家を出て、別の女と結婚する。女は男を愛し、支え続け、あたらしい妻との間に生まれた子供たちを育てる手伝いをする。

この若い男が成人した赤の他人なら、女は、聖女か、頭のおかしな女と言われるだろう。しかし、先の話は母親と息子の典型的な関係を要約したものだ［＊2］。この女性が母親であるとわかれば、その献身がいっそう感動的に思えてくる。なぜなら、次のことがらもつけ加えられるからだ。息子が養子でないなら、女性は痛み、吐き気、心身の消耗に苦しみながら、九カ月間体内にわが子を宿していたことになる。そして出産は、とてつもない痛みと肉体的危険を伴う行為である。そしておそらく出産後、数カ月から数年間は、息子に母乳を飲ませていただろう。

アリソン・ゴプニック著『哲学する赤ちゃん』から引用したこの物語の要点は、家族は特別、ということだ。この二人が母と息子だとわかれば、女性の行動に対する私たちの見方は変わる。この女性が、自分の子供に無関心で、犠牲を払おうとせず、赤の他人であるかのような態度を取れば、多くの人は、この女性を不道徳的で、いけ好かないと評価するだろう。もし母親でなく父親であれば、そこまでではないかもしれないが、同じ感情を抱くだろう。

もっともすぐれた、成人の道徳心理学の理論でさえ、こうした類の判断にはほとんど触れていない［＊3］。道徳心理学の研究の大半は（私自身のものも含め）、人間が、血縁関係にない他人の行為をどう理解し、判断し、反応するかに焦点を置いている。そのため、親子、きょうだい、その他血縁者どうしのやり取りを、人がどう考えているかについて、ほとんど語れることがない。この分野の一流研究者のエッセーをまとめた『道徳心理学ハンドブック』の索引に「母親」「息子」「家族」などの項目のないことが、これを象徴している。

こうした傾向は間違っていると思う。人間の道徳的本性を理解するには、ある密接な関係の特殊な状態をしっかり理解する必要がある。それには、いくつかの哲学上の前提から自分たちを解放して、進化の研究と赤ちゃんの研究の両方から学べることを真剣に考える必要がある。

道徳心理学と道徳哲学は切っても切れない関係にある。イマヌエル・カント、デヴィッド・ヒューム、そしてもちろんアダム・スミス、彼らのような道徳哲学者たちが、現代の道徳心理学の創始者と言えるのかもしれない。現在この分野をリードする多くの人々――本書で研究を取り上げてきた研究者たち――は、何らかの形で哲学の訓練を受けている。そして、これから見ていくように、道徳心理学の理論、方法、実験のヒントでさえ、道徳哲学に直接由来するものが多い。

とはいえ、私たちの研究方法に影響を与えているのは道徳哲学一般ではなく、道徳哲学の中のある流派――どの行為が道徳的義務で、どの行為が任意で、どの行為が禁じられているかという問題にもっぱら焦点を置く流派である。この分野の哲学者は、大きく二つの陣営に分けられる[＊4]。**帰結主義者**（人類の幸福の総和を増加させるかどうかといった結果に基づいて、行為を評価する人々）と、**義務論者**（より悪い結果がもたらされるとしても、ある包括的な原理が尊重されるべきと主張する人々）である。

帰結主義者の主張はこうだ。たとえ無実であれ、一人を拷問することによって、全体としてよりよい結果がもたらされるのであれば、それは正しい行ないである――すなわち、全体として苦痛を快楽が上回れば、奪われる命より救われる命が多ければ、目的を達成できない人より達成できる人の数が多ければ（ここでは曖昧な表現に留めておく。どんな結果が重要か、帰結主義者の意見はかならずしも一致しないからだ)。一方、義務論者の中にはこう主張する者もいるだろう。拷問は、人間固有の尊厳の侵害に対する制限という、ある絶対的な原理に違反するので、いかなる場合であれ間違っている。こうした義務論者にとって、誰かを拷問にかけることは、たとえ無実の一〇〇万人が救われるとしても間違いなのだろう。

道徳哲学者はよく、自分の理論に磨きをかけるために、複雑で、不自然な道徳ジレンマを考え出し、これらの問題についての直観を利用して議論を進める。これは、一部の心理学者が行なっていることに似ているが、心理学者の興味の対象が、何が正しく何が間違いかについての人間の信念であるのに対して、哲学者の興味の対象は、何が本当に真実で何が間違いかである点が違う。道徳的直観はときに矛盾する。たとえば、XとYという二つのシナリオがあって、内容が同じでも表現が違えば、人は、Xが道徳的に正しく、Yは間違っていると考えるかもしれない。心理学者はここで立ち止まって、この矛盾を、人間心理に関する興味深い事実として受け入れられる。哲学者にはそれができない。

とはいえ、まっとうな道徳哲学であれば、私たちの常識的な直観から、そうかけ離れるわけにもいかない。赤ちゃんを楽しみのために虐待することが正しい行為だ、という道徳哲学をまともに受け取る人はいないだろう。こういった結論は、私たちが自然に善や悪と考えるものとかけ離れているので、道徳論となりえない。職業的な道徳哲学者たちは、この衝突を、ジョン・ロールズが「反省的均衡」と述べたものを使って解決する(「反省的均衡」とは、一般原理と具体的な事例の間を行ったり来たりしながら、最終的に一つの理論がある直観をとらえるが、別の直観を拒絶する状態に到達することである）［＊5］。その結果、道徳理論は、直観に反する主張を行なうようになる。たとえば、カントのような義務論者は、嘘をつくことはいついかなる場合であれ間違いだと主張する（どんな場合でも？　ナチスが家にやって来て、屋根裏にユダヤ人がいるのではないかと尋ねたとしても？　その通り！）。そして、ベンサムのような功利主義者は、ほんのわずかでも世界の幸福の総和が増すのであれば、赤ちゃんをいたぶって殺してもまったく問題はないと言う（赤ちゃんを？　何の罪もない小さな赤ちゃんを？　その通り！）。

現代哲学にもっとも大きな影響を与えたたとえ話の一つに、暴走列車を使ったものがある。次に紹介するのは、哲学者ピーター・アンガーが考えたシナリオで、ブガッティという、珍しくて、うつくしくて、高価な車がご自慢のボブという男が登場する。そして、惨事が起きる［＊6］。

ある日、ボブはドライブに出かける。ボブは、ブガッティを鉄道の待避線の端に留めて、線路のほうに歩いていく。すると、暴走列車が目に入る。列車は無人で、線路をひた走っている。線路の前方に、子供の小さな姿が見える。このままでは暴走列車に轢かれて死んでしまうに違いない。ボブに列車を止めることはできないし、子供は遠すぎて、危険を知らせることもできない。しかし、スイッチを押して、列車の進路を切り替え、ブガッティが停まっている待避線に列車を誘導することはできる。そうすれば誰も死なずに済む。ただし、列車はブガッティを大破するだろう。ブガッティを所有する喜び、車が象徴する経済的安定を考えて、ボブはスイッチを押さないことにする。子供は轢き殺される。その後何年間も、ボブはブガッティを所有する喜び、車が象徴する経済的安定を享受する。

先に紹介したように、ピーター・シンガーが、この話を変形したものを提示している。ボブは、湖のほとりを歩いていて、浅瀬で子供が溺れているのを目にする。浅瀬を歩いて、子供を救い出すのは簡単なはずだが、そんなことをすれば、高価な靴は台無しだ。そこでボブは、そのまま歩き続け、子供を見殺しにする。

これらのシナリオは、ボブが行動を起こさなかったことによって不正を働いたと、はっきりわかるようにつくられている。しかしここで、実行に移されていない別の行動を考えてみよう。世界には死に瀕している子供が大勢いる。ボブは、慈善団体に寄付をすれば、そのうちの何人かを救うことができる。ブガッティやイタリア製のローファーに比べれば、微々たる金額で一人の命を救える。アンガーやシンガーが言いたいのはこういうことなのだ。子供を救うために、高級車や高級な靴を犠牲にしないというボブの選択は、そもそもオックスファム［世界各地の貧困・不正を根絶する持続的な支援活動を行なっている国際組織］のサイト www. oxfam. org に行って、子供たちの命を救うために寄付をする代わりに、車や高級な靴を買うという選択と、実際のところ何が違うのか？　すなわち、ボブは、思いがけずこうした状況に陥り、高価な所有物を犠牲にするか、他人を見殺しにするかという選択を迫られた運の悪い男、と考えてしまいたくなるが、快適な生活を送っている人は誰もがつねにまさしくこのジレンマに直面している。

さて、あなたはありとあらゆる違いを指摘するかもしれない。たとえば、スイッチを押さなかったり、浅瀬に入らなかったりするケースでは、ボブがその子供を死に至らしめたのである。しかし、慈善団体に寄付しない場合は、ボブの影響はそれほど明確でない、とか、たとえ話では、手を貸すことができたのはボブだけだが、慈善金の場合は大勢の一人に過ぎない、とか。しかし、シンガーとアンガーは容赦ない。そんな違いは道徳とは無関係だ。私たちはXとYに対して異なる直観を抱く。しかし、XとYは、重要な点でまったく同じなのだ、と。彼らが正しいのなら、道徳的な生きものである私たちは不安になるはずだ。慈善団体に寄付しないことが、一人の子供を見殺しにすることと同じなら、自分たちの生き方を真剣に見つめ直さなくてはいけないのだから。

道徳心理学に多大な影響を与えた暴走列車のたとえ話――より正確に言うと、暴走トロッコのたとえ話――がもう一つある［*7］。あるシナリオでは（こちらを「スイッチケース」と呼ぼう）、制御不能に陥った一台のトロッコが線路を走っている。行く手には、線路に縛りつけられた五人がいる。スイッチを押せば、トロッコを別の軌道に誘導できる。残念ながら、そちらの線路にも一人が縛りつけられているので、スイッチを押すとその人は轢き殺される。あなたはスイッチを押すべきか、押すべきでないか？

第二のシナリオ（「橋ケース」と呼ぼう）では、制御不能に陥った一台のトロッコが線路を走っている。行く手には、線路に縛りつけられた五人がいる。あなたは線路にかかる橋の上にいて、隣には、面識のない、恰幅のいい男がいる。トロッコを止めるには、その男を橋から突き落としてトロッコの行く手をふさぐしかない。男は死ぬが五人は救われる（あなた自身が飛び降りても無駄である。あなたはトロッコを止めるには小さすぎる）。あなたは男を突き落とすべきか、突き落とすべきでないか？

どちらの状況も、結果は同じ――スイッチを押しても、男を突き飛ばしても、五人が救われ、一人が死ぬ。しかし、ほとんどの人が直観的に、これらのケースは違う、スイッチを押すのは正しくて、男を突き落とすのは間違っていると感じる［＊8］。そこで、私たちは、生まれながらの帰結主義者ではない、とわかる。ある行為の結果より、その行為の道徳性を重く受け止めるのだから。

哲学者たちの中には、男を突き落とす行為と、スイッチを押す行為の違いは、二重結果論（Doctrine of Double Effect, DDE）と呼ばれる原理によって理解できると言う者もいる［＊9］。DDEは、カトリックの哲学者で神学者でもあったトマス・アクィナスが考えたものだとよく言われる。より大きな善をもたらす場合に、意図しなかった結果として人を殺したり傷つけたりすること（道徳的に容認できる）と、より大きな善をもたらすために、意図的に殺したり傷つけたりすること（容認できない）

の間には道徳的に重大な違いがあるとする考えだ。

たとえばＤＤＥによれば、敵の軍事基地を爆撃すれば、基地で働いている罪のない人々を殺すことになると知りながら、攻撃することは容認される。これは、基地の破壊という目的のために行なわれる行為で、それによって戦争が早く終結すれば、数百万人の命が救われるからだ。罪のない人々は、スイッチケースの男と同じく「巻き添え被害《コラテラル・ダメージ》」である。しかし爆撃が、罪のない人々を殺し、それによって国民全体を怖気づかせ降伏に追い込むことを目的として行なわれるのであれば（この場合も、戦争は早く終結し、数百万人の命が救われる）、ＤＤＥでは道徳的には容認されない。なぜなら、罪のない人々は、橋ケースの男と同様に、より大きな善の実現のための犠牲となるからだ。前者と後者の最終的な目的が同じ（戦争に勝利する）でも、犠牲者の数が同じでも、ＤＤＥによれば、後者の行為は前者よりも悪い。後者の場合、罪のない人々の死は目的達成の手段であり、前者の場合は痛ましい副産物だからだ。

心理学者の中で、最初にトロッコ問題の領域に踏み込んだのは、ルイス・ペトリノヴィッチらで、一九九〇年代に次のような研究を行なった[＊10]。彼らは大学生にいくつかのシナリオを提示した。たとえば、「救命ボート問題」――五人しか乗れない救命ボートに六人乗っています。あなたは一人を海に突き落として死なせますか？　その場合、その一人をどうやって決めますか？　また、スイッチケースを使ったトロッコ問題――待避線にいる一人が、アメリカナチ党の党員だったら、世界最高のバイオリニストだったら、ゴリラだったら、あなたはスイッチを押しますか？　などだった。

その後、哲学者で法学者でもあるジョン・ミハイルが、大学院博士課程在学中に、スイッチケースと橋ケースという異なるシナリオに対する直観を比較する一連の研究を行なった[＊11]。その後ほどなく二〇〇一年、神経科学者のジョシュア・グリーンらが、トロッコ問題やこれに類した状況に人がどう反応するかを、脳イメージング技術を利用して調査した論文を『サイエンス』誌に発表した[＊12]。グリーンの論文が契機となって、その後、心理学者、神経科学者、人類学者たちの間でトロッコ問題研究が一大ブームとなった[＊13]。これまでに、インターネットを利用した調査で、異なる国や文化にまたがる何十万という人の直観が評価されてきた。トロッコ問題のバリエーションは、狩猟採集社会の人々にも、サイコパスにも、脳疾患の患者たちにも提示された。そして、訓練を受けた哲学者にかぎらず、神経学的に正常な人は全員、スイッチケースと橋ケースは道徳的に違うと考えることがわかっている[＊14]。三歳児でさえ、レゴの人形を使った幼児版トロッコ問題を提示されたら、スイッチを押すのは正しくて、人を突き落とすのは間違っていると答える[＊15]。

一部の学者は、こうした知見が、言語学者のノーム・チョムスキーが輪郭を描いた普遍文法に似た普遍的道徳能力が、人間に備わっていることを示唆していると考える（普遍文法は、微妙で抽象的な原理を含む、一部生得的で普遍的な文法のこと）[＊16]。言語と道徳的直観の間には、少々興味深い相似があると思われる。人間の言語学上の知識が無意識であるように（英語を母国語とする人なら誰でも、「"John seems sleeping"」という文は何か変だとわかるが、この直感の根底にある原理を論理的に説明できるのは専門家だけだ）、私たちの道徳的直観の多くも、意識のあずかり知らないところに存在する要因に導かれる。

しかし、イッザド・ジャルディと私が主張するように、言語と道徳性は、いくつかの点で厳然と異なる［*17］。まず、言語学的知識は、情動ではない。あなたは、誰かの発言にむかついたり、腹を立てたりするかもしれない。しかし、その文章の意味を成り立たせる原理に血は通っていない。動詞句の構造を無意識に読みほどくとき、あなたは目に涙を溜めたりしない。一方、道徳的判断は、思いやり、羞恥心、憤りといった情動と結びついている。

情動の重要性は、トロッコ問題の橋ケースで明白だ。グリーンらは、男を突き落とすのではなく、スイッチを押すと、橋の落とし戸が開いて、男を線路に落下させられる仕掛けがあれば、トロッコを止める道具として男を利用しようとする意欲が増すことを発見した［*18］。ＤＤＥの観点からすれば違いはないはずだ。いずれの場合も、男を殺すことは、目的を達成する手段である。しかし、心理的には違う。グリーンによれば、男に触れる、すなわち、自分の手を男の体に置いて突き飛ばすという考えは、たんにスイッチを押すという考えよりもはるかに強力な情動反応を引き起こすため、ほとんどの人がこの行為を道徳的に間違っているとみなすのだそうだ。

トロッコにまつわる直観は、どんな哲学理論にもあてはまらない、別の方法でも操作できる。ある独創的な研究は、登場人物の人種に関する手がかりの影響に注目した［*19］。ニューヨーク・

フィルハーモニックの団員一〇〇名を救うために、タイロン・パイトン［タイロンは、アフリカ系アメリカ人の男性に多い名前］という名の個人を犠牲にする選択は正しいか？　ハーレム・ジャズ・オーケストラの団員一〇〇名を救うために、チップ・エルスワース三世［いかにも白人の名門そうな名前］を犠牲にする選択は正しいか？　保守派の答えは平等だったが、リベラル派は違った。リベラル派では、一〇〇人の黒人を救うために一人の白人を犠牲にすると回答する人が、その逆の場合より多かった。口頭で質問されたときは、人種によって回答が左右するべきでないと明言していたのだが。別の研究では、被験者に「サタデー・ナイト・ライブ」のユーモラスなコントを観てもらってから、トロッコ問題に回答してもらうと、電車の前に男を突き落とす行為を支持する人の割合が増えた［*20］。

トロッコ問題は、とてもグロテスクで、わざとらしくなるため、哲学者の中には快く思わない人も多い。哲学者のクワメ・アンソニー・アッピアは、トロッコ問題を扱った文献はあまりにごちゃごちゃしていて、「タルムード［ユダヤ教徒の間に伝わる口伝律法の集大成］が簡易版に見えてくる」と言っている［*21］。しかし、トロッコ問題が、私たちの直観の構造を調査する強力なツールであるのは間違いない。グリーンが言うように、トロッコ問題は、道徳心を試すショウジョウバエ［理想的な実験動物］なのかもしれない［*22］。

哲学のたとえ話や心理学の実験で、家族に関する直観が取り上げられることはまずない。しかし、道徳哲学者たちが、トロッコ問題やそれに類する問題を利用するのは、親密な人間関係にまつわる道徳問題に取り組むためなのだ。実際、一九六七年に哲学者のフィリッパ・フットがトロッコ問題を提起したのは、母親の命を救う行為の結果、胎児を殺すというケースを取り上げ、中絶の道徳性を考えるためであった。一般に、意見が対立していて、感情的になりがちな問題は、赤の他人に関する単純なジレンマに置き換えたほうが、より明晰に考えることができる。

ボブのブガッティが登場するシナリオも、家族について何かを教えてくれるだろう。このたとえ話は、私たちが遠くの赤の他人の運命をもっと思いやるべきだと主張するために利用されている。さて、ピーター・シンガーのような帰結主義者にとってさえ、ある種の利己的選好には意味がある。なぜなら、もっとも効果的なシステムとは、一般に、すべての人が、自分と自分の身の周りの人をまっさきに思いやるシステムだからだ。アダム・スミスは、これを次のように巧みにまとめている［*23］。「人は誰も、絶対に、何はさておきもっぱら、自分を大切にするべきである。そして、自分自身を大切にすることが誰よりも上手なのだから、そうすることが適切であり、正しいのだ」。飛行機の緊急時用酸素マスクの注意書き（まずお客様ご自身、次にお子様たち）が、全員の生存を確実にする最良のシステムであるように、自分と自分の家族を優先するシステムは、万人の幸福を最大化する最良の方法なのかもしれない。

しかしシンガーは、そこには限界がある――私たちが、自分自身や自分が愛する人たちに与える資源は多すぎると言いたいのだ。見ず知らずの人の命を救えるかもしれないのに、その人たちが必要としている資源を、自分の子供たちをいまよりちょっぴり幸福にするために無駄遣いするのは道徳的に間違っている、と。ブガッティ・トロッコのたとえ話は、なぜそう言えるのかをわかりやすくするために考えられたものだ。

これが、道徳哲学の一つの実践方法だ。まず、見ず知らずの他人が登場する例を考えて、一般的で、抽象的な原理を組み立てる（帰結主義の場合のように、おそらくとても単純な原理を）。そして、その原理を家族や友人に敷衍する。哲学者は、赤の他人どうしのやり取りこそ重要だと言うかもしれない。何といっても私たちは、同じ一つの地球で暮らす数十億人とのつきあい方を学ぶ必要がある。人間に生来備わっている道徳感受性が、遠くにいる人に対して働かなかったり、鈍感になったりするのであれば、そんなときこそ、哲学の出番だろう。親密な人たちは勝手に気遣いあえるのだから、と。

しかし、これは道徳哲学の間違ったやりかたである。現実の人間の性質や関わり方を見れば、赤の他人からスタートして、家族や友人を特別なケースとみなすのはおかしい。これは、人類という種の中で道徳がどう進化したか、個人の中でどう発達するかについて、私たちが知るすべての知識に反する。

既存の道徳哲学を土台とするのではなく、一からやり直せるとしよう。哲学の代わりに、進化生物学や発達心理学から私たちの道徳哲学を構築するなら、さまざまなことがらがまったく違って見えてくる。

まず、進化から見ていこう。道徳の自然史は、何千人もの赤の他人と定期的にやり取りする世界ではなく、家族や部族単位の小規模な集団の中ではじまった［＊24］。マンハッタンのミッドタウンではなく、荒野のど真ん中のサマーキャンプを想像するといい。つまり、私たちの社会的本能は、匿名の赤の他人とではなく、始終顔を突き合わせている人とのやりとりに役立つように進化した。私たちは、集団の他の成員と、長期的な、何度もくり返されるやり取りを行なった。そのため、他者を助け、他者の助けに感謝する人、悪事を働く者を罰したり避けたりすることに意欲的な人が、そうした感情をもたない人より多くの子孫を残したのだろう。こう考えると、私たちの心がなぜいまこのように働くのかも説明がつく。さらに自然選択の論理は、私たちの利他的で道徳的な衝動に、差別的であれと命ずる。赤の他人より、友人や家族をひいきするバイアスをもつほうが、子孫をより多く残す上で有利だからだ。そして、おそらくこのバイアスが、生得的な道徳感の中に組み込まれたのだろう。

さて、人類の道徳的本能や道徳的理解の正確な進化の起源はどこにあるのか？　これについて一致した意見はない。ある者は、私たちの道徳感は協力的行動、とくに血縁者間の協力的行動の恩恵から直接導かれたと主張する。またある者は、道徳的本能が最初に構築され、その後、社会が拡大するにつれて、道徳的規範の獲得に特化されたシステムが生じるという二段階説を唱える［＊25］。群選択（共同体レベルでの自然選択）が、道徳性の起源に影響を与えたかどうかをめぐってもさまざまな意見がある［＊26］。とくに議論が激しいのは、先に取り上げたように、ずるをする人、フリーライダーなどの悪者を罰しようとする衝動の、進化上の起源をめぐる論争だ。人間の懲罰的な性質は、罰する成員のいる集団のほうが、いない集団より繁栄するから進化したのか？（群選択説）それとも、罰を与えたがる人のほうがそうでない人より他者を惹きつけ、そのため、生き残って子孫を残す確率が高くなるので進化したのか？（個体選択説）それとも、第三者による罰は、もっと偏狭な、復讐を好む性向の偶然の副産物か？（第三章で私が提起した説）これらの問いにいずれも答えは出ていない。おそらく、進化のモデル化、文化人類学および自然人類学、人間や動物を対象とした実験室での調査によって解決されるだろう。

しかし、すべてが簡単に手に入るわけではない。道徳性の起源をめぐる進化論的説明は、いずれも、共同体、友情、そしてとりわけ血縁関係の重要性を強調している。ダーウィンその人も、人間の道徳的能力の起源について次のように考察している[*27]。「どんな動物であれ、はっきりとした社会的本能（ここには親子の本能も含まれる）を備えていれば、人間と同じか、ほぼ同じ程度まで、知能が発達すれば、必然的に道徳感や良心をすみやかに獲得するだろう」

次に、発達に目を向けてみよう。人間は生物界きってのマザコンだ。人間の幼少期は、あらゆる生きものの中で最長、つまり、きわめてか弱い期間が長いのだ。そのため、親子の間に特別な絆が育まれる。そう考えると、他の生きものと比べて、人間の社会生活や道徳生活が、なぜこれほど複雑なのかが理解できるだろう。

とくに、一部の学者は、この初期の段階をきわめて重視している。彼らは、利他性は、私たちが無力な子供たちに対して行なう養育から芽生えると考えている[*28]。この説を裏づける、ちょっと変わった証拠がある。「オキシトシン」というホルモンの多様な役割だ。オキシトシンは、分娩時に放出されると子宮を収縮させ、出産後は乳首に与えられる刺激に対して乳汁分泌を促す。ただし、母親の子育てに役立つように進化したにもかかわらず、オキシトシンにはもっと広い作用がある。オキシトシンが分泌されているとき、人は穏やかでリラックスした気分になり、愛想がよくなる。実験で、被験者にオキシトシンを投与してから金銭のやり取りをしてもらうと、被験者は人を信じやすくなり、気前がよくなる［＊29］。オキシトシンの受容体を平均より多くつくる対立遺伝子をもつ人は、共感能力が高く、ストレスに強い［＊30］。そのため、オキシトシンは「愛情ホルモン」、「抱擁ホルモン」、「人間のやさしさのミルク」、「道徳分子」と呼ばれている。

もちろん、道徳には、温かい感情以上のものがある。なぜ私たちは、遠い国の赤の他人にお金を送るのか、他人を傷つける人に憤慨するのか。それはオキシトシンでは説明できない。じつは、オキシトシンが引き起こす反応そのものは、道徳的には複雑だ［＊31］。オキシトシンによって、私たちは身近な人にいっそう親切になるが、偏狭なバイアスも強まるらしい。ある研究で、オキシトシンを鼻から吸入させたところ、被験者は、自分のグループに対してより好意的になったが、他の集団の成員を見下そうとする傾向も強くなった。

とはいえ、出産や授乳に関与する分子が、セックスややさしさにも関係しているというのは、すっきりした知見だ。これが、人間の道徳感情の一部は、母子関係を起源とするという考えを支えている。

道徳心理学を研究する人がみな、抽象的で哲学的な問題に注目するわけではない。人類学者のリチャード・シュウェーダーは、標準的な見方に代わる、もっとも影響力のある仮説を構築した。それが三つの道徳的基盤説だ［＊32］。一つが、個人の権利と自由に重きを置く自律性の倫理。これは、ほとんどの欧米人、間違いなくほとんどの欧米の哲学者にとって優勢な道徳的基盤である。トロッコ問題を考えつかせるのはこの種の道徳だ。しかし世界にはその他にも、敬意、義務、序列、愛国心といった概念を重視する共同体の倫理と、清浄さ、汚れ、神聖さ、神の秩序を重んじる神性の倫理も存在する。

この理論を拡大し、発展させたのが心理学者のジョナサン・ハイトだ。ハイトは、人間には六つの異なる道徳的基盤――ケア／危害、公正／不正、忠誠／裏切り、権威／転覆、神聖／堕落、自由／抑圧――があると主張する［＊33］。これらは、人間の普遍的特性が進化したものだが、音声信号の周波数特性を変更できるイコライザーのように、特性を強めたり、弱めたりして、独自の形にセットすることができる。たとえばハイトによれば、政治的リベラルは、ケア／危害と、公正／不正を強調するが、その他の特性は強調しない。一方、政治的保守は、すべての特性に均等に配慮する。そのため、保守派はリベラル派よりも、たとえば、国旗に対する敬意（忠誠に関係する）や、親に対する子の服従（権威）、純潔（神聖さ）にも留意するのだそうだ。

こうしたアプローチには共感する。しかし、私の意見では、家族や友人の特別な地位を認めていない点で、まだ十分でない。私自身が考える、人間の道徳生活の地図作製法は異なる。まず、道徳的判断や道徳感情の対象となる人を仕分けするところからはじめる必要がある。

第一の枠に入るのが、血縁者だ。私たちは、近親者を気遣い、彼らに危害を加えるおそれのある者に憤りを感じる。血縁者への思いやりは、道徳の原形であり、自然選択から直接生まれる。血縁者は遺伝子を共有する。したがって、血縁者へのやさしさは、自分へのやさしさにほかならない。人間以外の種にも血縁者間の絆はあるが、人間は、こうした絆に道徳的価値を与えることで深化させる。親と子は強い絆で結ばれるが、それだけでなく、他人もこうした絆で結ばれるべきだと感じる。私たちは、自分の子供の将来に無関心な親を非難する。道徳原理の中には、前章で触れた性的関係の禁止など、血縁だけに適用されるものもある。

第二の枠に入るのが、共同体や部族の仲間だ。これを内集団と呼ぼう。血縁者の場合と同様、ここでも、道徳的判断は、危害と助け、養育と義務に関係している。内集団の仲間に対する私たちの感情は、集団生活への適応として進化した。そして、集団の成員が互いに協力することによって生じる相互利益のために存在している。

これらの感情の中には、発展して、共同体の価値観を守る者への敬意や、異端者や背教者への憎悪のように、集団全体を守る働きをするようになったものもある。忠誠は美徳、裏切りは罪――それも、もっとも重い罪である［＊34］。ダンテの『神曲』で、罪人が、地獄のどん底、第九圓に落とされるのは、情欲や怒りではなく、裏切りのためだった。

内集団への忠誠と血縁者への忠誠が衝突する場合もある。ダンテの考えでは、血縁に対する裏切りは、友人や政治結社に対する裏切りほど深刻ではなかった。弟のアベルを殺したカイン［カインとアベルは旧約聖書の創世記に記されている兄弟。アダムとイヴの息子たち］の罰は、ギリシア軍に対してトロイの門を開けたアンテノル［トロイの長老の一人］の罰より軽い。ダンテによれば、誰よりも罪深い人間は、キリストを裏切ったイスカリオテのユダである。

ダンテは聖典［聖書］にしたがったのだ。聖典が、信者の集まりは血縁よりも重要であると説くのは不思議ではない。キリストは福音書で、自分は家族の支えとなるためでなく、家族に代わるものとしてやって来たと明言している［＊35］。「わたしは平和ではなく、剣をもたらすために来たのだ。わたしは敵対させるために来たからである。人をその父に、娘を母に……こうして、自分の家族の者が敵となる。わたしよりも父や母を愛する者は、わたしにふさわしくない。わたしより息子や娘を愛する者も、わたしにふさわしくない」。ヘブライ語聖書にも、同じ趣旨のことが書かれている［＊36］。「同じ母の子である兄弟、息子、娘、愛する妻、あるいは親友に、『他の神に仕えようではないか』と、ひそかに誘われても、……このような者はかならず殺さねばならない」。なぜなら「あなたを、あなたの神、主から離して迷わせようとしたのだから」とある。

第三の枠に入るのが赤の他人（よそ者）——定期的な交流もなく、自分の集団の仲間とも言えない人々だ。血縁者に対する道徳の進化を促す原動力は、遺伝子の共有である。内集団に対する道徳の進化を促す原動力は、相互利益の論理。しかし、赤の他人に対する道徳を促す力は……ない。私たちは、他人の行動を正しいとか、正しくないと判断することはできる。しかし、赤の他人に対して利他的にふるまったり、親切にしたいと切実に感じたりするようには生まれついていない。

似たものとして、数の概念を考えてみよう。人間も動物も、生まれつき初歩の算数を理解している。しかし、心理学者のカレン・ウィンが主張するように、人間に生得的に組み込まれた土台は完全ではない。とくに、0《ゼロ》について推論するための脳システムは存在しない[*37]。0が数であるというのは比較的あたらしい発見であり、子供が0の概念を理解するのは難しい。赤の他人も道徳の領域に入ると考えられるようになったことは、0が数であるという認識に並ぶ、人類の偉業である。

とはいえ、他人の苦しみは共感を呼び覚ます。苦しむ人を見るのは——たとえば子供がイヌの群れに襲われて、苦痛に泣き叫んでいたら——不快だ。たとえ、いままで会ったことのない相手であっても。赤ちゃんでさえ、苦しんでいる他人を見れば苦痛を感じる。サルやラットのような動物も、だ。しかし、先に述べたように、共感は思いやりではない。共感が、助けたいという欲求に結びつくとはかぎらない。小規模な社会で暮らす成人は、よそ者に対して憎悪や嫌悪をあからさまにする。幼児は、知らない人に会うと、激しい不安に襲われる。彼らが感じているのは好意ではなく、恐怖だ。私たちは、赤ちゃんや幼い子供たちが、さまざまな形で、自発的にやさしさを発揮するのを——なぐさめたり、分け合ったり、助けたりなどの行為を——現実に目にするが、これらは家族や友人に向けられるものだ。

もちろん、いまでは0が数だと理解されているように、多くの大人は、赤の他人に最初に向けられる無関心を乗り越えている。しかし、これは、私たちが受けたしつけや、暮らしている社会のおかげである。人間は元来こうではなかった。

血縁、内集団、赤の他人というカテゴリーは穴だらけだ。道徳的な説得の大半は、人々をある枠から、別の枠へ移すことを目的とする。大量虐殺を扇動しようともくろむ者は、かつて自分たちの内集団の成員とされていたはずの人々が（たとえば、一九四〇年代のドイツにおけるユダヤ系ドイツ人や、一九九〇年代のルワンダにおけるツチ）、じつは赤の他人であると言いくるめようとする。遠い国にいる人々への思いやりを促そうとする人々はその逆を行なおうとする。写真や身の上話、個人の詳細な情報を利用して、赤の他人という意識を弱め、自分たちの集団の仲間だと感じられるようにする。そして、多数の研究が、見ず知らずの相手であれ、顔を見たり名前を聞いたりすると、その人を助けようとする意欲が高まることをあきらかにしている［＊38］。

血縁関係の比喩も強力だ。集団の絆を強める方法としてよく利用されるのが、自分たちを家族や兄弟、姉妹になぞらえる方法だ。多くの社会に、遺伝的につながりのない人たちが、血縁であるかのように呼ばれ、考えられている「架空の血縁」システムがある。私が幼少期を過ごしたモントリオールでは、近所の人たちや両親の友人たちは、「おじさん（uncle）」、「おばさん（aunt）」と呼ばれていた。そしてあきれるほど大きくなるまで、本当の親戚が誰なのかわからなかった。

架空の血縁は、上から押しつけられるものばかりではない。ニューヨークの街角で暮らす、ホームレスのゲイの少年たちの生活を報じた作家のレイチェル・アビブは、少年たちは、複雑な架空の家族をつくっていたと語る［＊39］。母親や父親といった役割は、年齢ではなく、知識と能力、そして指導者として役に立ちたいという意欲によって決定される。こうした関係が拡大され、複雑になっていく。アビブは、ライアンというホームレスの少年が、父親になり、次に、彼が面倒を見た子供たちが他の子供たちの世話役になると、祖父になった経緯を紹介している。「ゲイの家族のすばらしいところは、ユニオンスクエア［ニューヨーク市マンハッタン区の公園］に行けば、もう仲間だ――一人じゃないってところさ」とライアンは言う。「知らないやつに会うだろ、そしたら、おまえのゲイのおふくろさんは誰だって聞けばいい。そうすりゃ、まじか、俺、おまえのおじきだぜ！ってな具合になる」そして、こう付け加えた。「血のつながった家族がいないやつも多いんだ。そして、ぽっかり空いた穴を埋めてくれるのがゲイの家族なのさ」

哲学者たちはしばしば、こうした絆の重要性を見落とす。熱心な功利主義者であったウィリアム・ゴドウィン（『フランケンシュタイン』の作者メアリ・シェリーの父親でもある）は、あるとき読者にこんな問いを投げかけた［＊40］。火事が起きて、一人しか救い出せないとしよう。一人は、大勢の人に喜びと知恵を授けてくれるすぐれた大主教、もう一人は、たまたま自分の父親であるに過ぎない大主教の従者。あなたはどちらを助けますか、と。そして、父親を見捨てるのが正解だと結論する。しかし、多くの人にとって、この答えは道徳的とは感じられない。ぞっとするだろう。

アダム・スミスも言っている[＊41]。「自分の父親や息子の死や難儀に、他人の父親や息子の場合と同じしか心を動かされないのなら、その人は、よい息子ともよい父親とも思われないだろう。このような自然に背く無関心は、喝采を浴びるわけもなく、最大限の否定を招くだろう」

最後に、もう一度トロッコ問題を考えよう。大多数の人が、スイッチを押して、一人を犠牲にして五人を救うべきだと言う。この反応に対する一般的な解釈は、人間は、ベンサムやミルの系統に連なる、道徳的帰結主義者だ、というものだ。情動をかき乱すものがなければ、私たちは、人が行動する（もしくは行動しない）なら、世界にどんな影響が及ぶかに基づいて善悪の判断を下す。五人の死は一人の死よりも悪い。したがって、どちらを選ぶかは明白だ、と。

しかし、別の解釈もある。おそらく、スイッチケースでの私たちの直観は、道徳的熟慮に駆り立てられたものではない、というのだ。結局、ここに登場するのは、名前のない、抽象的な人間、すなわち赤の他人だ。リチャード・シュウェーダーが言うように、こんなとき私たちは、このジレンマを、数学の問題と大差ないものとして処理しているのかもしれない[＊42]。どちらが少ない？　一？　それとも五？　といった具合に。正しい行ないはトロッコの進路を切り替えること、と答える人の大多数は、何かを一つを壊すか、それとも五つ壊すかと尋ねられた場合と同じように推論しているのだ。実際、これをたしかめる実験も行なわれている。トロッコ問題と同じシナリオで、人間の代わりに、線路の端にティーカップを置いた場合、被験者の多くは、スイッチを押して、ティーカップを五つではなく、一つ割った[＊43]。

この解釈は、人間は道徳的な帰結主義者だとする見方に反する。そして、道徳的判断と、道徳と関係ない判断は違うので、たしかめることができる。たとえば、私はレーズンが好きではない。しかし、これは好みであって、道徳的態度ではない。そのため、他の人が、レーズンが好きかどうか気にしないし、レーズンを食べる人は罰されるべきだとも思わない。レーズンを食べても罪悪感を覚えないし、レーズンをがまんして食べる人を尊敬もしない。私のレーズン嫌いは、道徳的判断を示すものではないからだ。私は、赤ちゃん殺しも好きでない。ただし、こちらは道徳的態度だ。そこで、この言葉には次のような含みがある。私は、他の人も赤ちゃんを殺すべきではない、赤ちゃんを殺した人は罰されるべきだと信じている。もし自分が赤ちゃんを殺してしまったら、罪悪感を覚える。赤ちゃん殺しを思いとどまらせた人を尊敬する。

スイッチケースの直観は、赤ちゃん殺しより、レーズンを食べる行為に対する直観に近いのではないだろうか。人は、スイッチを押す行為は「正しいこと」であると同意するかもしれない。しかし、これは抽象的な机上の決断であり、道徳的判断ではない。そのため、スイッチを押さない人を非難することはまずないし、その人たちを罰したいとも思わない。現実にも、十分な寄付をせず、見ず知らずの人を見殺しにする選択をした人を責めたりしないのだから、トロッコ問題で、一人を殺さない選択をし、それによって見ず知らずの人たちを見殺しにする人を責めるのはおかしい。

また、私たちが、五人の赤の他人の死と、一人の赤の他人の死を道徳的につねに区別しているかどうかも怪しい。たしかに、五と一のどちらかを選べと言われれば、数に注目する。しかし、このように、はっきり比べられるのでないかぎり、数はほとんど問題とされない。ある研究で、片方のグループに、病気の子を一人救う薬を開発するお金を寄付するように、別のグループには、病気の子を八人救う薬を開発するお金を寄付するように頼んだところ、どちらのグループも提示した金額は同じだった[*44]。

この数に対する鈍感さは、数字が大きくなっても変わらない。西アフリカの深刻な干ばつ危機を伝える報道を読んだとしよう。犠牲者は八万人にのぼるおそれがある、もしくは四〇万人……もしくは一六〇万人……そう聞いてあなたは違いを感じるだろうか？　一六〇万人が命の危険にさらされていると思ったら、八万人の二〇倍心配するだろうか？　二倍心配するだろうか？　おそらく、数はまったく関係ないだろう。

こう考えると、スイッチケースでの典型的な反応は、道徳ではなく、無関心を反映しているのだ。すると、それまで不可解だった一連の発見の意味があきらかになる。脳の前頭前皮質腹内側部に傷をもつ患者には、サイコパスのような、感情の鈍化がしばしば認められる。そして、こうした人々は、正常な人に比べ、橋ケースで人を突き落とす行為を支持する傾向が高い。すなわち、橋ケースでも、スイッチケースとまったく同じ反応をするのだ[*45]。サイコパス的な傾向が強い大学生も同様の反応を示す。これらの知見は、悪人や脳に傷をもつ人たちも、ベンサムやミルのように（!）、最大多数の最大幸福を求める証拠だとして——帰結主義者たちをいじめてやれという喜びをこめて——よく引用される［*46］。

だが、こうした人たちは、はなから道徳的な推論を行なっていないのではないか？　彼らには正常な共感反応がないので、正常な人がスイッチケースを考えるように、橋ケースも数学の問題と同じように考えているのだ。一、小なり五、よって突き落とせ、と。

それ以外のほとんどの人は、橋ケースでの突き落としを正しい行為と考えない。赤の他人であることに変わりはないが、生身の人間であると感じられるため、五人を救うために一人を殺す行為が正当化されると思えなくなる。ジョシュア・グリーンが言うように、この状況が強い情動反応を引き出すからだろう［*47］。誰かを突き飛ばして死なせる行為は、不快だ——間違っている——と感じられる。スイッチを押す行為が間違っているとは感じられないのと同じ理由で。しかし疑問は残る。なぜそうなのか？　近くにいる、人格を備えた人間に危害を加えることは、なぜ悩ましいのか？

ひょっとすると、私たちは、何の理由もなく他人を攻撃することに対して、特別な反感を進化させたのかもしれない。道徳性はさておき、こうした行為は、赤の他人に向けられるものであれ、きわめて危険だからだ。失敗して逆に殺されてしまうかもしれない。成功したとしても、犠牲者の家族や友人の復讐が待っている。したがって、こうした反感は、進化適応上理に適っている。あるいは、こうした情動反応は、幼少期に受けるしつけの成果かもしれない。周りの人に危害を加えようとするたび、身近な大人たちから罰されたり、非難されたりすることで形成されるのかもしれない。

いずれにせよ、私たちは、赤の他人を殺すことに気乗りしないばかりでない。次の章で見ていくように、赤の他人、とくに視覚化できる特定の個人に対しては親切な場合が多い［＊48］。被験者に、ある女の子が助かるには薬が必要だという話をしてから、その子の写真を見せて、名前を教えると、顔も名前も知らない八人の子を救う場合を少し上回るくらいの額を寄付する。もし私が、家の近くの森を散歩していて、湖で溺れかけている子供を見かけたら、即座に湖に入っていってその子を救うだろう。たとえそのせいで靴が台無しになるとしても。子供を轢き殺させないために、かならずや列車の進路を切り替えるだろう。たとえ、そのせいで私の大切な車が木端微塵になるとしても（私の愛車は、ブガッティではなく、二〇〇五年製トヨタRAV4だが）。

しかし、私たちは、自分たちの道徳的な力を過信すべきではない。私は毎日、遠い国で知らない人たちが苦しんでいるという記事を読む。そして、彼らの生活を改善させるために、力になれると知りながらほとんど努力をしていない。大都市に行くと、自分が、福音書の物語に登場する、よきサマリア人と同じ立場に置かれていると感じることが多々ある。歩道の端に力なく倒れている人がいる。病気かもしれない、空腹なのかもしれない、それとも、たんに助けを求めているのかもしれない。その人が、自分の妹、父親、いとこ、つまり血縁者なら、駆け寄って手を貸すだろう。隣人、大学の同僚、ポーカーの相手、つまり内集団の成員なら、やはり手を差し伸べるだろう。しかし、そこにいるのはきまって赤の他人で、私はいつも顔を背けて歩き続ける。おそらくあなたも同じに違いない。

利他的に思える行為の多くは、私利私欲から生まれる。そんな馬鹿な、と言うのなら、あまりにおめでたい。慈善金の多くは、もっとも困窮している人、もしくはもっともふさわしい人のためでなく、寄付をする当事者が得するために贈られる。たとえば、金持ちが名門大学に多額の寄付をするのは、自分の子供を入学させてもらえないかと期待しているからだ。また、社会学者のソースティン・ヴェブレンが言うように、慈善として寄付をするのは、富や地位を宣伝する最良の方法なのだ[＊1]。セックスや恋愛の相手を惹きつけるうまい手でもある[＊2]。気前がよくて、思いやりがあると見られて損にはなるまい。

とはいえ、人は、自分には得にならない方法で他人を助けたりもする。まったく名前を明かさない場合もある。イエール大学のスタンレー・ミルグラムは、実験に参加した被験者の多くが、実験者に言われるがままに、命に関わるおそれのある電気ショックを、見ず知らずの相手に流すことをあきらかにした服従実験で有名だ。しかし、人間のやさしさにも関心があったミルグラムは、一九六五年、ある実験を行なった。切手を貼り、住所を書いた手紙をニューヘイブン中にばらまいた[＊3]。手紙は歩道に落とされたり、公衆電話ボックスやその他の公共のスペースに置かれたりした。そのほとんどは宛先に届いた。つまり、ニューヘイブンの親切な人が、手紙を拾って、郵便ポストに入れたのだ。これは、報われる見込みのまったくない、単純な親切行為だった。この親切は選択的である。封筒の宛名が「ナチ党の友人たち」ではなく、「ウォルター・カルナップ様」だったほうが、手紙が配達される確率は高かったからだ。

人間の善性は、他の点でもあきらかだ[＊4]。ほとんどの社会では、人を罰するために手や足を切り落とすなどという真似はしない。一夫多妻の罪に対して、女性の「鼻の骨を、少なくとも直径一・五センチほどの穴が開くほど切り落とすべし」というトーマス・ジェファーソンの提案が、現代社会で採用されることはないだろう[＊5]。家族に対する考え方も変わった。多くの国で、男性が自分の妻をレイプしたり、親が子供を殴ったりすることは、もはや法律で認められていない。一部の人は、人間以外の動物の運命を深く案じて、仔牛のスカロッピーネ［仔牛の薄切り肉をレモン汁、白ワインなどをからめてソテーした料理］のような美味しい料理や、毛皮のコートのような快適な服をあきらめている。多くの人が、言論の自由、宗教の自由などの権利を当然とみなし、奴隷制度や人種差別は間違いだと信じている。

私たちの善性を、神の介入の証拠と考える人もいる[＊6]。生物学者のフランシス・コリンズは、こういった開明的な道徳性は、生物学的進化では説明できないと主張し、慈悲深い神が、私たちの魂に道徳律を埋め込んだに違いないと言う。社会評論家のデニッシュ・デスーザによると、「高度な利他性」（遺伝的にも物質的にも報われる見込みのない、非血縁者に向けられた善性）をもっともうまく説明する言葉は、C・S・ルイスの「私たちの魂に宿る神の声」なのだとか。また、一八六九年には、自然選択の共同発見者であるアルフレッド・ラッセル・ウォレスは、人間性は、「より高度な道徳能力」を含む多くの点で、進化を超越していると述べ、私たちの種の発達を決定する、高度な知性が存在するに違いないと結論づけた。

さて、こういった主張を比喩として、すなわち、人間の驚くべき能力に対する畏怖を詩的に表現したものと解釈することもできる。しかし、コリンズも、デスーザも、ウォレスも、みな、本気でそう考えている。彼らは、おそらく人間が他の類人猿と枝分かれしてからの数百万年の間に、神が私たちに本当に何かをしたと言っているのだ。私たちの信仰や選択は、肉体の一部である脳の働きから生じる。よって、人類の進化のどこかの時点で、神が人間の脳を文字通りつくり変えたことになる。であるなら、注意深い神経科学者たちは、神が修正した脳の領域を発見し、その神聖なる御業《みわざ》が、もっと月並みな生物学的進化の産物とどう違うかを観察できるはずだ。コリンズらが正しければ、人類の高度な道徳性から、科学史上最大の発見――神が存在する決定的証拠――がもたらされるはずである。

しかし、彼らは間違っている。生殖という目的を果たさない、利他的な動機の存在そのものは

——命の危険を冒して赤の他人を救う場合のように、自分や自分の遺伝子にとってまずい選択を動機づけるものであれ——完全に生物学的進化と一致している。自然選択は千里眼ではないので、予測される未来の環境ではなく、目の前の偶然の状況に反応する。そこで、いま現在は不適応な行動も、進化論には完全に適っている。利他性の話でなければ、理解するのは簡単だ。情欲は、おそらく生殖に結びつく性行動に人間を駆り立てるために進化したのだろう。しかし多くの男性は、ポルノに興奮して、子孫づくりのチャンスを増やすわけではない方法で種子をまき散らしている。この無駄な行為は進化上のミステリーだ。ならば、神の介入の証拠なのか？　もちろん、そんなことない。これと同じように、自然選択を通じて進化したある種の利他的傾向も、いまでは生物学的報いがまったくない状況によって引き起こされるのかもしれない。

コリンズ、デスーザ、ウォレスは、人間の道徳の中の、謎に包まれている部分が偶然の産物ではないと主張した点では正しい。そして、彼らは、説明を要する設計と目的をあきらかにしている。しかし、私が本書を通じて主張してきたように、こうした高度な道徳能力が人間の本性の一部だと決めてかかるのは間違っている。奴隷制は不正であるといった洞察も、数百年前に認識されることがなければ、人々の心に根づかなかったであろう。そして、赤の他人に対するやさしさといった、多くの人が人間の生得的な資質と考える、道徳性のいくつかの特徴さえ、じつは赤ちゃんや幼い子供には備わっていないことがわかっている。

コリンズらは、まるで、眼鏡に驚嘆して、「自然選択がこんな複雑なみごとな代物をつくり出せるはずがない。だから、これは神の御業に違いない」と主張する人に似ている。彼らは第三の選択肢を忘れている。私たちが眼鏡をつくったのだ。同様に、私たちの高度な道徳性も、人間のやり取りや創意工夫の産物である。私たちは、道徳的に未熟な赤ちゃんを、高度な道徳性を備えた大人へと変身させる環境をつくっている。

それでは最初に、慣習の力を考えてみよう。本書を通じて、私は道徳感情や道徳的判断を強調してきた。しかしこれらはいずれも、よい行ないに不可欠というわけではない。

たとえば、チップについて考えよう。チップは純粋に利他的な行為だ。目に見える見返りなしに、費用を負担して他者に奉仕するのだから。しかし、通常、チップに道徳的動機はない。何ドルかテーブルに置いたり、クレジットカードで少し余計に支払ったりするとき、自分に給仕してくれた相手の立場になって、チップをけちられたときの怒りを想像して身をすくめたり、適正なチップをもらったときの喜びに共感して温かい気持ちになったりする人はまずいない。ウェイターは薄給なのでその分余分に手渡したほうがいい、といったチップの道徳的論理を考える人も、その他の目的に動機づけられている人もまずいない。私たちは、たんにチップの額を計算して置いていくだけだ。頭の中には算数しかない。

とはいえ、この無自覚な行為は、あらかじめ熟慮された結果かもしれない。誰もが一度は、チップという行為の論理や道徳性について考えたことがあるのではないだろうか。そして、これは正しい行為であると結論を下し、やがてこの親切な行為が反射に変わったのではないだろうか［＊7］。このようにして、私たちは靴のひもを結ぶといった、複雑な行為を習得する。最初は、自分の行為に意識的に注意を向け、次第に意識しなくなる。そうやって、自動でことが済ませられるようになる。おそらく同じ原理が、道徳にもより広くあてはまる。アリストテレスが言うように、徳の高い人物の特徴の一つは、思慮深いよい行ないを機械的な習慣に変えようとする、すなわち、意識しなくても正しいことを行なえる人間になろうとすることだ。

とはいえ、私たちがよいと考える行動の多くは、自分たちの文化の一部として、すなわち慣習として取り入れられるのであり、けっして熟考されたりはしない。これは言語の習得に似ている。ほとんどの二歳児は、イヌは「イヌ」というと学ぶとき、なぜイヌには「イヌ」という特定の名前があるのか、そもそもなぜ物に名前があるのかと尋ねたりはしないだろう。これはいい疑問なので、もっと大きくなってから悩んだりするかもしれないが、幼い子供は無限に言葉を覚えなくてはならないので、言葉の背後にある論理を理解するより、他人が話すことをひたすら模倣しなくてはいけない。実際、私たちが学習することの大半は、無意識だ。たとえば、私は、自分が受けたしつけの結果、他人とある程度物理的な距離を保つことを好む。しかし、異なる文化で育った人と接するまでそのことに気づかない。これは、英語以外の言語を話す人が、あるものを別の言葉で呼ぶのを聞いて、英語での呼び方を意識するようになるのとまったく変わらない。

ヘロドトスの逸話に登場する、ダレイオス王が引き合わせた、父親の亡骸を火葬するギリシア人と、父親の亡骸を食べるインド人の話を思い出そう［＊8］。どちらの集団も相手の行為に怖気をふるった。それは彼らが、自分たちの習慣が、死者を弔う唯一の正しい方法だと信じていたからだ。死者を弔う方法をいろいろ試して、その中から選ぶというプロセスを踏んだわけではなく、そもそも他の方法など考えたこともなかったからだ。ヘロドトスは、この話を「習慣が何を行なうるかを知ることができる」と結び、続けて習慣を「万物の王」と呼んでいる。

私たちは、くり返し目にする行為からもっとも影響を受ける。しかし、短時間の経験が影響を及ぼす場合もある。六歳から一一歳までの子供たちが、見ず知らずの他人の慈悲深い行動を目撃した後で、どうふるまうかをまとめた研究がある［＊9］。典型的な調査では、子供たちはボーリングで遊んだ後で、賞品と交換できるトークンなどのちょっとしたご褒美をもらう。まず子供たちには、遊ぶ前に、他の人（大人、もしくは子供）が遊んでから、自分のご褒美の何分の一かを貧しい人のための募金箱に寄付する様子を見せる。研究者は、手本になる人の寄付する額が多ければ多いほど、子供が寄付する額も増えることを発見した。他者を見る経験は、寄付するように言葉で勧めるよりも強力だった。実際、説教が逆効果であることをあきらかにした研究もある。

ただし、どの親も言うように、子供はよい行ないだけでなく悪い行ないも吸収する。手本になる人が募金箱に何も入れなければ、えてして子供も何も入れなくなる。何も見せないときは、いくらか寄付をする場合でも、だ。興味深いことに、子供たちはよい行ないより悪い行ないに影響されやすいらしい。最近、心理学者のピーター・ブレイクらは、次のような研究を行なった［＊10］。

三歳児と六歳児に、親が別の大人に資源を譲るところを見せた。子供たちは、母親（もしくは父親）が、非常に利己的にふるまう様子（一〇枚の切手のうち一枚しか譲らなかった）、もしくは非常に気前よくふるまう様子（一〇枚の切手のうち九枚を譲る）を見た。その後、子供たちによその子と資源を分けあわせると、気前よく分けた親を見ていた子より、少ししか分けなかった親を見ていた子のほうが、あきらかに親の手本を真似た。まるで、子供たちは利己的にふるまう言い訳を捜していて、親の悪い行ないが格好の口実となったかのようだった。

というわけで、人間は、たいした道徳的動機がなくても、他人のよい行ないを真似るだけでいい人になれる。しかし、これでは、問題はふりだしに戻るだけだ。なぜ他人は、そんなに親切なのか？　こうした慣習はどこから生じるのか？　二〇〇年前のアメリカでは、白人が黒人奴隷を所有するのが慣習だった。実際、多くの人が、奴隷制度は道徳的な制度だと考えていた。それは、聖書による正当化や、この取り決めは、奴隷を含む社会の全成員にとって最良であるという純粋な思い込みから導かれた結論だった。こうした社会で育った白人の子供は、話し方やチップの渡し方、知らない人との距離の取り方を学ぶのとまったく同じように、社会の考え方を吸収しがちである。

道徳的態度の変遷に関する考え方の一つが、「道徳の輪」と呼ばれるものだ［＊11］。この比喩は、一九世紀の歴史家ウィリアム・レッキーが考えたもので、ピーター・シンガーが一九八一年に発表した著書、『広がる輪』によって広く知られるようになった。道徳の輪の内側にいるのは、私たちが、その運命に関心を寄せる人々、すなわち私たちにとって大切な人々だ。

レッキーは、この輪は、最初は小さく、歴史の歩みと共に拡大すると考えた。「この世に生まれてくるとき、人間の慈悲深い心は、利己的な心に比べてまったく非力である。道徳の役割は、この順序を逆転させることにある……ある時点では、慈悲心が及ぶのは家族だけだが、すぐに、拡大する輪の中には、まず階級、次に国、同盟する国々、そして全人類が入る。そしてついにその影響は、人間と動物世界とのつきあい方に感じられるようになる」。ダーウィンは、『人間の進化と性淘汰』で、レッキーの言葉を肯定的に引用して次のように続ける。人類の発達の過程で、私たちの思いやりは「さらに慈愛に満ち、広く行き渡るようになり、あらゆる人種の人間、知的障害者、身体障害者、その他の社会の無用の成員にまで拡大され、ついに下位の動物に及ぶ」[*12]

ダーウィンの「その他の社会の無用の成員」という発言から、この本が発表された一八七一年以来、社会のあるグループに対する私たちの言葉遣いがずいぶん変わったものだと、あらためて気づかされる。現在では、知的、もしくは身体的な障害をもつ人を不用意に「無用」などと言う人はいない。さらに、そしてこちらのほうが重要だが、ダーウィンの言葉は、道徳の輪を拡大させる原動力が、完全な利己性だけでないことも思い出させる。道徳の輪を広げる行為が、私たちに物質的利益をもたらすとはかぎらない。「知的障害者」「身体障害者」をより思いやることで、私たちが得をするわけではない。

輪を拡大させる原動力の一つが、生身の接触だ。人が互いに対等な立場で、共通の目標に向かって働いているとき、個人どうしの交流が偏見を減らす場合が多い。よく引き合いに出される例が軍隊とスポーツチームだが、一九五〇年代以降、さまざまな研究が、あらゆる環境で、生身の接触が効果的であることを確認している[*13]。たとえば、人種差別が撤廃された公営住宅に住む白人の主婦、黒人とペアを組んだ白人警察官など。つまり、親が、子供の人種的偏見をなくすために、さまざまな人種の子が通う学校へわが子を入れるのは正しいのだ。適切な接触状況の下で、子供たちは自分の道徳の輪を拡大し、輪の中に、他の人種の成員を入れるようになる。

輪を拡大する、もう一つ重要な要因がある。物語に触れることだ[*14]。哲学者のマーサ・ヌスバウムは、物語は子供に、自分とまったく違う見方やアイデンティティをもつ人に、どうすれば共感できるか、どうすれば相手の身になれるかを教えてくれると言う。「私たちは、周囲のいたるところで、人に似た形を見る。しかし、どうすれば彼らとつながれるだろう?……幼少期の物語の読み聞かせは、私たちに、仮面の後ろの人生、すなわち形の向こうにある内面世界について、疑問をもつことを教えてくれる。物語に触れることで、私たち自身とよく似たこの形が、私たち自身のものといくつかの点でよく似た、情動、願望、計画の住みかであると推測し、しかし同時に、その内面世界は、異なる社会環境によって異なる形に成形されていると理解する習慣が身につく」

さて、物語がなければ、他者の心とつながることができないわけではない。前述のように、一歳児でさえ、身の周りにいる「人に似た」形を、自分とは別の、情動、願望、計画をもつものとして考えている。しかしヌスバウムが話しているのは、能力ではなく、習慣である。そこで、物語に触れると、私たちは、他者の心について考えてみようとするようになる、というその主張をしっかり考えてみよう。また、「人に似た形」の中には、私たちが自然に考えてみようという気にならない人もいる。かつて私は、独房に監禁された囚人の境遇についてほとんど考えたことがなかったのだが、感動的な報道記事を読んでから、考えが変わった[*15]。

物語は、そのつど思いやりを呼び覚ます。しかし同時に、自分たちの道徳原理や行動の習慣を見直すきっかけを与えてもくれる。心理学者スティーブン・ピンカーが言うように「外国人、探検家、歴史家の目を通してしか見ることのできない世界に触れることによって、絶対視されてきた規範（「これまでこうしてやってきた」）が、筋道の通った意見（「これは、私たちの部族が、いま、たまたま行なっていることである」）になる」[*16]。これぞまさしくヘロドトスが、ギリシア人とインド人の逸話を紹介したときに行なっていたことである。旅は世界を広げる。そして本を読むこともまたひとつの旅である。

さて、こうした説明は、文学作品の道徳的複雑さをないがしろにしているという批判もある。文芸批評家のヘレン・ベンドラーは、「フィクションを、道徳の覚醒剤や道徳の催吐剤のように扱うことは、芸術作品に内包される複雑な精神的・道徳的動機を認識している者にとっては不快である」と記している［＊17］。法学者のリチャード・ポズナーは、多くの偉大な物語に描かれているのはろくでもない価値観だと指摘する［＊18］。たとえば、『イーリアス』には、レイプ、略奪、殺人、生贄とされる人間や動物、内縁関係、奴隷制度が出てくるし、シェイクスピアやディケンズの作品には、ユダヤ人差別、人種差別、性差別などが描かれている。ポズナーは「文学の世界は、道徳の無法地帯である」と結論している。

ポズナーはさらにこう続ける。読書家がそうでない人より思いやり深いという証拠はない。ナチスの高官には教養人が多かったと言われる。ヨーゼフ・ゲッベルスは、ギリシア悲劇を愛読していたそうではないか［＊19］。心理学者の中には、これに反対して、フィクションをよく読む人は、ノンフィクションを好む人に比べて社会的能力がやや高いという最近の知見を引き合いに出す者もいる［＊20］。しかし、それが事実としても、フィクション好きの人が思いやり深いことにはならない。また、こうした相関関係が何によるのかもはっきりしない。おそらく、フィクションを読むから社交的になるのではなく、社交的な人がフィクションを好むのだろう。女性は男性よりフィクションを読む。おそらく女性には男性より社交的なところがあるからだからだろう。これを裏づけるかのように、私の研究室にいた大学院生のジェニファー・バーンズは、軽度の自閉症をもつ成人、すなわち社交能力に少々問題がある人は、正常な人に比べてフィクションへの関心が低いことを発見した［＊21］。よって、人の社会的能力や共感能力が、フィクションへの関心に影響するのはたしかだが、その影響が別の方面にまで及ぶかは定かでない。

ただし、時宜に適った正しいフィクションには効果がある［＊22］。文学、映画、テレビ番組などの物語が、人類史の軌跡に、実際に影響を与えてきたことを示す、重大な歴史的証拠が存在する。これが、ポズナーに対するヌスバウムの反論——ナチスの高官は読書家だったかもしれない、しかし、読む本の選択が間違っていた——の根拠になっている。一八五二年に発表されたストウ夫人の『アンクル・トムの小屋』は、一九世紀のベストセラー小説だった。この作品を通じて、白人は奴隷制度を奴隷の立場から想像できるようになったため、この作品は、奴隷制度に対するアメリカ人の態度を変える上で大きな役割を果たした。ディケンズの『オリバー・ツイスト』は、一九世紀のイギリスで、子供の待遇を見直すきっかけとなった。アレクサンドル・ソルジェニーツィンの作品は、ソ連の強制収容所の恐怖を世に知らしめた。『シンドラーのリスト』や『ホテル・ルワンダ』のような映画が、おそらく現実に会うことはないであろう人々（過去の人々の場合もあれば、別の国の人々の場合もある）の窮状に関する私たちの認識を広げた。

もっと最近の例として、アメリカでここ数十年、人種的マイノリティーや同性愛者のとらえ方が劇的に変わったことを考えよう。これに大きく貢献したのがテレビだ。人はよく、お気に入りのテレビドラマの登場人物に対して、その人たちが自分の友人であるかのような親近感を抱く。そして、数百万人ものアメリカ人が、『コスビー・ショー』や『ウィル＆グレイス』などのテレビドラマに登場する、感じがよくて、愉快で、無害な黒人やゲイに毎週接していた。効果は絶大だろう。アメリカのここ三〇年間の道徳的変化を支えてきた最大の原動力は、ひょっとすると連続ホームコメディだったかもしれない。

これがたんなる直感であることは認めよう。しかし、他の国々でも、テレビの導入が、道徳的信念に目覚ましい影響を与えたという証拠がある。ロバート・イェンセンとエミリー・オスターによると、インドの地方の村にケーブルテレビが普及しはじめると、学校に通う女性の数が増え、配偶者に対する暴力は以前ほど容認されなくなり、娘より息子を欲しがる風潮が弱まったという［＊23］。イェンセンとオスターは、こうした変化は、比較的グローバルな価値観が提示されることの多い、メロドラマに接したことが原因ではないか、と考えている。同様の知見が、ブラジルやタンザニアの調査でも得られている。

ただし、物語を通して発信されるメッセージが、かならず道徳的に正しい、という自然法則は存在しない。聞き手を、自分と遠い他者の身になってみようという気にさせる、道徳の輪を拡大させるあらゆる物語の一方で、道徳の輪を縮小させる物語もある。それは内集団の外側にいる人間が、いかに性悪で、嫌悪をもよおさせるかを描写する物語だ。『アンクル・トムの小屋』や『シンドラーのリスト』に対して、『シオン賢者の議定書』［一九世紀末に出版された、ユダヤ陰謀説をでっちあげた偽書］、『國民の創生』［二〇世紀初頭に製作されたアメリカ映画。白人の目線から奴隷制度やＫＫＫを全面的に肯定する］といった物語もある。道徳は変化するという説は、なぜ、広がる輪の物語が残酷な物語よりも人の心をつかむのか、そもそも、なぜ人は、こういった正しい物語をつくろうと思うのかを説明しなくてはいけない。

道徳をめぐる議論は、宗教抜きには完結しない。それは、多くの人が宗教を、道徳的進歩の主要な原動力と考えているからだ。

実際、多くの人が、とくにアメリカでは、この考えをさらに押し進めて、神を信じなければ、よい人間になれないと考えている［＊24］。アメリカ人の多くが、たとえその他の条件が満たされていても、無神論者の大統領候補には投票しないと言う。実際、この点について、無神論者は、モルモン教徒やユダヤ教徒、同性愛者よりも分が悪い。アメリカ社会の未来を誰と一緒に考えるか、という質問に対して、無神論者と答える人はまずいない。無神論者は、犯罪予備軍や傲慢なエリート主義者と同様に、利己的で不道徳的だと考えられている［＊25］。

人が、神がいなくても善人になれるとしても、その善性の何分の一かは、宗教的理想を基盤とした社会で育ったおかげだという人もいる。哲学者で、法学者でもあるジェレミー・ウォルドロンは、人間の、他者への思いやりを導く上で不可欠な道徳的洞察の多くは、偉大な一神教信仰の教えに起源があると主張する。「快適な共同体の中の、限定的な利他性に一石を投じたのは、西欧の宗教が為し得た偉業の一つである……私の念頭にあるのは、貧しい人を虐げ、見知らぬ人を打ち捨て、はみ出し者を追い立て、その上に富を築く者たちを不安に陥れることを目的とした、トーラー［ユダヤ教の宗教上・生活上の教示］の定めであり、預言者たちの断固たる説教であり、詩篇作者の詩である。また、社会の底辺で蔑まれている者たちの仲間であったイエス・キリスト、私たちに、飢えた者に食べさせ、裸の者に衣服を与え、赤の他人を家に泊め、よそ者扱いされて獄に繋がれた人を見

舞おうという意欲を与える、彼の教えと手本である」[＊26]

ウォルドロンが正しければ、道徳的輪の広がりの、少なくともその一部を、宗教によって説明できる。しかし、学者たちの中にはこうした意見に反対し、宗教は、「暴力的で、不合理で、不寛容で、人種差別、部族主義、偏見と結託し、無知蒙昧、自由な探求への敵意、女性蔑視、子供に対する高圧的態度に権威を与える」というクリストファー・ヒッチェンズの意見に同調する者もいる[＊27]。

とはいえ、公平な観察者であれば誰もが、主だった国際的慈善事業やアメリカの公民権運動など、現在肯定的に考えられている道徳的事業の多くが、宗教的信仰を土台とし、宗教的指導者に支えられていることを認めるはずだ。しかし、歴史上もっとも凄惨な残虐行為のいくつかも、信仰に動機づけられていることは明白だ[＊28]。宗教を支持する人たちは、聖書やコーランを紐解き、開明的な箇所を引用できる。宗教に批判的な人たちは、神が、大量虐殺、奴隷制度、集団レイプを承認するなど、現代人から見れば道徳的に歪んでいるように思えるくだりを長々とまくし立てることができる。実際、その中には、道徳律が滑稽なほど残酷であることを反映した箇所もある。たとえば、「小さな子供たち」が、預言者のエリシャのはげ頭をからかった（「はげ頭、上って行け」）ので、エリシャが彼らを呪うと、森の中から二頭のクマが現われ、「子供たちのうちの四二人を引き裂いた」などという物語もある[＊29]。

人類にとって、結局、宗教は得なのか、損なのか？　その疑問への答えはあるに違いないが、誰もその答えを知らないし、いずれ誰かが答えを見つけるとも思えない。問題は、宗教がどこにでもあるということだ。たったいまも（そして私たちの知るかぎりはるか昔からも）、ほとんどの人が信仰心をもっている。ほとんどの人が、一人の神、もしくは複数の神を信じ、何らかの死後の世界を信じ、何らかの宗教的慣習を実践している。そのため、人間であることのあらゆる宗教的でない部分から、宗教の影響を切り離すのは難しい。そして、宗教をもたない社会や個人に関する主張を評価するのはとりわけ難しい。たしかに、道徳的な無神論者はいる。しかし、その人たちの道徳性を支えているのは、彼らが生活する社会の宗教性だろう。たしかに、デンマークのように、人口の多数を無神論者が占めながら、良識のある国も存在する。しかしこうした国々は、国民が信仰を失ってからたかだか一〇〇年にもならない。そのため、彼らの美徳は、信仰の厚かった過去から継承されているのだろう。宗教がなかったら、人類はどうなっていたかという問いは、人間に、男と女以外の第三の性があったなら、もしくは人間が空を飛べたなら、どうなっていただろうという問いに似ている。

質問をもっと穏当なものに変えたら、もう少しうまくいくかもしれない。世間の信心深い人は、無宗教の人より道徳的だろうか［*30］？　多くの研究者がこの問題を調査してきた。そしてはっきりと言えることは、興味深い知見はほとんどない、ということだ。小さな影響はなくはない。しかしたとえば、いくつかの研究によれば、信心深い人は、少々偏見に陥りやすくなるという。しかしこの影響は、年齢や政治的態度といった他の要素を排除すると弱まるし、現われるのは、何らかの方法で信仰心が測定された場合だけである。

唯一大きな影響は、信心深いアメリカ人は、無神論者より寄付をする（宗教と関係のない慈善事業も含めて）というものだ。調査の対象をコントロールした場合も、結果は同じだった（信心深いアメリカ人は、高齢者、女性、南部出身者、アフリカ系アメリカ人の平均よりも多く寄付をする）。

なぜ、こうした相関性が存在するのかを調べるために、政治学者のロバート・パットナムとデヴィッド・キャンベルは、死後の生や、道徳に対する神の重要性など、信仰にまつわるさまざまな問題について聞き取り調査を行なった。その結果、こうした質問への回答は、ボランティア活動に参加したり、慈善金を寄付したりといった行為と何一つ関係ないことがわかった。宗教的なコミュニティに参加しているかどうか、それがすべてだった。パットナムとキャンベルが言うように「教会の出席率さえ知れば、信仰の中身についてあきらかにできるそのほかのことは、その人がどのくらいよき隣人かを理解したり、予測したりする上でまったく役に立たない。……事実、統計が示すように、信徒団の社会生活にたまたま（おそらく配偶者を通じて）関わるようになった無神論者は、一人で祈っているきわめて熱心な信者よりも、ホームレスの炊き出しにボランティアとして参加する確率が高い。つまり、隣人精神に重要なのは、宗教的帰属感であって、信仰の篤さではない」［＊31］

共同体が重要であって信仰心は関係ない。この結果は、宗教のいとわしい影響にもあてはまる。心理学者のジェレミー・ジンジャズらは、パレスチナのイスラム教徒の間で、信仰心と自爆テロの支持の間の強い結びつきを発見したが、ここでも、鍵となる要因は、信仰心の篤さではなく宗教的共同体だった[*32]。祈りの回数ではなく、モスクへ通う頻度が、自爆テロを支持するかどうかの目安となった。インドネシアのイスラム教徒、メキシコのカトリック教徒、イギリスのプロテスタント教徒、ロシアのロシア正教徒、イスラエルのユダヤ教徒、インドのヒンドゥー教徒の場合も、教会やモスクなどへ通う頻度が(何度も言うが祈りの回数ではない)、「世界の騒乱の大半は異教徒たちのせいである」といった質問へどう回答するかの指標となる。

道徳性に関して、宗教的な信念に影響力がない、と結論することは、ひねくれた見方に思えるかもしれない。自爆テロを考えてみよう。自爆テロへの態度を予測する格好の指標は、信仰心の篤さではなく、宗教儀式への参加率だとしても、リチャード・ドーキンスのように、神が異教徒を殺すように望んでいるのだと信じる人は、はなから神を信じていない人より、異教徒の殺害にずっと積極的なはずだ、と結論することはもっともに思われる[*33]。一般に、宗教は、中絶、同性愛、貧しい人への義務、自慰、その他ほぼあらゆることがらについて、明確な道徳的主張を行なっている。たしかにこれは、信者たちの心理に影響を与えはしないか?

そうかもしれない。ところが、宗教的信念が道徳的信念を導くのではない――宗教的信念が道徳的信念を反映しているのだという考え方もある[*34]。これは、ジャーナリストで、学者でもあるロバート・ライトが、『神の進化』で擁護する考えだ。ライトは、私たちがいま道徳の輪と呼んでいるものの拡大と縮小にとくに関心を寄せ、一神教の宗教が、自分たちの外側の集団に対する態度をどう変化させてきたかをたどっている。ライトによれば、こうした変化は、もっと広い文化の変化と呼応しているのだそうだ。道徳の輪が、おそらく戦争など外部からの脅威のために縮小するとき、人は「聖典の中に、不寛容や好戦的な態度に対するよりどころを求め」、道徳の輪が拡大するときは、「聖典の中の、寛容で、ものわかりのいい箇所を捜そうとする」のだとか。聖典そのものが、こういった変化の原因だとは、新聞の見出しが飛行機墜落の原因だと言うようなものではないか。

だからといってかならずしも、宗教的信念が道徳と無関係と言うわけではない。宗教的信念は、促進剤として、すなわち自己増強型システムの一環として作用しているかもしれない。ある集団（たとえば同性愛者など）を憎悪する個人や社会は、聖典の文言や、宗教的指導者の言葉によりどころを求めるだろう。そしてひとたびこれを見つければ、自分たちの憎しみを補強し、正当化し、強化することができる。思いやりや正義を求める人にとっても同様だ。こうして宗教は、まったく宗教心のない人でさえ、道徳的に望ましいとみなすであろう大義の土台となりうる。

私たちは、道徳の変化を促す原動力の一部を考えてきたが、多くの道徳的決定にまつわる複雑さにはここまで目をつぶってきた。道徳の輪に関して、輪は大きければ大きいほどいいと言う、レッキーやダーウィンら学者たちの意見に従うのであれば、この点をとくに考える必要がある。これは、スタート地点としては悪くない。今日にいたるまで、人類の最大の問題は、私たちの思いやりの輪が非情なまでに小さくなりがちであること、と言えるかもしれないのだから。

しかし、すぐにわかるように、道徳の輪は大きいほどいいとはかぎらない［＊35］。私たちは、輪を胎児にまで拡大して、胎児を子供と道徳的に同格と考えるべきだろうか？　胎芽は？　受精卵はどうだろう？　その通り、はじまりまでさかのぼるべきだと言う人もいるだろう。実際、社会が、これらの個体を破滅から救おうとしないのは、ホロコーストに匹敵する道徳的過ちだと考える人も多い。人間以外の動物はどうだろう？　一六世紀のパリでは、ネコを火にくべるのは大衆娯楽の一種と考えられていた［＊36］。ある歴史家によれば、「王や王妃をはじめ、見物人たちは、動物が、苦痛に悲鳴をあげながら、じりじりと焼かれ、あぶられ、最後は炭になるのを見ながら、ヒーヒー笑った」。私たちは、もうこんな真似はしない。それではもう一歩進んで、動物を狩ったり、食べたり、医療研究に利用したりするのをやめるべきだろうか？　その通り、こうしたこともすべてやめるべきだと言う人もいるだろう。しかしそれなら、皮膚細胞の適正な扱いと保護の問題はどうなる？　パーソナル・コンピューターは？　ウィルスは？　すべてに道徳的な重みがあるわけではないので、大きすぎる道徳の輪は、あきらかに権利と道徳的価値をもつ、個人の生活の質を下げる。受精卵が子供と同等に扱われるのであれば、妊婦に危害が及ぶおそれがある。動物実験を行なわない選択をすれば、人間の病気の治療の妨げになる。こうしたジレンマに、私たちは取り組まなくてはならない。

こうした問題を認識すると、これまで本書に登場していない、ある要素に気づく。それは理性だ。道徳を考えるとき、私たちは推論し、矛盾をあぶり出し、よく似ているものを検討する。衝突する主張を、現実の状況と仮想の状況にあてはめて、これらが自分たちの直観をどうとらえるかを確認して評価できる。こうしたすべてを行なうとき、私たちは、科学的理論を組み立てたり、事業を立ち上げるとか休暇旅行を計画するとかいった現実的な問題を処理したりするときに使う能力を働かせている。この能力が人より発達している人もいるだろう。しかし、どんな人にも、この能力は備わっている。これこそが、有史以来、道徳の進歩を駆り立てている。私たちは、理性を使って、恐竜や電子や微生物の存在といった科学的発見を成し遂げたように、理性を使って、奴隷制度の悪といった道徳的発見を成し遂げてもきた。

こうした立場は、一部の人には奇異に思われるであろう。それは承知している。たしかに時代遅れだ。直感や無意識の動機を重視し、合理的な熟慮を軽んじるのが、心理学や神経科学のいまのトレンドなのだ。政治・文化のコメンテーター、デヴィッド・ブルックスにによれば、この傾向をベストセラーとなった著書『人生の科学』で弁舌さわやかに擁護する〔＊37〕。ブルックスによれば、重要なのは冷徹な理性ではなく、その下にある「情動、直感、バイアス、願望、遺伝的傾向、性格特性、社会規範」であり、心理学や神経科学は私たちに「純粋理性より情動、個人の選択より社会の絆、ＩＱより性格が重要である〔と思い出させてくれる〕」のだそうだ。

理性の凋落は、道徳心理学の分野でとくに顕著だ。これに大きく貢献したのが、心理学者ジョナサン・ハイトの研究だ。ハイトは、二〇〇一年に発表した有名な論文で「道徳的推論が、道徳的判断を導くのではない。むしろ、道徳的推論は、通常、判断が下された後で、あとづけとして考え出される」と主張している［＊38］。ハイトによれば、道徳的直観が道徳的推論を促すのは「イヌが尾を振るのと同じくらいたしか」なのだとか。

理性がまったく無力だと主張する者はいない――ブルックスは、人は、ときには直感を覆すために知性を利用できると明言しているし、ハイトは、一部の専門家（たとえば哲学の専門家など）は、ときおり道徳的熟考をめぐらすことを認めている――が、要は、理性は、道徳の舞台では端役に過ぎない、というわけだ。この結論は、現代心理学と、道徳哲学の一大勢力、デヴィッド・ヒュームの「理性は、情念の奴隷であり、ただ奴隷であるべきである。つまり理性は、情念につき従う以外の役目を申し立てることはできない」という言葉をスローガンとして掲げる一派を結びつける［＊39］。

ヒュームの主張に何がしかの真実があるのは認めよう。先にも述べたように、思いやりが最初に湧き上がらなければ、そもそも人間が道徳的存在になれるはずがない。さらに、私たちの道徳的判断の中には（第五章で考察した、嫌悪や清浄さに関係するもののように）、あきらかに、理性の結果でないものもある。そしてハイトが言うように、こうした判断に対する私たちの説明はあとづけに過ぎない場合も多い。さらに、私たちが自覚さえしないうちに、多くの要因が判断や行動に影響を与えている。手を洗えば（清浄さのヒント）、道徳にやかましくなる。散らかった部屋を見たり、おならスプレーを嗅いだりしても同様だ［＊40］。こうばしいパンの匂いが漂っていたり、小銭を拾ったりすると、人助けをしようという意欲が高まる［＊41］。

しかし、これらはいずれも、理性が無関係であることを示してはいない。何はともあれ、多くの道徳的直観は説明できる。なぜ飲酒運転がいけないのか、松葉杖をついている人のためにドアを開けておくのがよいことなのか。そう聞かれて、言葉に詰まる人はいない。人に向かってどなるより、人を殺すほうが悪いのはなぜか、雇用主が、白人従業員より黒人従業員の給料を安くしようとするのが間違っているのはなぜか。そう聞かれて、答えに窮する人はいない。こういった問題について（たとえば子供から）質問されたら、危害、公正、平等に関する懸念に触れれば、筋の通った説明ができる。

そして、こうした論理的思考こそが、現実世界に変化をもたらす。これについては、公民権運動の最中にアメリカ南部で黒人と白人の子供たちが味わった苦難を研究したロバート・コールズや［＊42］、中絶するかどうかを決めようとしている若い女性にインタビューしたキャロル・ギリガンら［＊43］、多数の研究者に詳しい。彼らの著作を読むと、道徳的問題を解決するために努力する人々の姿を見て、こうした論理的思考が、周囲の意見と衝突する結論に、ときに人をどう駆り立てるのかを理解することができる。道徳的理由のために菜食主義者になった人たちが、なぜ自分が菜食主義者になったかを、あるときは動物に加えられる危害を根拠にして（「家畜に対して横行するサディズムや拷問に目が開かれた以上、動物を食べることは二度とない」）、またあるときは権利という言葉を使って（「公平に考えて、動物が、生きて、自分の生を享受する権利は、人間の、欲するものを手当たり次第に食べる『権利』に優先されるべきである」）よどみなく理路整然と説明できることをあきらかにした聞き取り調査もある［*44］。心理学者のカレン・ハッサーとポール・ハリスは、菜食主義でない家庭に育ちながら菜食主義者になった、六歳から一〇歳の四八人の子供を対象に面接調査を行ない、子供たちが全員、自分の決定を道徳的に説明できることをあきらかにした［*45］。

この種の熟考こそが人間の本質なのだ。子供どうしのやり取りを見ていて、生徒を罰するときに教師が意地悪ではなかったか、音楽を無料でダウンロードするのが正しいかといった日常の道徳的ジレンマを議論するときの熱心さに気づかない人はいないだろう。言うまでもなく、大人も何が正しい行為かについて、一年中、反芻し、懸念し、議論している。テーマは、中絶や死刑といった道徳や政治上の大問題ばかりではない。アルコール依存症の同僚にどう接するべきか、借りたお金を返す気があきらかにない親戚にどう対処すべきか、原稿の締切を守らないのはどのくらい編集者に悪いか、といった身近な問題についても同様だ。

道徳をめぐる熟考はあらゆる場面で行なわれているが、心理学者はよくこれを見逃す。一つには、みんなの受けがいいのは、直感に反する発見だからだ。説明するのが難しい道徳的直観が人間に備わっているという発見は、刺激的なだけでなく、一流の科学雑誌にも掲載してもらえる。飲酒運転は間違っているといった、簡単に説明のつく道徳的直観が人間に備わっていることを発見しても、あたりまえで面白くないし、雑誌にも取り上げてもらえない。犯罪者の刑罰を決める立場にある人の判断が、本人が意識していない要因（部屋に国旗が飾ってあった、など）や、意識的に否定するであろう要因（犯人の肌の色など）に影響されているという発見は人を惹きつけるが、刑罰の軽重が、犯罪の深刻さや犯罪者の前科などの合理的な判断材料に影響されるという発見は退屈だ。焼き立てのパンの匂いがしたら、人助けの意欲が高まる。これは面白い。過去に親切にしてくれた人には、助けようとする意欲が高まる。こちらは退屈。

私たちはときおり、活字にされるものにこうした偏りがあることを忘れて、科学雑誌や大衆紙に掲載されたものを、心の働きの最良の知識を正確に反映していると考えてしまう。しかしそれは、夜のニュースを見て、レイプや強盗や殺人が、すべての人にとって日常的な出来事だと（夜のニュースでは、この手の事件がいっさい起きない圧倒的多数の事例は報じないことを忘れて）思い込むようなものだ。

論理的思考力が芽生えるには時間がかかる。そのため、赤ちゃんの道徳生活に限界があるのは仕方ない。赤ちゃんにも私たちのような性向や感情はある。赤ちゃんは、苦しんでいる他者をなだめようとする、残酷な行為に怒りを感じる、悪さをする者を罰する者を好む。しかし、赤ちゃんには足りないものも多い。とりわけ公平という道徳原理――すなわち、共同体の全員に平等に適用される禁止と要求――を理解していない。

こうした原理が、法と正義のシステムの根幹にある。ピーター・シンガーは、公平性の概念はどの宗教、どの道徳哲学でも明文化されていると指摘する［＊46］。これは、さまざまな黄金律の形で表わされている。たとえば、キリストは「人にしてもらいたいと思うことは何でも、あなたがたも人にしなさい」と命じている。ユダヤ教の指導者ラビ・ヒレルは、「自分がされたくないことを隣人にしてはいけない。それがトーラーのすべてであり、残りはその注釈である」と言った。孔子は徳を一言で何というかと尋ねられ、「それ恕《じょ》か。おのれの欲せざるところは人に施すことなかれ」と答えた。イマヌエル・カントは、道徳の核心を「なんじの意志の格率がつねに同時に普遍的立法の原理となるべく行為せよ」とした。アダム・スミスは、道徳的判断の試金石として、公平な観察者の判断に訴えた。ジェレミー・ベンサムは、道徳の領域においては、「各人を一として数え、誰も一以上ではない」と主張した。ジョン・ロールズは、公平で正しい社会について熟考するときは、無知のヴェールをかぶった状態を、すなわち、自分の能力や立場に関する知識をもたない状況を想像するべきであると提言した。ヘンリー・シジウィックは「一個人の善は、宇宙の視点からすれば、他の個人の善よりも重要性においてまさることはない」と記した。

シンガーは、公平性の論理は、人類史の過程で、自分以外の理屈が通じる相手に、自分の行為の正当性を説明する必要から生じた発見だと言っている。誰かを殴った理由が、たんに「そうしたかったから」なら、利己的な欲望を表現したに過ぎず、まったく説得力がない。あなたのいったい何が、あなたの楽しみが他者の苦しみに優先してもかまわないほど、特別だというのか？　しかし、「やつが先に私を殴ったから」とか「やつが私の食べ物を盗んだから」と言うなら、現実的な言い訳になる。誰だって同じ状況に置かれれば（あなたが殴った相手も含めて）、同じことをしたかもしれない。シンガーは満足気にヒュームの言葉を引用する。それによると、正当な弁明を行なうものは、「個人的で特殊な状況を離れ、自分にも他人にも共通の視点を選ばなくてはならない」。これが、理由を伝えるという行為の意味だ。シンガーの発言に対してピンカーがコメントするように、「なぜ自分に危害を加えるべきでないか、という理由に訴えて、相手を思いとどまらせようとすれば、ただちに、共通目的として危害の回避への同意に巻き込まれる」[*47]。

いま、私たちが注目しているのは危害という特殊なケースだが、この論理はもっと一般的なケースにもあてはめられる。大型動物の狩りや子供の養育の分担といった企てにおいて、協力の恩恵に浴するには、行動を連携させる必要がある。場合によっては、より大きな善のために犠牲を払わなくてはならない人も出てくるだろう。これを成功させるには、共同体内部で公平に適用される報酬と罰のシステムが必要だ。公平性が必要なことがもっとも明白になるのは、食べ物など、財の分配の場面だ。もし誰かが全部を取ろうとして「私はこれが欲しいんだ!」と叫べば、戦いになる。そして、みんなが痛い思いをする。しかし「私は公平な分け前が欲しい」とか、「私は人より働いたのだから、人より多く欲しい」という発言は、合理的な人には理解できる。前述のように、こうした基準は、原則として、全員に適用されるからだ。

この説明によると、公平性は、合理的で利己的な人間の行動を連携させるという問題への、合理的な解決策として生まれる。しかし、共感も役立っているのかもしれない。相手の立場に立てば、自分の欲望が特別でないことはすぐにわかる。傷つけられたくないのは自分だけではない。

これは、誰も傷つけられたくはないという一般化の土台となり、そしてさらに、もっと広い危害の禁止を裏づける。共感と公平性は、多くの場面で、互いに補強しあう[*48]。共感を働かせれば、私たちは、つまるところ自分は特別ではないと気づく。それが公平性の原理の概念を支え、私たちを、これからも他者の身になろうと動機づける。

共感と理性はどう連携しているのだろう。その例として、心理学者のマーティン・ホフマンが誘導と呼んだ親の行動を考えてみよう[*49]。親は、子供が誰かに害を加えたり、害を加えようとしたりすると、「あなたが歩道に雪を投げたら、誰かがもう一度片付けなくてはならないでしょう」とか「あの子は自分のタワーを自慢にしていたのに、あなたが壊してしまったから、がっかりしているのよ」といったことを言って、子供に被害者の視点に立つように促す。ホフマンの見積もりによれば、子供は二歳から一〇歳までの間、一年でおよそ四〇〇〇回の誘導を受けるそうだ。これは、共感の促しであり、子供たちに他者の視点に立つ習慣を身につけさせようとする試みだ。しかし同時に、子供に向かって何度も「あなたは道徳的に特別な存在ではない」と念を押してもいるのだ。

幼い子供は、道徳的な主張を受動的に受け取めるばかりではない。自らこうした主張を行なうこともできる。そんなとき、私たちは、人類の祖先が、自分の行為を正当化するために、合理的説明に訴える必要に迫られたであろう状況の再現場面を目にする。心理学者のメラニー・キレンとアダム・ラットランドは、三歳半の子供たちに、大人のいない部屋で遊ばせ、そのやり取りを記録した。子供たちは道徳的説得のプロセスを完全に身につけていた[*50]。

ルース　（フィッシャープライスの人形を二つもっている）ねえ、わたし、緑のお人形がほしいな。交換しない？　ほら、あなたにこっちをあげる（青い人形をマイケルに渡す）。そしたら、緑の人形をもらっていいでしょ、ね？（マイケルがもっている緑の人形を取ろうとする）

マイケル　だめ！　ぼくたち、さっき交換したよ。ぼくこっちがいい（緑の人形を握りしめる）。ぼくはいまこっちがいいの。きみはさっき、これをもってたでしょ。

リリー　ねえ、よかったら、二人にわたしのスプーンをあげようか？（自分のスプーンをマイケルとルースに見せる）

ルース　いらない。わたしは緑のお人形がほしいの。

マイケル　ぼくのおもちゃは交換しないよ。（自分のおもちゃの上に覆いかぶさる）

リリー　（ふしをつけて）ぼ～くのおもちゃは交換しな～い。

ルース　（ふしをつけて）ぼ～くのおもちゃは交換しな～い。

リリー　でも、そんなの不公平よ。だって、わたしは人形を一つももっていないもん。（口をとがらせる）

マイケル　（ルースに）一個、あげなよ。

ルース　でも、あんたは三個もってて、この子は一個もなくて、わたしは一個でしょ。それじゃ不公平よ。

リリー　そうよ、わたし一個もないもん。

ルース　(マイケルに) ねえねえ、あなたがわたしに緑のをくれたら、わたしがこの子に赤いのをあげる。そうすればみんな一個ずつになるわ。

マイケル　えっと、きみがぼくに赤いのをくれないなら、お誕生日パーティに呼んであげないからね。

リリー　でも、わたしお人形を一個ももってないのよ。

ルース　わかった。わたしがこれをあげる(リリーに)。それでわたしがマイケルからもらえば、みんな一個になるわ。いい？

マイケル　(オレンジの人形をルースに渡して) いいよ。でも明日また交換できる？

ルース　(ふしをつけて) お誕生日パーティ！ (マイケルからオレンジの人形を受け取って、リリーに赤い人形を渡す)

リリー　(ふしをつけて) お誕生日パーティ！

マイケル　(ふしをつけて) お誕生日パーティ！

先に見てきた調査でおわかりのように、幼い子供は、資源を分けるようにと言われると、出し惜しみする。他人については公平な分配の原理を支持するが、いざ自分の資源を分配する立場に置かれると、いちばん大きな分け前を取っておこうとする。しかし、ルース、リリー、マイケルのやり取りは、それほどケチケチしているようには見えない。子供たちは互いを尊重している。そうしなければならない、というのが大きな理由だ。シンガーの仮説に登場する遠い昔のご先祖と同じく、「私はそうしたいんだ」では済まされないのだ。子供たちは、客観的な理由を説明して、それに従わなくてはならない。

そして、子供たちの説明はかなり高度だった。平均的な哲学の講義よりずいぶん歌が出てきたし、マイケルがルースをたしかに脅す場面もある。しかし、子供たちは公平の原理に訴えてもいる。自分の要求や好みを口にするだけではなく、リリーもルースも、どの子も少なくとも一つ、おもちゃをもらうのが「公平」だと主張している（「でも、そんなの不公平よ。だって、わたし人形を一つももっていないもん」とリリーは言う。最終的にマイケルもどの子も一つずつおもちゃをもらうことに同意する）。マイケルも、一つのおもちゃを順番に使うという原理に訴えている（「ぼくはいまこっちがいいの。きみはさっき、これをもってたでしょ」）。

この言い争いが、先のような結末を迎えたとはかぎらない。マイケルが、リリーとルースに、自分のおもちゃを一人占めしておく別の理由を――おもちゃは自分のものだとか、自分は他の子よりずっとそのおもちゃが好きなんだとか――主張したかもしれない。ひょっとすると、こうした理由のどれかが、公平な分配の原理を覆して、マイケルは他の子を説得できたかもしれない。

論理的思考は、私たちを思いがけない方向へ運んでいく場合がある。

ひとたび公平の原理に傾倒すれば、公平の原理が私利私欲に勝利する場合もある。正しいと感じることを行なうために犠牲を払うのだ。まさにこれを身をもって示したのが、ユダヤ人を虐殺から救うためにすべてを投げ打ったオスカー・シンドラーであり、ルワンダ虐殺のときにツチをかくまったポール・ルセサバギナである。私のお気に入りは、ハンフリー・ボガート演ずる『カサブランカ』のリック・ブレインだ。映画の終わりで、リックは恋人のイルサ・ラントに、なぜ夫と去らなくてはならないのか、自分を置いていかなくてはならないのかを説明する。リックは、自分の説明に説得力を与えるために、道徳の公平性について熱く語る。「なあ、俺はたいした人間じゃない。だが、このいかれた世の中で、三人のちっぽけな人間の問題なんて取るに足りないってことはすぐわかる」[*51]

リックの言葉を胸に留めて、もう一度、人間は情念の奴隷である――すなわち、私たちの道徳的判断や道徳的行為は、自分がまったく自覚していない、意識のコントロールの及ばない、神経メカニズムの所産であるという、徐々に市民権を得つつある見方を考えてみよう。人間の道徳的本性に対するこうした見方が真実なら、進んで受け入れねばならない。しかし、これは真実ではない。なぜなら、日常の経験にも、歴史にも、そして発達心理学という科学にも否定されているからだ。

正しくは、私たちの道徳感は、二つの部分から成っている。道徳は、私たちに生まれつき備わっている部分からはじまる。そしてそれは、目を見張るばかりに豊かだ。赤ちゃんは道徳的な生きものだ。進化のおかげで、他者に共感し、他者を思いやることができる。他者の行動を評価することもできる。正義と公平も少しは理解している。しかし、私たちは、たんなる赤ちゃんを超えた存在である。私たちの道徳のかけがえのない部分——私たちを人間足らしめているものの多く——は、人類の歴史と、個人の発達の過程で現われる。それは、私たちの思いやり、想像力、そして、合理的思考を可能にするたぐいまれなる能力の産物である。

ものごころついた頃から、私は道徳に惹きつけられてきた。しかしこの本を著すきっかけとなったのは、二〇〇七年から二〇〇八年にかけて、ジョンズ・ホプキンス大学で行なった連続講義である。主題は「宗教の認知科学」。二回にわたり担当させていただいた講演で、私は道徳性と宗教的信仰の関係を探究した。講義を後援してくださった、メタネクサス・インスティテュート、ジョン・テンプルトン財団、クリーガー教養学部に感謝申し上げる。また、訪問の手筈を整えてくれ、こうした問題について話し相手になってくれたスティーブン・グロスにも、この場を借りて御礼申し上げる。

これらの講演を終えた後、私はしばらく道徳から離れて、まったく異なるテーマ（喜び）に関する本を一冊完成させた。しかし、二〇一〇年、ふたたび道徳に立ち返り、「赤ちゃんの道徳生活」という記事を書いて、『ニューヨーク・タイムズ・マガジン』に発表した。編集を担当してくれたアレックス・スターとジェイム・ライアーソンに、こうした話題に関心をもち、編集者として包括的なアドバイスを与えてくださったことに感謝申し上げる。このとき、エージェントのカティンカ・マットソンに説得されて、本書の執筆に取り掛かることになった。本書はカティンカとの三作目にあたる。賢明で、誠実で、猛然と応援してくれる――そんな女性に味方してもらえて、私は果報者だ。

二〇一一年、私は、イエール大学のディヴェイン連続講義シリーズで、「日常生活の道徳」というテーマで講演を行なうように依頼された。この講演が、本書の多くの議論の予行演習となった。当時、イエール大学の学長だったリチャード・レビンと、当時副学長だったピーター・サロヴェイ（現学長）にこうした機会を与えていただけたことにあらためて感謝申し上げる。また、イエール大学が、このような、すばらしい学問の場であるようにお二方が尽力しておられることにもあらためて感謝する。教師と学者にとって、これほど恵まれた場所は、世界にまたとない。

本書で紹介した、イエール大学の赤ちゃん研究は、全米国立科学財団と国立衛生研究所の助成金によって実施されている。これらの支援にも厚くお礼申し上げる。

この本がこうして世に出るまで、多くの同僚、友人たちに、質問に答え、原稿に目を通し、アドバイスをいただき、もしくはこうしたテーマのたんに話し相手になってもらった。この場を借りて、キャサリン・アレクサンダー、ジョン・バー、ロドルフォ・コルテス・バラガン、デヴィッド・ベルビー、ピーター・ブレイク、アダム・コーエン、ヴァル・カーティス、ジョン・ドヴィディオ、キャロル・ドウェック、ブライアン・アープ、デボラ・フリード、ジョン・ギブス、アダム・グリック、カイリー・ハムリン、エディ・ホーフシュテッター、フランク・キール、メラニー・キレン、ジョシュア・ノーブ、ヴァレリー・カールマイヤー、ロバート・カーズバン、マリアンヌ・ラフランス、ミーガン・マンガム、グレゴリー・マーフィー、ショーン・ニコルズ、クリスティーナ・オルソン、ウェンディ・フィリップス、デヴィッド・ピザロ、デヴィッド・ランド、ローリー・サントス、サリー・サテル、リチャード・シュウェーダー、ルカ・スーリアン、カレン・ウィンに御礼申し上げる。タマル・ジェンドラーとジョシュア・グリーンにはとくにお世話になった。お二方とは本書で取り上げた問題について何度も話し合い、草稿に鋭いコメントを寄せてもらった。

本書の内容の多くは、道徳性の認知科学に関する学部生向けゼミでも取り上げたものだ。ディスカッションやディベートに参加してくれた学生の皆さんにも感謝申し上げる。さらに、本書の最初の原稿を、学部生、大学院生、博士研究員から成る研究室の仲間たちと入念に検討した。賢明かつ、建設的な意見を寄せてくれた次の方々に感謝する。コニカ・バナジー、ジェニファー・バーンズ、リンジー・ドレートン、サリア・ゴールドシュタイン、リリー・ギヨ、ジョナサン・フィリップス、デヴィッド・ペトラシェフスキ、アレックス・ショー、マーク・シェスキン、クリスティーナ・スターマンズ、アニー・ウェルツ。

本書の企画から刊行まで、完成の日を信じ、つねに賢明なアドバイスを与えてくれたクラウン社の担当編集者レイチェル・クレイマンにもお礼申し上げねばなるまい。ステファニー・チャンは、優秀な編集助手と共に、本書の草稿に対して幅広く思慮に富む意見を述べてくれた。そのため持論の多くを再考し、書き直さなくてはならなくなったが、結果的にはるかによい作品に仕上がったと思う——かなり短くなったのはたしかだ。

家族に——身近な家族も遠い親戚も、本当の血縁にも架空の血縁にも、家族のみんなに——その支えに感謝する。そしてぜひとも声を大にして言いたい。十代になったわが息子たち、マックスとザカリー、二人の愛情と絆に、楽しい議論に費やした膨大な時間に心から感謝している、と。息子たちのせめてどちらか一人でも家業に加わってくれるよう説得できたらいいのだが。

そういうわけで、最大級の感謝を妻であるカレン・ウィンに捧げよう。私は、家庭と職場は別という人間ではない。カレンは、イエール大学乳幼児研究所の所長である。そのため、赤ちゃんの道徳に関する私自身の研究はすべて、カレンと学生たちと共同で行なわれたものだ。本書に発表した考えは、カレンとの長年の議論により形成されたものである。妻のやさしさ、才能、愛情に深く感謝する。最後に、この本のタイトルも、妻との共作であることを申し添えておこう。

原註

はじめに

1 S. Satel, "Desperately Seeking a Kidney," *New York Times Magazine*, December 16, 2007.

2 L. MacFarquhar, "The Kindest Cut," New Yorker, July 27, 2009.

3 フランシス・コリンズ『ゲノムと聖書——科学者、〈神〉について考える』（中村昇、中村佐知訳、NTT出版、二〇〇八年）

4 L. M. Holson, "The New Court of Shame Is Online," *New York Times*, December 23, 2010.

5 手紙の全文については、「ピーター・カーへの手紙」（1787年8月10日）を参照されたい。www.stephenjaygould.org/ctrl/ jefferson_carr.html. ジェファーソンの道徳心理観の論考として、John Macnamara, *Through the Rearview Mirror: Historical Reflections on Psychology* (Cambridge, MA: MIT Press, 1999) を参照されたい。

6 スミスの道徳観の示唆に富む概観としては、Michael L. Frazer, *The Enlightenment of Sympathy: Justice and the Moral Sentiments in the Eighteenth Century and Today* (New York: Oxford University Press, 2010) を参照されたい。

第一章　赤ちゃんの道徳生活

1 この逸話の初出は、ポール・ブルーム『赤ちゃんはどこまで人間なのか』（春日井晶子訳、ランダムハウス講談社、二〇〇六年）。

2 F. Keil, *Developmental Psychology* (New York: Norton, 近日刊行）による引用。

3 J. Nado, D. Kelly, and S. Stich, "Moral Judgment," *The Routledge Companion to the Philosophy of Psychology*, ed. John Symons and Paco Calvo (New York: Routledge, 2009), 621–33.

4 これらは、エリオット・テュリエルらが、「社会慣習の違反」と呼ぶものと、道徳違反を区別するために利用している基準の一部である。エリオット・テュリエル "The Development of Morality" 参照。*Handbook of Child Psychology*, ed. William Damon and R. M. Lerner, vol. 3, ed. N. Eisenberg (New York: Wiley, 2006), 789–857.

5 John Mikhail, *Elements of Moral Cognition: Rawls' Linguistic Analogy and the Cognitive Science of Moral and Legal Judgment* (New York: Cambridge University Press, 2010).

6 C. Booth, "The Bad Samaritan," *Time*, September 7, 1998.

7 R. Shweder and J. Haidt, "The Future of Moral Psychology: Truth, Intuition, and the Pluralist Way," *Psychological Science* 4 (1993): 360–65, ジョナサン・ハイト『社会はなぜ左と右にわかれるのか——対立を超えるための道徳心理学』(高橋洋訳、紀伊國屋書店、二〇一四年)を参照されたい。

8 F. Warneken and M. Tomasello, "Altruistic Helping in Human Infants and Young Chimpanzees," *Science* 311 (2006): 1301–3.

9 アダム・スミス『道徳感情論』(高哲男訳、講談社学術文庫、二〇一三年)

10 ヘロドトス『歴史』(松平千秋訳、岩波文庫、一九七一年)

11 R.Shweder, "Are Moral Intuitions Self-Evident Truths?" *Criminal Justice Ethics* 13 (1994): 26. ただしシュウェーダーは、他の著作では、道徳的普遍性が存在することもあきらかにしている。R. Shweder, "Relativism and Universalism," *Companion to Moral Anthropology*, ed. Didier Fassin (New York: Wiley), 85–102. も参照されたい。

12 M. Bloch, "The Past and the Present in the Present," *Man* 12 (1977): 285.

13 リチャード・ドーキンス『利己的な遺伝子』(増補新版)、(日高敏隆、岸由二、羽田節子、垂水雄二訳、紀伊國屋書店、二〇〇六年)

14 スミス『道徳感情論』

15 リチャード・ドーキンス『神は妄想である——宗教との決別』(垂水雄二訳、早川書房、二〇〇七年)

16 チャールズ・ダーウィン『人間の進化と性淘汰』(長谷川真理子訳、文一総合出版、二〇〇〇年) S. Bowles, "Group Competition, Reproductive Leveling, and the Evolution of Human Altruism," *Science* 314 (2006): 1569–72, エドワード・O・ウィルソン『人類はどこから来て、どこへ行くのか』(斉藤隆央訳、化学同人、二〇一三年)も参照されたい。

17 R. L. Trivers, “The Evolution of Reciprocal Altruism,” *Quarterly Review of Biology* 46 (1971): 35– 57.

18 アリソン・ゴプニック『哲学する赤ちゃん』（青木玲訳、亜紀書房、二〇一〇年）

19 Charles Fernyhough, *A Thousand Days of Wonder: A Scientist’s Chronicle of His Daughter’s Developing Mind* (New York: Avery, 2009), 5.

20 ゴプニック『哲学する赤ちゃん』

21 R. Baillargeon, “Object Permanence in 3½ and 4½ Month Old Infants,” *Developmental Psychology* 23 (1987): 655– 64; E. Spelke, “Principles of Object Perception,” *Cognitive Science* 14 (1990): 29– 56. レビューとして、E. S. Spelke and K. D. Kinzler, “Core Knowledge,” *Developmental Science* 10 (2007): 89– 96 を参照のこと。

22 K. Wynn, “Addition and Subtraction by Human Infants,” *Nature* 358 (1992): 749– 50. 参照。先の研究の拡大・複製のレビューは、K. van Marle and K. Wynn, “Quantitative Reasoning,” in *Encyclopedia of Cognitive Science*, ed. Lynn Nadel (London: Nature Publishing Group, Macmillan, 2002) 参照。 赤ちゃんの比の理解の研究は、K. McCrink and K. Wynn, “Ratio Abstraction by 6- Month- Old Infants,” *Psychological Science* 18 (2007): 740– 46 を参照のこと。

23 レビューとして、ブルーム『赤ちゃんはどこまで人間なのか』参照。

24 E. Tronick, H. Als, L. Adamson, S. Wise, and T. B. Brazelton, “The Infant’s Response to Entrapment Between Contradictory Messages in Face- to- Face Interaction,” *Journal of American Academy of Child Psychiatry* 17 (1978): 1– 13.

25 T. Field, N. Vega- Lahar, F. Scafidi, and S. Goldstein, “Effects of Maternal Unavailability on Mother- Infant Interactions,” *Infant Behavior and Development* 9 (1986): 473– 78; Tronick, Als, Adamson, Wise, and Brazelton, “Infant’s Response to Entrapment.”

26 A. Woodward, “Infants Selectively Encode the Goal of an Actor’s Reach,” *Cognition* 69 (1998): 1– 34.

27 K. H. Onishi and R. Baillargeon, “Do 15- Month- Old Infants Understand False Beliefs?,” *Science* 308 (2005): 255– 58.

28 D. Premack and A. J. Premack, “Infants Attribute Value +/− to the Goal- Directed Actions of Self- Propelled Objects,” *Journal of Cognitive Neuroscience* 9 (1997): 848– 56.

29 V. Kuhlmeier, K. Wynn, and P. Bloom, “Attri bution of Dispositional States by 9- Month- Olds: The Role of Faces,” 査読中。 V.

Kuhlmeier, K. Wynn, and P. Bloom, "Attri bution of Dispositional States by 12- Month- Old Infants," *Psychological Science* 14 (2003): 402– 8; J. K. Hamlin, K. Wynn, and P. Bloom, "Social Evaluation by Preverbal Infants," *Nature* 450 (2007): 557– 59. 赤ちゃんに見せた映像をご覧になりたい方は、"Social Evaluation by Preverbal Infants," 2007, www.yale.edu/ infantlab/ socialevaluation/Helper-Hinderer.html. を参照されたい

30 Hamlin, Wynn, and Bloom, "Social Evaluation by Preverbal Infants."

31 J. K. Hamlin, K. Wynn, and P. Bloom, "3- Month- Olds Show a Negativity Bias in Social Evaluation," *Developmental Science* 13 (2010): 923– 39.

32 A. Vaish, T. Grossmann, and A. Woodward, "Not All Emotions Are Created Equal: The Negativity Bias in Social- Emotional Development," *Psychological Bulletin* 134 (2008): 383– 403; P. Rozin and E. Royzman, "Negativity Bias, Negativity Dominance, and Contagion," *Personality and Social Psychology Review* 5 (2001): 296– 320.

33 M. Yamaguchi, V. Kuhlmeier, K. Wynn, and K. van Marle, "Continuity in Social Cognition from Infancy to Childhood," *Developmental Science* 12 (2009): 746– 52.

34 J. K. Hamlin and K. Wynn, "Five-and 9-Month- Old Infants Prefer Prosocial to Antisocial Others," *Cognitive Development* 26 (2011): 30– 39.

35 K. Hamlin, K. Wynn, and P. Bloom, "Social Evaluation by Preverbal Infants," 二〇〇七年ボストンで開催された幼児発達学会におけるポスター展示。

36 スミス『道徳感情論』

第二章　共感と思いやり

1 E. Viding, R. J. R. Blair, T. E. Moffitt, and R. Plomin, "Evidence for Substantial Genetic Risk for Psychopathy in 7- Year- Olds," *Journal of Child Psychology and Psychiatry* 46 (2005): 592– 97.

2 マーティン・ホフマン『共感と道徳性の発達心理学――思いやりと正義とのかかわりで』（菊池章夫、二宮克美訳、川

島書店、二〇〇一年）

3 William Damon, *The Social World of the Child* (San Francisco: Jossey- Bass, 1977), 18.

4 著者による引用。『赤ちゃんはどこまで人間なのか』

5 同右

6 ジョン・ロンソン『サイコパスを探せ！――「狂気」をめぐる冒険』（古川奈々子訳、朝日出版社、二〇一二年）より

7 Charles Darwin, "A Biographical Sketch of an Infant," *Mind* 2 (1877): 285– 94.

8 Darwin, "Biographical Sketch," 289.

9 "Biographical Sketch," 291.

10 Darwin, "Biographical Sketch," 292.

11 Darwin, "Biographical Sketch," 292.

12 マイケル・サンデル『これからの「正義」の話をしよう――いまを生き延びるための哲学』（鬼澤忍訳、早川書房、二〇一〇年）

13 ポール・バビアク、ロバート・D・ヘア『社内の「知的確信犯」を探し出せ』（真喜志順子訳、ファーストプレス、二〇〇七年）

14 A. A. Marsh and E. M. Cardinale, "Psychopathy and Fear: Specific Impairments in Judging Behaviors That Frighten Others," *Emotion* 12 (2012): 892– 98.

15 スミス『道徳感情論』

16 John Updike, *Getting the Words Out* (Northridge, CA: Lord John Press, 1988), 17, E. Hatfield, J. T. Cacioppo, and R. L. Rapson, *Emotional Contagion* (New York: Cambridge University Press, 1994) による引用。

17 スミス『道徳感情論』

18 V. Gallese, L. Fadiga, L. Fogassi, and G. Rizzolatti, "Action Recognition in the Premotor Cortex," *Brain* 119 (1996): 593– 609; G. Di Pellegrino, L. Fadiga, L. Fogassi, V. Gallese, and G. Rizzolatti, "Understanding Motor Events: A Neurophysiological Study,"

Experimental Brain Research 91 (1992): 176–80.

19 V. S. Ramachandran, "Mirror Neurons and Imitation Learning as the Driving Force Behind 'the Great Leap Forward' in Human Evolution," 2009, Edge video, transcript at www.edge.org/3rd_culture/ramachan dran/ramachandran_index.html.

20 G. Hickok, "Eight Problems for the Mirror Neuron Theory of Action Understanding in Monkeys and Humans," *Journal of Cognitive Neuroscience* 21 (2009): 1229–43; スティーブン・ピンカー著『暴力の人類史』（幾島幸子、塩原通緒訳、青土社、二〇一五年）; Alison Gopnik, "Cells That Read Minds? What the Myth of Mirror Neurons Gets Wrong About the Human Brain," *Slate*, April 2007, www.slate.com/articles/life/brains/2007/04/cells _that_read_minds.html.

21 論考のために、C・ダニエル・バトソン著『利他性の人間学——実験社会心理学からの回答』（菊池章夫、二宮克美訳、新曜社、二〇一二年）参照。発達学的見地による、共感と思いやりレビューとしては、ホフマン『共感と道徳性の発達心理学』参照。

22 J. Prinz, "Is Empathy Necessary for Morality?," in *Empathy: Philosophical and Psychological Perspectives*, ed. Amy Coplan and Peter Goldie (New York: Oxford University Press, 2010). も参照されたい。

23 T. Singer, B. Seymour, J. P. O' Doherty, K. E. Stephan, R. J. Dolan, and C. D. Frith, "Empathic Neural Responses Are Modulated by the Perceived Fairness of Others," *Nature* 439 (2006): 466–69.

24 P. Singer, "Famine, Affluence, and Morality," *Philosophy and Public Affairs* 1 (1972): 229–43.

25 S. Darwall, "Empathy, Sympathy, Care," *Philosophical Studies* 89 (1998): 261–82. による引用。

26 ピンカー『暴力の人類史』

27 Jonathan Glover, *Humanity: A Moral History of the Twentieth Century* (New Haven: Yale University Press, 2000), 379–80.

28 C. D. Batson, T. R. Klein, L. Highberger, and L. L. Shaw, "Immorality from Empathy- Induced Altruism: When Compassion and Justice Conflict," *Journal of Personality and Social Psychology* 68 (1995): 1042–54.

29 A. N. Meltzoff and M. K. Moore, "Imitations of Facial and Manual Gestures by Human Neonates," *Science* 198 (1977): 75–78.

30 C. Trevarthen, "The Concept and Foundations of Infant Intersubjectivity," in *Intersubjective Communication and Emotion in*

Early Ontogeny, ed. Stein Bråten (New York: Cambridge University Press, 1998), pp. 15– 46.

31 A. Sagi and M. Hoffman, "Empathic Distress in the Newborn," *Developmental Psychology* 12 (1976): 175– 76.

32 G. B. Martin and R. D. Clark, "Distress Crying in Infants: Species and Peer Specificity," *Developmental Psychology* 18 (1982): 3– 9; M. Dondi, F. Simion, and G. Caltran, "Can Newborns Discriminate Between Their Own Cry and the Cry of Another Newborn Infant?," *Developmental Psychology* 35 (1999): 418– 26.

33 S. Wechkin, J. H. Masserman, and W. Terris Jr., "Shock to a Conspecific as an Aversive Stimulus," *Psychonomic Science* 1 (1964): 47– 48; J. H. Masserman, S. Wechkin, and W. Terris, " 'Altruistic' Behavior in Rhesus Monkeys," *American Journal of Psychiatry* 121 (1964): 584– 85.

34 G. E. Rice and P. Gainer, " 'Altruism' in the Albino Rat," *Journal of Comparative and Physiological Psychology* 55 (1962): 123– 25; G. E. J. Rice, "Aiding Behavior vs. Fear in the Albino Rat," *Psychological Record* 14 (1964): 165– 70.

35 レビューとして、ホフマン『共感と道徳性の発達心理学』参照。

36 C. Zahn- Waxler, J. L. Robinson, and R. N. Emde, "The Development of Empathy in Twins," *Developmental Psychology* 28 (1992): 1038– 47; C. Zahn- Waxler, M. Radke- Yarrow, E. Wagner, and M. Chapman, "Development of Concern for Others," *Developmental Psychology* 28 (1992): 126–3 6.

37 Zahn- Waxler, Robinson, and Emde, "Development of Empathy in Twins."

38 N. Eisenberg and R. Lennon, "Sex Differences in Empathy and Related Capacities," *Psychological Bulletin* 94 (1983): 100– 131.

39 フランス・ドゥ・ヴァール『サルとすし職人――「文化」と動物の行動学』(西田利貞、藤井留美訳、原書房、二〇〇二年)

40 Rice, "Aiding Behavior vs. Fear," 167. 論考として、S. D. Preston and F. B. M. de Waal, "Empathy: Its Ultimate and Proximate Bases," *Behavioral and Brain Sciences* 25 (2002): 1– 71. 参照。

41 ホフマン『共感と道徳性の発達心理学』

42 レビューとして、D. F. Hay, "The Roots and Branches of Human Altruism," *British Journal of Psychology* 100 (2009): 473–

43 C. W. Valentine, *The Psychology of Early Childhood* (London: Methuen, 1942), 321.

44 Joseph Church, ed., *Three Babies: Biographies of Cognitive Development* (New York: Random House, 1966), 71– 72.

45 H. L. Rheingold, "Little Children' s Participation in the Work of Adults, a Nascent Prosocial Behavior," *Child Development* 53 (1982): 114– 25.

46 F. Warneken and M. Tomasello, "Altruistic Helping in Human Infants and Young Chimpanzees," *Science* 311 (2006): 1301– 3; F. Warneken and M. Tomasello, "Helping and Cooperation at 14 Months of Age," *Infancy* 11 (2007): 271– 94. レビューとして、マイケル・トマセロ『ヒトはなぜ協力するのか』（橋彌和秀訳、勁草書房、二〇一三年）を参照されたい。

47 K. A. Dunfield, V. A. Kuhlmeier, L. O' Connell, and E. Kelley, "Examining the Diversity of Prosocial Behavior: Helping, Sharing, and Comforting in Infancy," *Infancy* 16 (2011): 227– 47.

48 K. Wynn, "Constraints on Natural Altruism," *British Journal of Psychology* 100 (2009): 481– 85.

49 A. Martin and K. R. Olson, "When Kids Know Better: Paternalistic Helping in 3- Year- Old Children," *Developmental Psychology*, 近日掲載予定.

50 A. Vaish, M. Carpenter, and M. Toma sello, "Young Children Selectively Avoid Helping People with Harmful Intentions," *Child Development* 81 (2010): 1661– 69.

51 Kristen Dunfield and Valerie Kuhlmeier got similar results. K. A. Dunfield and V. A. Kuhlmeier, "Intention- Mediated Selective Helping in Infancy," *Psychological Science* 21 (2010): 523– 27.

52 H. L. Rheingold, D. F. Hay, and M. J. West, "Sharing in the Second Year of Life," *Child Development* 47 (1976): 1148– 58; D. F. Hay, "Cooperative Interactions and Sharing Between Very Young Children and Their Parents," *Developmental Psychology* 6 (1979): 647– 58; D. F. Hay and P. Murray, "Giving and Requesting: Social Facilitation of Infants' Offers to Adults," *Infant Behavior and Development* 5 (1982): 301– 10; Rheingold, Hay, and West, "Sharing in the Second Year."

53 C. A. Brownell, M. Svetlova, and S. Nichols, "To Share or Not to Share: When Do Toddlers Respond to Another's Needs?,"

Infancy 14 (2009): 117–30,125 より引用。

54 R. C. Barragan and C. Dweck, "Young Children's 'Helpfulness': How Natural Is It?," (未刊、草稿), Stanford University, 2013.

55 R. F. Baumeister, A. M. Stillwell, and T. F. Heatherton, "Guilt: An Interpersonal Approach," *Psychological Bulletin* 115 (1994): 243–67. 論考のために、ピンカー『暴力の人類史』も参照されたい。

56 レビューとして、ホブマン『共感と道徳性の発達心理学』参照。

57 Charlotte Buhler, *From Birth to Maturity: An Outline of the Psychological Development of the Child* (London: Kegan Paul, 1935), 66–67, Peter Hobson, *The Cradle of Thought: Exploring the Origins of Thinking* (London: Macmillan, 2002) による引用。

58 スミス『道徳感情論』

第三章　公平、地位、罰

1 William Damon, *The Social World of the Child* (San Francisco: Jossey-Bass, 1977), 81. ここで引用した例は、S. Nichols, "Emotions, Norms, and the Genealogy of Fairness," *Politics, Philosophy and Economics* 9 (2010): 275–96 にも引用されている。

2 K. R. Olson and E. S. Spelke, "Foundations of Cooperation in Preschool Children," *Cognition* 108 (2008): 222–31.

3 A. Shaw and K. R. Olson, "Children Discard a Resource to Avoid Inequity," *Journal of Experimental Psychology: General* 141 (2012): 382–95.

4 The sixteen-month-olds preferred the fair divider. A. Geraci and L. Surian, "The Developmental Roots of Fairness: Infants' Reactions to Equal and Unequal Distributions of Resources," *Developmental Science* 14 (2011): 1012–20.

5 M. F. H. Schmidt and J. A. Sommerville, "Fairness Expectations and Altruistic Sharing in 15-Month-Old Human Infants," *PLoS ONE* 6, no. 10 (2011): e23223.

6 S. Sloane, R. Baillargeon, and D. Premack, "Do Infants Have a Sense of Fairness?," *Psychological Science* 23 (2012): 196–204.

7 Shaw and Olson, "Children Discard a Resource"; K. R. Olson and E. S. Spelke, "Foundations of Cooperation in Preschool Children," *Cognition* 108 (2008): 222–3 1.

8 Some experiments that I've done. K. McCrink, P. Bloom, and L. Santos, "Children's and Adults' Judgments of Equitable Resource Distributions," *Developmental Science* 13 (2010): 37–45.

9 I. Almas, A. W. Cappelen, E. O. Sorensen, and B. Tungodden, "Fairness and the Development of Inequality Acceptance," *Science* 328 (2010): 1176–78.

10 フランス・ドゥ・ヴァール『共感の時代へ——動物行動学が教えてくれること』(柴田裕之訳、紀伊國屋書店、二〇一〇年)

11 アレクサンドル・ソルジェニーツィン『収容所群島』(木村浩訳、ブッキング、二〇〇六年)

12 Christopher Boehm, *Hierarchy in the Forest: The Evolution of Egalitarian Behavior* (Cambridge, MA: Harvard University Press, 1999).

13 Boehm, *Hierarchy in the Forest.* レビューとしてピンカー『暴力の人類史』参照。

14 N. Angier, "Thirst for Fairness May Have Helped Us Survive," *New York Times*, July 5, 2011.

15 Boehm, *Hierarchy in the Forest*, 75.

16 Boehm, *Hierarchy in the Forest*, 121, 82.

17 Boehm, *Hierarchy in the Forest*, 3.

18 W. Güth, R. Schmittberger, and B. Schwarze, "An Experimental Analysis of Ultimatum Bargaining," *Journal of Economic Behavior and Organization* 3 (1982): 367–88.

19 ダン・アリエリー『不合理だからうまくいく——行動経済学で「人を動かす」』(櫻井祐子訳、ハヤカワ文庫、二〇一四年)。J. R. Carter and M. D. Irons, "Are Economists Different, and If So, Why?," *Journal of Economic Perspectives* 5 (1991): 171–77も参照されたい。

20 A. W. Delton, M. M. Krasnow, J. Tooby, and L. Cosmides, "The Evolution of Direct Reciprocity Under Uncertainty Can Explain Human Generosity in One-Shot Encounters," *Proceedings of the National Academy of Sciences* 108 (2011): 13335–40.

21 H. A. Chapman, D. A. Kim, J. M. Susskind, and A. K. Anderson, "In Bad Taste: Evidence for the Oral Origins of Moral Disgust,"

Science 5918 (2009): 1222– 26.

22 A. G. Sanfey, J. K. Rilling, J. A. Aronson, L. E. Nystrom, and J. D. Cohen, "The Neural Basis of Economic Decision- Making in the Ultimatum Game," *Science* 300 (2003): 1755– 58.

23 E. Xiao and D. Houser, "Emotion Expression in Human Punishment Behavior," *Proceedings of the National Academy of Sciences* 102 (2005): 7398– 7401. 論考として Nichols, "Emotions, Norms." 参照。

24 Nichols, "Emotions, Norms," 289.

25 D. Kahneman, J. Knetsch, and R. H. Thaler,"Fairness and the Assumptions of Economics," *Journal of Business* 59 (1986): 285–300.

26 Plainly, a self- interested agent would give nothing. But this is not what people do. C. Engel, "Dictator Games: A Meta Study," *Experimental Economics* 14 (2011): 583– 610.

27 S. D. Levitt and J. A. List, "What Do Laboratory Experiments Measuring Social Preferences Reveal About the Real World," *Journal of Economic Perspectives* 21 (2007): 153– 74.

28 スティーヴン・D・レヴィット、スティーヴン・J・ダブナー『超ヤバい経済学』（望月衛訳、東洋経済新報社、二〇一〇年）。 E. Hoffman, K. McCabe, K. Shachat, and V. Smith, "Preferences, Property Rights, and Anonymity in Bargaining Games," *Games and Economic Behavior* 7 (1994): 346– 80; A. Franzen and S. Pointner, "Anonymity in the Dictator Game Revisited," *Journal of Economic Behavior and Organization* 81 (2012): 74– 81.

29 K. Haley and D. Fessler, "Nobody' s Watching? Subtle Cues Affect Generosity in an Anonymous Economic Game," *Evolution and Human Behavior* 26 (2005): 245– 56; M. Bate son, D. Nettle, and G. Roberts, "Cues of Being Watched Enhance Cooperation in a Real- World Setting," *Biology Letters* 12 (2006): 412– 14.

30 Martin A. Nowak and Roger Highfield, *SuperCooperators: Altruism Evolution and Why We Need Each Other to Succeed* (New York: Free Press, 2011). による引用。

31 J. Dana, M. C. Daylian, and R. M. Dawes, "What You Don' t Know Won' t Hurt Me: Costly (but Quiet) Exit in Dictator Games,"

Organizational Behavior and Human Decision Processes 100 (2006): 193–201.

32 J. List, "On the Interpretation of Giving in Dictator Games," *Journal of Political Economy* 115 (2007): 482–94.

33 E. Fehr, H. Bernhard, and B. Rockenbach, "Egalitarianism in Young Children," *Nature* 454 (2008): 1079–83.

34 P. Rochat, M. D. G. Dias, G. Liping, T. Broesch, C. Passos-Ferreira, A. Winning, and B. Berg, "Fairness in Distributive Justice in 3- and 5-Year-Olds Across Seven Cultures," *Journal of Cross-Cultural Psychology* 40 (2009): 416–42.

35 V. LoBue, T. Nishida, C. Chiong, J. S. DeLoache, and J. Haidt, "When Getting Something Good Is Bad: Even Three-Year-Olds React to Inequality," *Social Development* 20 (2011): 154–70.

36 S. F. Brosnan and F. B. M. de Waal, "Monkeys Reject Unequal Pay," *Nature* 425 (2003): 297–99; S. F. Brosnan, H. C. Schiff, and F. B. M. de Waal, "Tolerance for Inequity May Increase with Social Closeness in Chimpanzees," *Proceedings of the Royal Society B* 1560 (2005): 253–58; F. Range, L. Horn, Z. Viranyi, and L. Huber, "The Absence of Reward Induces Inequity Aversion in Dogs," *Proceedings of the National Academy of Sciences* 106 (2008): 340–45.

37 P. R. Blake and K. McAuliffe, "'I Had So Much It Didn't Seem Fair': Eight-Year-Olds Reject Two Forms of Inequity," *Cognition* 120 (2011): 215–24.

38 M. Sheskin, K. Wynn, and P. Bloom, "Anti-equality: Social Comparison in Young Children," 査読中。

39 Shira Telushkin に感謝申し上げる。

40 A・J・ジェイコブズ『驚異の百科事典男——世界一頭のいい人間になる!』（黒原敏行訳、文藝春秋、二〇〇五年）による引用。

41 Jesse Prinz, "Is Empathy Necessary for Morality?," *Empathy: Philosophical and Psychological Perspectives*, Amy Coplan and Peter Goldie 編 (New York: Oxford University Press, 2010) 収録。

42 レビューとして M. E. McCullough, R. Kurzban, and B. A. Tabak, "Cognitive Systems for Revenge and Forgiveness," *Behavioral and Brain Sciences* 36 (2013): 1–15 参照。

43 スミス『道徳感情論』

44 この有名なせりふは、ウィリアム・ゴールドマンの原作から引用したが、モントーヤが黒装束の男に計画の話をするシーンは映画にしか登場しない。（一九八七年、ロブ・ライナー監督）。ウィリアム・ゴールドマン『プリンセス・ブライド』（佐藤高子訳、早川書房、一九八六年）参照。

45 P. Hieronymi, “Articulating an Uncompromising Forgiveness,” *Philosophy and Phenomenological Research* 62 (2001): 546, A. Martin, “Owning Up and Lowering Down: The Power of Apology,” *Journal of Philosophy* 107 (2010): 534– 53. による引用。

46 R・E・ニスベット、D・コーエン著『名誉と暴力――アメリカ南部の文化と心理』（石井敬子、結城雅樹編訳、北大路書房、二〇〇九年）

47 ピンカー『暴力の人類史』

48 John Kerrigan, *Revenge Tragedy: From Aeschylus to Armageddon* (Oxford: Oxford University Press, 1994); William Flesch, *Comeuppance: Costly Signaling, Altruistic Punishment, and Other Biological Components of Fiction* (Cambridge, MA: Harvard University Press, 2007).

49 T. Downey, “China’s Cyberposse,” *New York Times Magazine*, March 7, 2010.

50 G. Hardin, “The Tragedy of the Commons,” *Science* 162 (1968): 1243– 48; D. G. Rand, A. Dreber, T. Elling sen, D. Fudenberg, and M. A. Nowak, “Positive Interactions Promote Public Cooperation,” *Science* 325 (2009): 1272– 75.

51 E. Fehr and S. Gachter, “Altruistic Punishment in Humans,” *Nature* 415 (2002): 137– 40.

52 Fehr and Gachter, “Altruistic Punishment in Humans.”

53 例として、A. Dreber, D. G. Rand, D. Fudenberg, and M. A. Nowak, “Winners Don’t Punish,” *Nature* 452 (2008): 348– 51. 参照。

54 R. Boyd, H. Gintis, S. Bowles, and P. J. Richerson, “The Evolution of Altruistic Punishment,” *Proceedings of the National Academy of Sciences* 100 (2003): 3531– 35.

55 H. Gintis, E. A. Smith, and S. Bowles, “Costly Signaling and Cooperation,” *Journal of Theoretical Biology* 213 (2001): 103– 19.

56 F. Guala, “Reciprocity: Weak or Strong? What Punishment Experiments Do (and Do Not) Demonstrate,” *Behavioral and Brain Sciences* 35 (2012): 1– 59.

57 “Antisocial punishment.” B. Herrmann, C. Thoni, and S. Gächter, “Antisocial Punishment Across Societies,” *Science* 319 (2008): 1362– 67.

58 スミス『道徳感情論』

59 この点を指摘してくださった、ジョナサン・フィリップスに感謝申し上げる。

60 D. Pietraszewski and T. German, “Coalitional Psychology on the Playground: Reasoning About Indirect Social Consequences in Preschoolers and Adults,” *Cognition* 126 (2013): 352– 63.

61 K. M. Carlsmith, and P. H. Robinson, “Incapacitation and Just Deserts as Motives for Punishment,” *Law and Human Behavior* 24 (2000): 659– 83; C. R. Sunstein, “Moral Heuristics,” *Behavioral and Brain Sciences* 28 (2005): 531– 43; J. Baron and I. Ritov, “Intuitions About Penalties and Compensation in the Context of Tort Law,” *Journal of Risk and Uncertainty* 7 (1993): 17–33.

62 スミス『道徳感情論』

63 同右

64 S. Côté, T. Vaillancourt, J. C. LeBlanc, D. S. Nagin, and R. E. Tremblay, “The Development of Physical Aggression from Toddlerhood to Pre- adolescence: A Nationwide Longitudinal Study of Canadian Children,” *Journal of Abnormal Child Psychology* 34 (2006): 71– 85.

65 H. Rakoczy, F. Warneken, and M. Tomasello, “The Sources of Normativity: Young Children’s Awareness of the Normative Structure of Games,” *Developmental Psychology* 44 (2008): 875– 81.

66 I. M. Den Bak and H. S. Ross, “ ‘I’m Telling!’ The Content, Context, and Consequences of Children’s Tattling on Their Siblings,” *Social Development* 5 (1996): 292–309; H. S. Ross and I. M. Den Bak- Lammers, “Consistency and Change in Children’s Tattling on Their Siblings: Children’s Perspectives on the Moral Rules and Procedures of Family Life,” *Social Development* 7 (1998): 275–300.

67 G. P. D. Ingram and J. M. Bering, “Children’s Tattling: The Reporting of Everyday Norm Violations in Preschool Settings,” *Child Development* 81 (2010): 945– 57.

68 A. Vaish, M. Missana, and M. Tomasello, "Three- Year- Old Children Intervene in Third- Party Moral Transgressions," *British Journal of Developmental Psychology* 29 (2011): 124–30.

69 J. K. Hamlin, K. Wynn, P. Bloom, and N. Mahajan, "How Infants and Toddlers React to Antisocial Others," *Proceedings of the National Academy of Sciences* 108 (2011): 19931– 36.

70 L. Kohlberg, "Stage and Sequence: The Cognitive- Developmental Approach to Socialization," *Handbook of Socialization Theory and Research*, David A. Goslin 編 (Chicago: Rand McNally, 1969), 347– 480; Jean Piaget, *The Moral Judgement of the Child*, trans. Marjorie Gabain (New York: Free Press, 1965). レビューと論考は John C. Gibbs, *Moral Development and Reality: Beyond the Theories of Kohlberg and Hoffman* (New York: Sage, 2003) を参照。

71 D. A. Pizarro, "Hodgepodge Morality," in *What Is Your Dangerous Idea?* ed. John Brockman (New York: HarperCollins, 2007), 63.

第四章　他人

1 『聖書』(新共同訳) ルカによる福音書10章30～35節

2 J. Waldron, "Who Is My Neighbor? Humanity and Proximity," *Monist* 86 (2003): 343.

3 J・ダイアモンド『人間はどこまでチンパンジーか?――人類進化の栄光と翳り』(長谷川真理子、長谷川寿一訳、新曜社、一九九三年)

4 Howard Bloom, *The Lucifer Principle: A Scientific Expedition into the Forces of History* (New York: Atlantic Monthly Press, 1997), 74. に引用されたインタビュー。

5 ジェーン・グドール『野生チンパンジーの世界』(杉山幸丸、松沢哲郎監訳、ミネルヴァ書房、一九九〇年)

6 T. M. Field, D. Cohen, R. Garcia, and R. Greenberg, "Mother- Stranger Face Discrimination by the Newborn," *Infant Behavior and Development* 7 (1984): 19– 25.

7 A. MacFarlane, "Olfaction in the Development of Social Preferences in the Human Neonate," in *Parent- Infant Interaction, Ciba*

Foundation Symposium 33 (New York: Elsevier, 1975), 103– 13.

8 A. J. Decasper and W. P. Fifer, "Of Human Bonding: Newborns Prefer Their Mother's Voice," *Science* 208 (1980): 1174– 76.

9 P. Quinn, J. Yahr, A. Kuhn, A. Slater, and O. Pascalis, "Representation of the Gender of Human Faces by Infants: A Preference for Females," *Perception* 31 (2002): 1109– 21.

10 D. J. Kelly, P. C. Quinn, A. M. Slater, K. Lee, A. Gibson, M. Smith, L. Ge, and O. Pascalis, "Three- Month- Olds, but Not Newborns, Prefer Own- Race Faces," *Developmental Science* 8 (2005): 31–36; Y. Bar- Haim, T. Ziv, D. Lamy, and R. M. Hodes, "Nature and Nurture in Own- Race Face Processing," *Psychological Science* 17 (2006): 159– 63; D. J. Kelly, S. Liu, L. Ge, P. C. Quinn, A. M. Slater, K. Lee, Q. Liu, and O. Pascalis, "Cross- Race Preferences for Same- Race Faces Extend Beyond the African Versus Caucasian Contrast in 3- Month- Old Infants," *Infancy* 11 (2007): 87– 95.

11 レビューとして、D. Messick and D. Mackie, "Intergroup Relations," *Annual Review of Psychology* 40 (1989): 45– 81. 参照。

12 R. Kurzban, J. Tooby, and L. Cosmides, "Can Race Be Erased? Coalitional Computation and Social Categorization," *Proceedings of the National Academy of Sciences* 98 (2001): 15387– 92.

13 D. Fessler, "Twelve Lessons (Most of Which I Learned the Hard Way) for Evolutionary Psychologists," International Cognition and Culture Institute, Daniel Fessler のブログ、二〇一一年1月20日付。 www.cognitionandculture.net/home/blog/74 -daniel-fesslers-blog/2344-twelve-lessons-most-of-which-i-learned-the-hard-way-for-evolutionary-psychologists .

14 Lawrence A. Hirschfeld, *Race in the Making: Cognition, Culture, and the Child's Construction of Human Kinds* (Cambridge, MA: MIT Press, 1996).

15 R. B. Zajonc, "Mere Exposure: A Gateway to the Subliminal," *Current Directions in Psychological Science* 10 (2001): 224– 28.

16 S. E. Taylor, S. T. Fiske, N. L. Etcoff, and A. J. Ruderman, "Categorical and Contextual Bases of Person Memory and Stereotyping," *Journal of Personality and Social Psychology* 36 (1978): 778– 93.

17 Jim Sidanius and Felicia Pratto, *Social Dominance: An Intergroup Theory of Social Hierarchy and Oppression* (New York: Cambridge University Press, 1999); F. Pratto, J. Sidanius, and S. Levin, "Social Dominance Theory and the Dynamics of

Intergroup Relations: Taking Stock and Looking Forward," *European Review of Social Psychology* 17 (2006): 271–320.

18 「士師記」12章5〜6節。ピンカー『暴力の人類史』による引用。

19 Guillermo C. Jimenez, *Red Genes, Blue Genes: Exposing Political Irrationality* (New York: Autonomedia, 2009).

20 F. Ramus, "Language Discrimination by Newborns: Teasing Apart Phonotactic, Rhythmic, and Intonational Cues," *Annual Review of Language Acquisition* 2 (2002): 85–115.

21 K. D. Kinzler, E. Dupoux, and E. S. Spelke, "The Native Language of Social Cognition," *Proceedings of the National Academy of Sciences* 104 (2007): 12577–80.

22 K. Shutts, K. D. Kinzler, C. B. McKee, and E. S. Spelke, "Social Information Guides Infants' Selection of Foods," *Journal of Cognition and Development* 10 (2009): 1–17.

23 K. D. Kinzler, E. Dupoux, and E. S. Spelke, " 'Native' Objects and Collaborators: Infants' Object Choices and Acts of Giving Reflect Favor for Native over Foreign Speakers," *Journal of Cognition and Development*, 近日掲載予定。

24 K. D. Kinzler, K. Shutts, J. De Jesus, and E. S. Spelke, "Accent Trumps Race in Guiding Children's Social Preferences," *Social Cognition* 27 (2009): 623–34.

25 Kinzler, Dupoux, and Spelke, "Native Language of Social Cognition."

26 Kinzler, Shutts, De Jesus, and Spelke, "Accent Trumps Race."

27 K. D. Kinzler, K. H. Corriveau, and P. L. Harris, "Children's Selective Trust in Native-Accented Speakers," *Developmental Science* 14 (2011): 106–11.

28 レビューとして、フランシス・アブード『子どもと偏見』(栗原孝、杉田明宏、小峰直史訳、ハーベスト社、二〇〇五年)参照。

29 同右。

30 H. McGlothlin and M. Killen, "Intergroup Attitudes of European American Children Attending Ethnically Homogeneous Schools," *Child Development* 77 (2006): 1375–86; H. McGlothlin, M. Killen, and C. Edmonds, "European-American Children's

Intergroup Attitudes About Peer Relationships," *British Journal of Developmental Psychology* 23 (2005): 227–49.

31 J. A. Graham and R. Cohen, "Race and Sex as Factors in Children's Sociometric Ratings and Friendship Choices," *Social Development* 6 (1997): 355–72.

32 J. Moody, "Race, School Integration, and Friendship Segregation in America," *American Journal of Sociology* 107 (2001): 679–716.

33 G・W・オルポート『偏見の心理』(原谷達夫、野村昭共訳、培風館、一九六八年)、T. E. Pettigrew, "Intergroup Contact Theory," *Annual Review of Psychology* 49 (1998): 65–85.

34 K. Shutts, M. R. Banaji, and E. S. Spelke, "Social Categories Guide Young Children's Preferences for Novel Objects," *Developmental Science* 13 (2010): 599–610.

35 K. D. Kinzler and E. S. Spelke, "Do Infants Show Social Preferences for People Differing in Race?," *Cognition* 119 (2011): 1–9.

36 Kinzler, Shutts, DeJesus, and Spelke, "Accent Trumps Race."

37 David Berreby, *Us and Them: The Science of Identity* (Chicago: University of Chicago Press, 2008).

38 Muzafer Sherif, O. J. Harvey, B. Jack White, William R. Hood, and Carolyn W. Sherif, *Intergroup Conflict and Cooperation: The Robbers Cave Experiment* (Norman: University of Oklahoma Book Exchange, 1961). レビューも併せ、Berreby, *Us and Them* 参照。

39 H. Tajfel, M. G. Billig, R. P. Bundy, and C. Flament, "Social Categorization and Intergroup Behaviour," *European Journal of Social Psychology* 1 (1971): 149–78.

40 B. Mullen, R. Brown, and C. Smith, "Ingroup Bias as a Function of Salience, Relevance, and Status: An Integration," *European Journal of Social Psychology* 22 (1992): 103–22.

41 R. S. Bigler, L. C. Jones, and D. B. Lobliner, "Social Categorization and the Formation of Intergroup Attitudes in Children, " *Child Development* 68 (1997): 530–43; R. S. Bigler, L. C. Jones, and D. B. Lobliner, "Social Categorization and the Formation of Inter group Attitudes in Children," *Child Development* 68 (1997): 530–43; M. M. Patterson and R. S. Bigler,

“Preschool Children’s Attention to Environmental Messages About Groups: Social Categorization and the Origins of Intergroup Bias,” *Child Development* 77 (2006): 847–60.

42 A. S. Baron, and S. Carey, “Consequences of ‘Minimal’ Group Affiliations in Children,” *Child Development* 82 (2011): 793–811.

43 Berreby, *Us and Them*, xi.

44 マーク・ジェスキンの父、アイラ・ジェスキンが収集したデータによる。マークは、第三章で取り上げた不公平の研究で、カレン・ウィン、私と共同研究を行なった。A. Appel, “Survey: Region Has 23,000 Jews,” *New Haven Independent*, February 4, 2011, www.newhavenindependent.org/index.php/archives/entry/ jews_23000. を参照。

45 Berreby, *Us and Them*, 208.

46 N. D. Johnson and J. V. C. Nye, “Does Fortune Favor Dragons?,” *Journal of Economic Behavior and Organization* 78 (2011): 85–97.

47 オルポート『偏見の心理』

48 Lee Jussim, *Social Perception and Social Reality: Why Accuracy Dominates Bias and Self- Fulfilling Prophecy* (New York: Oxford University Press, 2012).

49 Berreby, *Us and Them*.

50 A. Gluszek and J. F. Dovidio, “The Way They Speak: A Social Psychological Perspective on the Stigma of Nonnative Accents in Communication,” *Personality and Social Psychology Review* 14 (2010): 214–37.

51 S. Loughnan, N. Haslam, T. Murnane, J. Vaes, C. Reynolds, and C. Suitner, “Objectification Leads to Depersonalization: The Denial of Mind and Moral Concern to Objectified Others,” *European Journal of Social Psychology* 40 (2010): 709–17; J. Ph. Leyens, M. P. Paladino, R. T. Rodriguez, J. Vaes, S. Demoulin, A. P. Rodriguez, and R. Gaunt, “The Emotional Side of Prejudice: The Attribution of Secondary Emotions to Ingroups and Outgroups,” *Personality and Social Psychology Review* 4 (2000): 186–97.

52 A. R. Pearson, J. F. Dovidio, and S. L. Gaertner, “The Nature of Contemporary Prejudice: Insights from Aversive Racism,” *Social and Personality Psychology Compass* 3 (2009): 314–38.

53 E. P. Apfelbaum, K. Pauker, N. Ambady, S. R. Sommers, and M. I. Norton, "Learning (Not) to Talk About Race: When Older Children Underperform in Social Categorization," *Developmental Psychology* 44 (2008): 1513–18.

54 Pearson, Dovidio, and Gaertner, "Nature of Contemporary Prejudice."

55 レビューとして、M. R. Banaji and L. Heiphetz, "Attitudes," in *Handbook of Social Psychology*, Susan T. Fiske, Daniel T. Gilbert, and Gardner Lindzey 編 (New York: John Wiley and Sons, 2010), 348–88 参照。

56 「ライ・トゥ・ミー――嘘の瞬間」（FOX、シーズン1、エピソード5（「憎しみの傷跡」））より。

57 H. Arkes and P. E. Tetlock, "Attributions of Implicit Prejudice, or 'Would Jesse Jackson Fail the Implicit Association Test?,' " *Psychological Inquiry* 15 (2004): 257–78.

58 A. G. Greenwald, A. Poehlman, E. Uhlmann, and M. R. Banaji, "Understanding and Interpreting the Implicit Association Test III: Meta-analysis of Predictive Validity," *Journal of Personality and Social Psychology* 97 (2009): 17–41; Banaji and Heiphetz, "Attitudes"; Pearson, Dovidio, and Gaertner, "Nature of Contemporary Prejudice."

59 Thomas. J. Espenshade and Alexandria W. Radford, *No Longer Separate, Not Yet Equal: Race and Class in Elite College Admission and Campus Life* (Princeton: Princeton University Press, 2009).

60 F. Gil-White, "Are Ethnic Groups Biological 'Species' to the Human Brain? Essen tialism in Our Cognition of Some Social Categories," *Current Anthropology* 42 (2001): 515–54.

61 Berreby, *Us and Them*, xiv.

62 Kwame Anthony Appiah, *Cosmopolitanism: Ethics in a World of Strangers* (New York: Norton, 2006), 98.

63 同右

第五章　体

1 プリーモ・レーヴィ『溺れるものと救われるもの』（竹山博英訳、朝日新聞社、二〇〇〇年）

2 Martha C. Nussbaum, *Upheavals of Thought: The Intelligence of the Emotions* (New York: Cambridge University Press, 2001),

347.

3 ジョージ・オーウェル『ウィガン波止場への道』（土屋宏之、上野勇訳、筑摩書房、一九九六年）

4 レビューとして、P. Rozin, J. Haidt, and C. R. McCauley, "Disgust," In *Handbook of Emotions*, 3rd ed., ed. Michael Lewis, Jeannette M. Haviland-Jones, and Lisa F. Barrett (New York: Guilford Press, 757–76)、ブルーム『赤ちゃんはどこまで人間なのか』、Daniel Kelly, *Yuck! The Nature and Moral Significance of Disgust* (Cambridge, MA: MIT Press, 2011); レイチェル・ハーツ『あなたはなぜ「嫌悪感」を抱くのか』（安納令奈訳、原書房、二〇一二年）、William Ian Miller, *The Anatomy of Disgust* (Cambridge, MA: Harvard University Press, 1997) を参照されたい。

5 J. Haidt, C. M cCauley, C., and P. Rozin, "Individual- Differences in Sensitivity to Disgust: A Scale Sampling 7 Domains of Disgust Elicitors," *Personality and Individual Differences* 16 (1994): 701–13. 修正版は、B. O. Olatunji, N. L. Williams, D. F. Tolin, C. N. Sawchuck, J. S. Abramowitz, J. M. Lohr, and L. S. Elwood, "The Disgust Scale: Item Analysis, Factor Structure, and Sug gestions for Refinement," *Psychological Assessment* 19 (2007): 281–97 参照。

6 P. Rozin, J. Haidt, C. McCauley, L. Dunlop, and M. Ashmore, "Individual Differences in Disgust Sensitivity: Comparisons and Evaluations of Paper- and- Pencil Versus Behavioral Measures," *Journal of Research in Personality* 33 (1999): 330–51.

7 Miller, *The Anatomy of Disgust*, 90.

8 ジークムント・フロイト『文化への不満』（中山元訳、光文社、二〇〇七年）

9 P. Rozin, L. Hammer, H. Oster, T. Horowitz, and V. Marmora, "The Child's Conception of Food: Differentiation of Categories of Rejected Substances in the 1.4 to 5 Year Range," *Appetite* 7 (1986): 141–51.

10 ペネロープ・リーチ『赤ちゃんの育て方――リーチ博士の育児書』（高橋悦二郎訳、小学館、一九八〇年）

11 ブルーム『赤ちゃんはどこまで人間なのか』も参照。

12 Rozin, Haidt, and McCauley, "Disgust."

13 チャールズ・ダーウィン『人及び動物の表情について』（浜中浜太郎訳、岩波書店、一九三一年）

14 D. M. T. Fessler, S. J. Eng, and C. D. Navarrete, "Elevated Disgust Sensitivity in the First Trimester of Pregnancy: Evidence

Supporting the Compensatory Prophylaxis Hypothesis," *Evolution and Human Behavior* 26 (2005): 344–51.

15 B. Wicker, C. Keysers, J. Plailly, J. P. Royet, V. Gallese, and G. Rizzolatti, "Both of Us Disgusted in My Insula: The Common Neural Basis of Seeing and Feeling Disgust," *Neuron* 40 (2003): 655–64; P. Wright, G. He, N. A. Shapira, W. K. Goodman, and Y. Liu, "Disgust and the Insula: fMRI Responses to Pictures of Mutilation and Contamination," *Neuroreport* 15 (2004): 2347–51.

16 論考として Kelly, *Yuck!* 参照。

17 V. Curtis, R. Aunger, and T. Rabie, "Evidence That Disgust Evolved to Protect from Risk of Disease," *Proceedings of the Royal Society B* 271 (2004): 131–33. レビューとして、V. Curtis, M. DeBarra, and R. Aunger, "Disgust as an Adaptive System for Disease Avoidance Behaviour," *Philosophical Transactions of the Royal Society B: Biological Sciences* 366 (2011): 389–401 参照。

18 ダーウィン『人及び動物の表情について』

19 T. Wheatley and J. Haidt, "Hypnotic Disgust Makes Moral Judgments More Severe," *Psychological Science* 16 (2005): 780–84.

20 S. Schnall, J. Haidt, G. L. Clore, and A. H. Jordan, "Disgust as Embodied Moral Judgment," *Personality and Social Psychology Bulletin* 34 (2008): 1096–1109.

21 K. Eskine, N. Kacinik, and J. Prinz, "A Bad Taste in the Mouth: Gustatory Disgust Influences Moral Judgment," *Psychological Science* 22 (2011): 295–99.

22 G. Hodson and K. Costello, "Interpersonal Disgust, Ideological Orientations, and Dehumanization as Predictors of Intergroup Attitudes," *Psychological Science* 18 (2007): 691–98.

23 P. DeScioli and R. Kurzban, "Mysteries of Morality," *Cognition* 112 (2009): 281–99 も参照されたい。

24 L. Saad, "U.S. Acceptance of Gay/Lesbian Relations Is the New Normal," May 14, 2012, www.gallup.com/poll/154634/Acceptance-Gay-Lesbian-Relations-New-Normal.aspx.

25 Robert M. Pallitto, *Torture and State Violence in the United States: A Short Documentary History* (Baltimore: Johns Hopkins University Press, 2011).

26 Margaret Mead, *Sex and Temperament in Three Primitive Societies* (New York: William Morrow, 1935), 79.

27 スティーブン・ピンカー『心の仕組み』(椋田直子訳、筑摩書房、二〇一三年)

28 D. Lieberman, J. Tooby, and L. Cosmides, "Does Morality Have a Biological Basis? An Empirical Test of the Factors Governing Moral Sentiments Relating to Incest," *Proceedings of the Royal Society B: Biological Sciences* 270 (2003): 819–26.

29 マーティン・デイリー、マーゴ・ウィルソン『シンデレラがいじめられるほんとうの理由（進化論の現在）』(竹内久美子訳、新潮社、二〇〇二年)

30 J. Haidt, "The Emotional Dog and Its Rational Tail: A Social Intuitionist Approach to Moral Judgment," *Psychological Review* 108 (2001): 814-34. ジョナサン・ハイト『社会はなぜ左と右にわかれるのか――対立を超えるための道徳心理学』(高橋洋訳、紀伊國屋書店、二〇一四年) も参照されたい。

31 W. Saletan, "Incest Is Cancer," *Slate*, December 14, 2010.

32 N. Dasgupta, D. A. DeSteno, L. Williams, and M. Hunsinger, "Fanning the Flames of Prejudice: The Influence of Specific Incidental Emotions on Implicit Prejudice," *Emotion* 9 (2009): 585–91.

33 Y. Inbar, D. A. Pizarro, and, P. Bloom, "Disgusting Smells Cause Decreased Liking of Gay Men," *Emotion* 12 (2009): 23–27.

34 Y. Inbar, D. A. Pizarro, and P. Bloom, "Conservatives Are More Easily Disgusted Than Liberals," *Cognition and Emotion* 23 (2009): 714–25.

35 Y. Inbar, D. A. Pizarro, J. Knobe, and P. Bloom, "Disgust Sensitivity Predicts Intuitive Disapproval of Gays," *Emotion* 9 (2009): 435–39.

36 P. Rozin, J. Haidt, and C. McCauley, "Disgust," in *Handbook of Emotions*, 2nd ed., ed. Michael Lewis and Jeannette M. Haviland (New York: Guilford Press, 2000), 642.

37 マーサ・ヌスバウム『感情と法――現代アメリカ社会の政治的リベラリズム』(河野哲也他訳、慶應義塾大学出版会、二〇一〇年)

38 レビューとしてS. W. S. Lee and N. Schwarz, "Wiping the Slate Clean: Psychological Consequences of Physical Cleansing," *Current Directions in Psychological Science* 20 (2011): 307–11 参照。

39 ブルーム『赤ちゃんはどこまで人間なのか』、J. Danovitch and P. Bloom, "Children's Extension of Disgust to Physical and Moral Events," *Emotion* 9 (2009): 107–12 参照。

40 C.-B. Zhong and K. Liljenquist, "Washing Away Your Sins: Threatened Morality and Physical Cleansing," *Science* 5792 (2006): 1451–52.

41 S. W. S. Lee and N. Schwarz, "Dirty Hands and Dirty Mouths: Embodiment of the Moral-Purity Metaphor Is Specific to the Motor Modality Involved in Moral Transgression," *Psychological Science* 21 (2010): 1423–25.

42 Lee and Schwarz, "Wiping the Slate Clean."

43 C.-B. Zhong , B. Strejcek, and N. Sivanathan, "A Clean Self Can Render Harsh Moral Judgment," *Journal of Experimental Social Psychology* 46 (2010): 859–62.

44 E. Helzer and D. A. Pizarro, "Dirty Liberals: Reminders of Cleanliness Promote Conservative Political and Moral Attitudes," *Psychological Science* 22 (2011): 517–22.

45 R. A. Shweder, N. C. Much, M. Mahapatra, and L. Park, "The 'Big Three' of Morality (Autonomy, Community, Divinity), and the 'Big Three' Explanations of Suffering," in *Morality and Health*, Allan M. Brandt and Paul Rozin 編 (New York: Routledge, 1997), 138.

46 Elliot Turiel defines morality. Elliot Turiel, *The Development of Social Knowledge: Morality and Convention* (Cambridge: Cambridge University Press, 1983), 3.

47 ハイト『社会はなぜ左と右にわかれるのか』

48 「レビ記」19章14節

49 Leon Kass, "The Wisdom of Repugnance," *New Republic*, June 2, 1977, 20.

50 ブルーム『赤ちゃんはどこまで人間なのか』も参照されたい。

第六章　家族の問題

1 本章の原形は，P. Bloom, "Family, Community, Trolley Problems, and the Crisis in Moral Psychology," *Yale Review* 99 (2011): 26–43 として発表された。

2 ゴプニック『哲学する赤ちゃん』

3 John Doris and the Moral Psychology Research Group, eds., *The Moral Psychology Handbook* (New York: Oxford University Press, 2010).

4 サンデル『これからの「正義」の話をしよう』参照。

5 ジョン・ロールズ『正義論』（川本隆史，福間聡，神島裕子訳，紀伊國屋書店，二〇一〇年）

6 Peter K. Unger, *Living High and Letting Die: Our Illusion of Innocence* (New York: Oxford University Press, 1996), ピーター・シンガーによる引用 "The Singer Solution to World Poverty," *New York Times Magazine*, September 5, 1999.

7 P. Foot, "The Problem of Abortion and the Doctrine of the Double Effect" [1967], in *Virtues and Vices*, Philippa Foot 編 (Oxford: Basil Blackwell, 1978); J. J. Thompson, "Killing, Letting Die, and the Trolley Problem," *Monist* 59 (1976): 204–17.

8 レビューとして，G. Miller, "The Roots of Morality," *Science* 320 (2008): 734–37 参照。

9 A. McIntyre, "Doctrine of Double Effect," in *The Stanford Encyclopedia of Philosophy* (Fall 2011 Edition), E. N. Zalta 編, http://plato.stanford.edu/archives/fall2011/ entries/double-effect.

10 P. O' Neill and L. Petrinovich, "A Preliminary Cross- Cultural Study of Moral Intuitions," *Evolution and Human Behavior* 19, no. 6 (1998): 349–67.

11 論文は，John Mikhail, *Elements of Moral Cognition: Rawls' Linguistic Analogy and the Cognitive Science of Moral and Legal Judgment* (Cambridge: Cambridge University Press, 2010) として出版された。

12 J. D. Greene, R. B. Sommerville, L. E. Nystrom, J. M. Darley, and J. D. Cohen, "An fMRI Investigation of Emotional Engagement in Moral Judgment," *Science* 293 (2001): 2105–8.

13 レビュー記事、G. Miller, "The Roots of Morality," *Science* 320 (2008): 734–37 参照。

14 F. Cushman, L. Young, and M. Hauser, "The Role of Conscious Reasoning and Intuition in Moral Judgments: Testing Three Principles of Harm," *Psychological Science* 17 (2006): 1082–89; Mikhail, *Elements of Moral Cognition.*

15 S. Pellizzoni, M. Siegal, and L. Surian, "The Contact Principle and Utilitarian Moral Judgments in Young Children," *Developmental Science* 13 (2010): 265–70.

16 Mikhail, *Elements of Moral Cognition*; Marc Hauser, *Moral Minds: How Nature Designed Our Universal Sense of Right and Wrong* (New York: HarperCollins, 2006).

17 P. Bloom and I. Jarudi, "The Chomsky of Morality?," *Moral Minds: How Nature Designed Our Universal Sense of Right and Wrong*, by Marc Hauser のレビュー、*Nature* 443 (2006): 909–10.

18 J. D. Greene, F. A. Cushman, L. E. Stewart, K. Lowenberg, L. E. Nystrom, and J. D. Cohen, "Pushing Moral Buttons: The Interaction Between Personal Force and Intention in Moral Judgment," *Cognition* 111 (2009): 364–71.

19 E. L. Uhlmann, D. A. Pizarro, D. Tannenbaum, and P. H. Ditto, "The Motivated Use of Moral Principles," *Judgment and Decision Making* 4 (2009): 476–91.

20 P. Valdesolo and D. DeSteno, "Manipulations of Emotional Context Shape Moral Judgment," *Psychological Science* 17 (2006): 476–77.

21 Kwame Anthony Appiah, *Experiments in Ethics* (Cambridge, MA: Harvard University Press, 2008), 91.

22 J. D. Greene, "Fruit Flies of the Moral Mind," in *What's Next: Dispatches from the Future of Science*, Max Brockman 編 (New York: Vintage, 2009).

23 スミス『道徳感情論』

24 W. D. Hamilton, "The Genetical Evolution of Social Behavior, Parts 1 and 2," *Journal of Theoretical Biology* 7 (1964): 1–52; R. L. Trivers, "The Evolution of Reciprocal Altruism," *Quarterly Review of Biology* 46 (1971): 35–57; R. L. Trivers, "Parental Investment and Sexual Selection," In *Sexual Selection and the Descent of Man*, B. Campbell 編 (Chicago: Aldine, 1972).

25 P. J. Richerson and R. Boyd, *Not by Genes Alone: How Culture Transformed Human Evolution* (Chicago: University of Chicago Press, 2005).

26 エドワード・O・ウィルソン『人類はどこから来て、どこへ行くのか』(斉藤隆央訳、化学同人、二〇一三年)

27 チャールズ・ダーウィン『人間の進化と性淘汰』(長谷川眞理子訳、文一総合出版、一九九九～二〇〇〇年)(傍点著者)

28 C・ダニエル・バトソン著『利他性の人間学――実験社会心理学からの回答』(菊池章夫、二宮克美訳、新曜社、二〇一二年)、ポール・J・ザック『経済は「競争」では繁栄しない――信頼ホルモン「オキシトシン」が解き明かす愛と共感の神経経済学』(柴田裕之訳、ダイヤモンド社、二〇一三年)、パトリシア・S・チャーチランド『脳がつくる倫理――科学と哲学から道徳の起源にせまる』(信原幸弘、樫則章、植原亮訳、化学同人、二〇一三年)

29 M. Kosfeld, M. Heinrichs, P. J. Zak, U. Fischbacher, and E. Fehr, "Oxytocin Increases Trust in Humans," *Nature* 435 (2005): 673–76; T. Baumgartner, M. Heinrichs, A. Vonlanthen, U. Fisch bacher, and E. Fehr, "Oxytocin Shapes the Neural Circuitry of Trust and Trust Adaptation in Humans," *Neuron* 58 (2008): 639–50; P. J. Zak, A. A. Stanton, S. Ahmadi, and S. Brosnan, "Oxytocin Increases Generosity in Humans," *PLoS ONE* 2 (2007): e1128.

30 S. M. Rodrigues, L. R. Saslow, N. Garcia, O. P. John, and D. Keltner, "Oxytocin Receptor Genetic Variation Relates to Empathy and Stress Reactivity in Humans," *Proceedings of the National Academy of Sciences* 106 (2009): 21437–41.

31 C. K. W. De Dreu, L. L. Greer, G. A. Van Kleef, S. Shalvi, and M. J. J. Handgraaf, "Oxytocin Promotes Human Ethnocentrism," *Proceedings of the National Academy of Sciences USA* 108 (2011): 1262–66.

32 R. A. Shweder, N. C. Much, M. Mahapatra, and L. Park, "The 'Big Three' of Morality (Autonomy, Community, Divinity), and the 'Big Three' Explanations of Suffering," in *Morality and Health*, Allan M. Brandt and Paul Rozin 編 (New York: Routledge, 1997), 199–69.

33 これは、もともとクレイグ・ジョゼフと共同で考案された。J. Haidt and C. Joseph, "Intuitive Ethics: How Innately Prepared Intuitions Generate Culturally Variable Virtues," *Daedalus* 133 (Fall 2004): 55–66. 最近まとめられたものについては、ハイト『社会はなぜ』を参照。

34 ハイト『社会はなぜ』
35 「マタイによる福音書」第10章34〜37節。
36 「申命記」第13章6、9、10節。
37 K. Wynn, "Infants Possess a System of Numerical Knowledge," *Current Directions in Psychological Science* 4 (1995): 172–77.
38 P. Slovic, " 'If I Look at the Mass I Will Never Act': Psychic Numbing and Genocide," *Judgment and Decision Making* 2 (2007): 79–95. レビューとして、ダン・アリエリー『不合理だからうまくいく――行動経済学で「人を動かす」』（櫻井祐子訳、ハヤカワ文庫、二〇一四年）参照。
39 Rachel Aviv, "Netherland," *New Yorker*, December 10, 2012, 64.
40 Peter Singer, *The Expanding Circle: Ethics and Sociobiology* (New York: Farrar, Straus and Giroux, 1981).
41 スミス『道徳感情論』
42 R. A. Shweder, "A Great Moral Legend from Orissa," *Orissa Society of Americas Souvenir*, 40th Annual Convention of the Orissa Society of the Americas, July 2009.
43 S. Nichols and R. Mallon, "Moral Rules and Moral Dilemmas," *Cognition* 100 (2006): 530–42.
44 T. Kogut and I. Ritov, "The 'Identified Victim' Effect: An Identified Group, or Just a Single Individual?" *Journal of Behavioral Decision Making* 18 (2005): 157–67; Slovic, "If I Look."
45 M. Koenigs, L. Young, R. Adolphs, D. Tranel, F. Cushman, M. Hauser, and A. Damasio, "Damage to the Prefrontal Cortex Increases Utilitarian Moral Judgments," *Nature* 446 (2007): 908–11.
46 D. Bartels and D. A. Pizarro, "The Mismeasure of Morals: Antisocial Personality Traits Predict Utilitarian Responses to Moral Dilemmas," *Cognition* 121 (2011): 154–61.
47 J. D. Greene, R. B. Sommerville, L. E. Nystrom, J. M. Darley, and J. D. Cohen, "An fMRI Investigation of Emotional Engagement in Moral Judgment," *Science* 293 (2001): 2105–08.
48 Kogut and Ritov, " 'Identified Victim' Effect."

第七章　よい人になるために

1 ソースティン・ヴェブレン『有閑階級論』（大野信三訳、日本図書センター、二〇〇八年）

2 G. F. Miller, "Sexual Selection for Moral Virtues," *Quarterly Review of Biology* 82 (2007): 97–125.

3 S. Milgram, L. Mann, and S. Harter, "The Lost-Letter Technique: A Tool for Social Research," *Public Opinion Quarterly* 29 (1965): 437–38.

4 詳細なレビューは、ピンカー『暴力の人類史』を参照。

5 Robert M. Pallitto, *Torture and State Violence in the United States: A Short Documentary History* (Baltimore: Johns Hopkins University Press, 2011).

6 フランシス・コリンズ『ゲノムと聖書』、Dinesh D'Souza, *What's So Great About Christianity* (New York: Regnery, 2007), 237. ウォレスの言葉は、ライエルの『地質学原理』のレビューからの引用（Robert J. Richards, *Darwin and the Emergence of Evolutionary Theories of Mind and Behavior* (Chicago: University of Chicago Press, 1989) に引用されたもの）

7 この問題について意見交換をしてくれたデヴィッド・ランドに感謝申し上げる。道徳的判断がどのように道徳的反射に変わりうるかに関する論考として、D. A. Pizarro and P. Bloom, "The Intelligence of Moral Intuitions: Comment on Haidt," *Psychological Review* 110 (2001): 197–198. も参照されたい。

8 ヘロドトス『歴史』（松平千秋訳、岩波書店、二〇〇八年）

9 レビューとして、Natalie Henrich and Joseph Henrich, *Why Humans Cooperate: A Cultural and Evolutionary Explanation* (New York: Oxford University Press, 2007) を参照。

10 P. R. Blake, T. C. Callaghan, J. Corbit, and F. Warneken, "Altruism, Fairness and Social Learning: A Cross-Cultural Approach to Imitative Altruism,"（二〇一三年一月、ブダペストで開催された、認知発達中央ヨーロッパ学会にて発表された論文）

11 Peter Singer, *The Expanding Circle* : ; W. E. H. Lecky, *History of European Morals from Augustus to Charlemagne*, vol. 1 (New York: George Braziller, 1955), 103.

12 チャールズ・ダーウィン『人間の進化と性淘汰』

13 オルポート『偏見の心理』レビューとして、T. E. Pettigrew, "Intergroup Contact Theory," *Annual Review of Psychology* 49 (1998): 65–85 参照。

14 M. Nussbaum, "Exactly and Responsibly: A Defense of Ethical Criticism," *Philosophy and Literature* 22 (1998): 354.

15 A. Gawande, "Hellhole," *New Yorker*, March 30, 36–45.

16 ピンカー『暴力の人類史』

17 H. Vendler, "The Booby Trap," *New Republic*, October 7, 1996, 34, 37.

18 R. Posner, "Against Ethical Criticism," *Philosophy and Literature* 21 (1997): 5.

19 M. Beard, "Do the Classics Have a Future?," *New York Review of Books*, January 12, 2012.

20 R. A. Mar, K. Oatley, J. Hirsh, J. de la Paz, and J. B. Peterson, "Bookworms Versus Nerds: Exposure to Fiction versus Non-fiction, Divergent Associations with Social Ability, and the Simulation of Fictional Social Worlds," *Journal of Research in Personality* 40 (2006): 694–712.

21 J. L. Barnes, "Fiction, Imagination, and Social Cognition: Insights from Autism," *Poetics* 40 (2012): 299–316.

22 ブルーム『赤ちゃんはどこまで人間なのか』、ピンカー『暴力の人類史』も参照されたい。

23 R. Jensen and E. Oster, "The Power of TV: Cable Television and Women's Status in India," *Quarterly Journal of Economics* 124 (August 2009): 1057–94.

24 P. Bloom, "Religion, Morality, Evolution," *Annual Review of Psychology* 63 (2012): 179–99.

25 P. Edgell, J. Gerteis, and D. Hartmann, "Atheists as 'Other': Moral Boundaries and Cultural Membership in American Society," *American Sociological Review* 71 (2006): 211–34.

26 J. Waldron, "Secularism and the Limits of Community," NYU School Law, Public Law Research Paper No. 10-88, http://papers.ssrn.com/ sol3/papers.cfm?abstract_id=1722780, 10. 同様の主張については、D' Souza, *What's So Great about Christianity* 参照。

27 Christopher Hitchens, *God Is Not Great: How Religion Poisons Everything* (New York: Twelve Books, 2007), 56.

28 マシュー・ホワイト『殺戮の世界史——人類が犯した100の大罪』（住友進訳、早川書房、二〇一三年）

29 「列王記」第2章23〜25節

30 レビューとして P. Bloom, "Religion, Morality, Evolution," *Annual Review of Psychology* 63 (2012): 179–99 参照。

31 Robert D. Putnam and David E. Campbell, *American Grace: How Religion Divides and Unites Us* (New York: Simon and Schuster, 2010), 467, 473.

32 J. Ginges, I. Hansen, and A. Norenzayan, "Religion and Support for Suicide Attacks," *Psychological Science* 20 (2009): 224–30.

33 リチャード・ドーキンス『神は妄想である——宗教との決別』（垂水雄二訳、早川書房、二〇〇七年）

34 Robert Wright, *Evolution of God* (New York: Little, Brown, 2009), 410.

35 この考えを以前追究したものとして、ブルーム『赤ちゃんはどこまで人間なのか』参照。

36 Norman Davies, ピンカー『暴力の人類史』による引用。

37 デイヴィッド・ブルックス『人生の科学——「無意識」があなたの一生を決める』（夏目大訳、早川書房、二〇一二年）

38 J. Haidt, "The Emotional Dog and Its Rational Tail: A Social Intuitionist Approach to Moral Judgment," *Psychological Review* 108 (2001): 814–3 4, 814 and 830 から引用。

39 デイヴィッド・ヒューム『人間知性研究』（斎藤繁雄、一ノ瀬正樹訳、法政大学出版局、二〇一一年）

40 S. Schnall, J. Haidt, G. L. Clore, and A. H. Jordan, "Disgust as Embodied Moral Judgment," *Personality and Social Psychology Bulletin* 34 (2008): 1096–1109; E. Helzer and D. A. Pizarro, "Dirty Liberals: Reminders of Cleanliness Promote Conservative Political and Moral Attitudes," *Psychological Science* 22 (2011): 517–22.

41 R. A. Baron and J. Thomley, "A Whiff of Reality: Positive Affect as a Potential Mediator of the Effects of Pleasant Fragrances on Task Performance and Helping," *Environment and Behavior* 26 (1994): 766–84; A. M. Isen and P. F. Levin, "The Effect of Feeling Good on Helping: Cookies and Kindness," *Journal of Personality and Social Psychology* 21 (1972): 384–88.

42 ロバート・コールズ『子どもたちの感じるモラル』（森山尚美訳、パピルス、一九九七年）

43 キャロル・ギリガン『もうひとつの声——男女の道徳観のちがいと女性のアイデンティティ』（生田久美子、並木美智

子訳、三島書店、一九八六年)

44 P. R. Amato and S. A. Partridge, *The New Vegetarians: Promoting Health and Protecting Life.* (New York: Plenum Press, 1989), quotes from 36– 37.

45 K. M. Hussar and P. L. Harris, "Children Who Choose Not to Eat Meat: A Study of Early Moral Decision- Making," *Social Development* 19 (2010): 627– 41.

46 Peter Singer, *The Expanding Circle.*

47 ピンカー『暴力の人類史』

48 D. A. Pizarro and P. Bloom, "The Intelligence of Moral Intuitions: Comment on Haidt," *Psychological Review* 110 (2001): 197– 98; Martin L. Hoffman, *Empathy and Moral Development: Implications for Caring and Justice* (New York: Cambridge University Press, 2000).

49 ホフマン『共感と道徳性の発達心理学』

50 M. Killen and A. Rutland, *Children and Social Exclusion: Morality, Prejudice, and Group Identity* (New York: Wiley/Blackwell, 2011), 20– 21.

51 カサブランカのたとえは、シンガーが、*Expanding Circle*, 340で引用している。

訳者あとがき

本書は、イエール大学心理学部教授で、赤ちゃんの心理学の泰斗、ポール・ブルームの三作目の著書となる。すでに日本では、先の二作、『赤ちゃんはどこまで人間なのか――心の理解の起源』（春日井晶子訳、ランダムハウス講談社、二〇〇六年）、『喜びはどれほど深い？――心の根源にあるもの』（小松淳子訳、インターシフト、二〇一二年）が出版されており、これらに続けて、本書を日本の読者のみなさんにお届けできることを嬉しく思う。

近頃、道徳に対する関心はますます高まっているようだ。昨年末、『道徳性の起源――ボノボが教えてくれること』（フランス・ドゥ・ヴァール著、柴田裕之訳、紀伊國屋書店）と『モラルの起源――道徳、良心、利他行動はどのように進化したのか』（クリストファー・ボーム著、斉藤隆央訳、白揚社）が相次いで刊行されたのも、こうした流れの一端であろう。前者は、チンパンジーやボノボといった類人猿の共同体に、後者は、狩猟採集民の集団の中に見られる道徳（性）の萌芽（もっと広く言えば社会の原理や仕組み）を紹介している。

道徳に対する関心の高まりを後押しする原動力のひとつが、科学技術の向上だろう。コンピュータや脳イメージング技術の進歩のおかげで、人間の心を機械で観察し、解析することが可能になった。「人間の本性は善なのか、悪なのか」という壮大なテーマが、いまや哲学という舞台を飛び出して、科学の領域で論じられるようになり、科学者でない私たちにも興味深い知見が続々と報告されている。もうひとつの原動力として挙げられるのが、行き過ぎた資本主義が原因で起きた、倫理観の欠如を象徴する一連の事件ではないだろうか。道徳や社会のありようをあらためて考える時が来ているのかもしれない。

本書の著者が言うように、人間は、見ず知らずの他人にもやさしさを発揮するすばらしい一面と、背筋も凍りつく残酷な一面を併せもつ。極端な例を挙げるまでもなく、どんな人にも利己的な面と利他的な面があることは、すぐにご納得いただけるだろう。

はたして人間は、富を独り占めしたがる貪欲な獣なのか？　それとも、すべての人に富を平等に行き渡らせようとするヒーロー、ロビン・フッドなのか？　本書では、こうした数々の道徳上の疑問に対する洞察が展開される。先ほど紹介した『道徳性の起源』のドゥ・ヴァールは類人猿に、『モラルの起源』のボームは狩猟採集民の集団に注目したが、ブルームがスポットライトを浴びせるのは、もちろん、赤ちゃんだ。ブルームいわく、「人間に生得的、かつ普遍的な道徳が備わっているかどうかをたしかめるには、赤ちゃんの心を研究するしかない」のだから。なるほど、環境の影響を受ける前の、生まれたばかりの赤ちゃんは、人間のデフォルトだ。本書では、人間には生まれながらにして驚くべき能力が備わっていることが次々とあきらかにされる。本書をお読みになった方々はご承知のとおり……赤ちゃんには道徳がわかる。生後半年で、親切なものといじわるなものを区別し、いじわるなものより親切なものを好む。歩くのもおぼつかない幼児でさえ困っている人を助けようとする。幼い子供たちは平等であることに固執する。

赤ちゃんのこうした能力は、人類が進化の過程で身につけた生得的な能力と言えるだろう。しかし、これだけでは足りないと著者は言う。人間は、合理的熟考を働かせることによって、ただの赤ちゃんではない成熟した大人になるのだ、と。よそ者に対する恐怖、嫌悪、憎しみを克服し、遠くにいる見ず知らずの他人にまで手を差し伸べ、やみくもに平等を尊重するのではなく物事を相対的に評価できるようになる。著者のこうした考えは、近年流行の、人間の道徳的判断や道徳的行為と呼ばれるものは、行為者自身がまったく自覚していない神経メカニズムの所産であるという科学的知見に一石を投じるものであることも申し添えておく。

さらに本書をいっそう味わい深くしているのが、アダム・スミスの視点の導入である。先ほど「行き過ぎた資本主義」について触れたが、アダム・スミスは、「見えざる手」（利己心にもとづく個人の利益追求行動を、社会全体の経済的利益につなげるメカニズム）が登場する『国富論』で有名な一八世紀の啓蒙思想家である。しかし、スミスにはもう一冊、『道徳感情論』という著作があり、こちらでは、人間の本性の中に同感（共感）があることが示されている。スミスは、人間は社会的存在であるがゆえに、他人の感情や行為に関心をもち、同時に他人から関心をもたれること、同感されることを望む、そのため、見る者に歓喜を抱かせる富や高い地位を求める、すなわち同感こそが財産形成の野心の起源であると考える。ブルームは、「同感」をはじめとする人間の心の働きに関するスミスの細やかな洞察を、最新の科学的知見と絡めながら紹介する。本書を読めば、スミスの真意をより深く理解することもできよう。本書には赤ちゃんの研究以外に、行動経済学者たちが人間の公平性を調べるために考えた「最後通牒ゲーム」「独裁者ゲーム」「公共財ゲーム」や、道徳的判断の矛盾の仕組みを、脳イメージングを使ってあきらかにしたジョシュア・グリーンの「トロッコ学」研究など、興味深い多数の実験も紹介されている。

訳出にあたり、『道徳感情論』の引用については、おもに『道徳感情論』(高哲男訳、講談社学術文庫、二〇一三年)、聖書の引用は、『聖書』(新共同訳)を参照させていただいた。訳者あとがきでは、『アダム・スミス――『道徳感情論』と『国富論』の世界』(堂目卓生著、中公新書、二〇〇八年)記して御礼申し上げる。

また本書に引き合わせてくださり、翻訳にあたっては温かく的確なアドバイスをくださったNTT出版の柴俊一さんに心より御礼申し上げます。

二〇一五年四月　竹田円

や行

ら行

わ行

は行

ま行

た行

な行

さ行

あ行

か行

著者略歴

ポール・ブルーム（Paul Bloom）

発達心理学者・認知科学者。イェール大学心理学部教授。哲学・心理学協会（SPP）前会長。アメリカ出版社協会最優秀賞、アメリカ心理学会発達心理学書籍最優秀賞など数々の賞を受賞。著書＝『赤ちゃんはどこまで人間なのか』（ランダムハウス講談社）、『喜びはどれほど深い？』（インターシフト）など。

竹田円（たけだ・まどか）

翻訳家。東京大学人文社会系研究科博士課程満期退学。専攻スラヴ文学。訳書＝エリオット『女の子脳　男の子脳——神経科学から見る子どもの育て方』（NHK出版）、『アイスクリームの歴史物語』『パイの歴史物語』『カレーの歴史』『お茶の歴史』（以上、原書房）など。

ジャスト・ベイビー——赤ちゃんが教えてくれる善悪の起源

2015年5月15日　初版第1刷発行

著　者　ポール・ブルーム
訳　者　竹田円
発行者　長谷部敏治

発行所　NTT出版株式会社
〒141-8654 東京都品川区上大崎3-1-1 JR東急目黒ビル
営業担当　TEL 03(5434)1010　FAX 03(5434)1008
編集担当　TEL 03(5434)1001
http://www.nttpub.co.jp/

装　幀　松田行正

印刷・製本　株式会社光邦

Printed in Japan
ISBN 978-4-7571-6063-7　C0011